Der Stempel des 4. Hamburgischen Staatssiegels, der von 1304 bis 1810 in Gebrauch war. Er wurde 1945 gestohlen, gelangte in den Antiquitätenhandel und ging der Stadt 1993 endgültig verloren, als ein Gericht ihr das Besitzrecht absprach.

Hamburger Abendblatt edition

SPRECHEN SIE

PETER SCHMACHTHAGEN

HAMBURGISCH?

BAND 2

Kaffee
von
Darboven
Programm.
EDEN
THEATER
VARIETE
Prof. Dr
Friedrich v. Esmarch's
Alkoholfreies
Getränk
Deutschen Kaisers
Überall zu haben
pr. Flasche 35 Pf.
Concerthaus Hamburg
KONZ
Walzer-Abend
Laube
Letztes Laube-Konzert
Rinderhalle
Aufruf.
Altonaer
Stadt-Theater.
Monsieur Herkules.
Hamburger
Stadt-Theater.
TIEFLAND.
Thalia-Theater
Krieg im Frieden.
93.
Die
Dollar-
Prinzessin
57.
Gretchen!
Gretchen.
Ernst Drucker-Theater
Das
Liebesverbot
Reise durch Berlin
in 80 Stunden.

INHALT

Eine Hamburger Litfaßsäule aus dem Jahr 1920, sorgfältig gemauert und sauber beklebt. Als besonderen Anreiz gab es ein Handwaschbecken zwischen den Plakaten.

Erste Versorgung ausgebombter Hamburger nach den verheerenden Luftangriffen zwischen dem 25. Juli und dem 3. August 1943. Ein kleiner Junge löffelt eine warme Suppe.

IN HAMBURG UND
UM HAMBURG HERUM

Niederdeutscher
Dialektraum
Schleswigisch
Eiderlinie
Kiel
Holsteinisch
Mecklenburgisch-
Vorpommersch
Schwerin
Ostfriesisch
Hamburg
Bremen
Nord-
märkisch
Wittenberge
Elbe
nieder-
sächs.
Dialekte
in Holland
Sater-
friesisch
Nordnieder-
sächsisch
Berlin
Süd-
märkisch
Osnabrück
Hannover
Magde-
burg
Potsdam
Frank-
furt/O.
Münster
Ostfälisch
Südmärkisch
Nieder-
rheinisch
Westfälisch
Göttingen
Lutherstadt
Wittenberg
Sorbisch
Düsseldorf
Dortmund
Kassel
Übergangs-
gebiet
Leipzig
Dresden
Köln
Benrather Linie
Rhein
Frankfurt
TSCHECHIEN
Saarbrücken
Heidelberg
Nürnberg
Hochdeutscher
Dialektraum
Stuttgart
FRANKREICH
Passau
Donau
München
Salzburg
Bodensee
Rhein
Innsbruck
ÖSTERREICH
Bern
LIECHTENSTEIN
SCHWEIZ
Meran
Locarno
Bozen
ITALIEN
© Abendblatt-Grafik: Frank Hasse

Der Erfolg war überwältigend. Der erste Band unseres Mundartlexikons „Sprechen Sie Hamburgisch?“ fand als regionaler Titel mehr als hunderttausend Leser und erlebte zwischen November 2009 und Januar 2010 drei Auflagen. Es wäre vermessen zu behaupten, dass Verlag und Autor mit einer solchen Resonanz gerechnet hätten.

Es geht nicht darum, heute in Hamburg Hamburgisch zu lernen oder hamburgisch zu reden. In Hamburg wird, wenn überhaupt, jetzt hochdeutsch gesprochen. Es geht um die Erinnerungen an die Zeit, als Großmutter *'n lütt Deern weer,* an die Begriffe und Redensarten, die wir als Kind gehört und danach wieder vergessen haben und die nun bis auf einige Reste aus der Umgangssprache verschwunden sind.

Karte links: Die Sprachgrenze zwischen den hochdeutschen Dialekten im Süden und den niederdeutschen im Norden verläuft in West-Ost-Richtung ungefähr am Rande der Mittelgebirge und wird festgemacht an der Isoglosse[1] *maken–machen, also nördlich der gedachten Linie maken, südlich machen. Nach dem Schnittpunkt mit dem Rhein in Benrath wird sie Benrather Linie genannt.*

1 Linie auf Sprachkarten, die Gebiete gleichen Wortgebrauchs begrenzt

Die Kindheit wird wieder lebendig. Die Älteren sehen das alte Hamburg vor sich, aber auch die Jüngeren wurden neugierig und fragten, wie es früher war.

Die Auswahl der Stichwörter musste unvollständig und eher zufällig sein, wenn auch die ganz typischen Ausdrücke, die mit Hamburg und dem Norden verknüpft sind, nicht fehlen durften. Die Fülle des Materials machte es notwendig, das erste Buch abzuschließen und gleich das Manuskript für ein weiteres zu beginnen. Dieser zweite Band liegt Ihnen nun vor. Er enthält noch mehr Begriffe aus der Zeit, *als Großvater die Großmutter nahm*[2].

Trotzdem wird die Auswahl immer unvollständig bleiben, und der eine oder andere wird gerade das Wort vermissen, das er für unverzichtbar hält. Wir erlebten es beim Schreiben und Recherchieren: Jeder Begriff hat viele Kinder und Verwandte und zieht zahlreiche andere Ausdrücke nach sich. Die Sprache unserer Eltern und Großeltern war überaus reichhaltig, anschaulich und häufig sehr direkt.

WAS GEHÖRTE ZU HAMBURG?

Das bedeutet nicht, dass alle Begriffe ausschließlich in Hamburg zu hören waren, sondern dass sie *auch* in Hamburg und vielleicht häufiger in Hamburg als anderswo gebraucht worden sind. Es bringt wenig, uns jetzt alle Orte und Ortsteile zu nennen, in denen die Nachbarin ein Wort aus dem Lexikon ebenfalls gekannt hat. Ansonsten: Was

2 für die Jüngeren unter uns: Als Großvater die Großmutter *zur Frau* nahm, also heiratete.

gehörte zu Hamburg? Das heutige Staatsgebiet entstand erst durch das →[1] *Groß-Hamburg-Gesetz* vom 1. April 1937. Bis dahin waren viele der heutigen Stadtteile bis hinab nach → *Bramfeld* nicht nur preußisch, sondern teilweise auch recht ländlich.

Wir müssen als Verbreitungsgebiet die Hamburger Metropolregion annehmen, in Einzelfällen sogar den gesamten niederdeutschen Norden. Wo endgültig die Grenze zu ziehen ist, merkte ich, als mir kürzlich ein österreichisches Mundartwörterbuch in die Hand fiel. So ist in Hamburg jemand, der sich ordentlich einen *angetütert* hat, rechtschaffen →[1] *duun* und nicht etwa *dulliäh*[3]. Das wäre ja noch schöner!

Obwohl im Vordergrund dieser Veröffentlichung die hamburgische Mundart stehen soll, haben wir verstärkt Hamburger Geschichte und Geschichten, Bräuche, Aberglaube und Einrichtungen aufgenommen. → *Stintfang*, → *Lombardsbrücke*, → *Hagenbeck*, → *Planten un Blomen* oder der → *Conventgarten*, um nur einige zu nennen, sind nicht nur Namen, sondern →[1] *Hamburgensien.*

MUTTERSPRACHE PLATTDEUTSCH

Die meisten Begriffe fußen auf dem Plattdeutschen oder sind als Redensart reines Platt. Die Muttersprache der Hamburger war bis in die erste Hälfte des 20. Jahrhunderts das Plattdeutsche. Zwar gibt es viele regionale und chronologische Abstufungen zwischen dem Niederdeutschen und dem sauberen Hochdeutsch der „Tagesschau“ aus Lokstedt.

---

3 Schierer: Sprechen Sie Österreichisch? S. 33

Doch auch die Mischung der verschiedenen Sprachebenen, das Hamburger →[1] *Missingsch,* setzt das Plattdeutsche als Grundlage voraus. Da heute auf der Straße nicht mehr plattdeutsch gesprochen wird, ist auch das richtige Missingsch ausgestorben.

KEIN AMTLICHES PLATTDEUTSCH

Das Niederdeutsche ist bisher der Kultusministerkonferenz noch nicht in Hände gefallen – nach den Erfahrungen mit der Reform der Rechtschreibreform kann man nur sagen: glücklicherweise –, sodass keine amtliche Fassung existiert.

Nördlich der *Benrather Linie* gibt es viele Dialektareale (→ Karte S. 8), und selbst auf Hamburger Gebiet muss man zwischen Finkenwerder und den →[1] *Walddörfern* sowie zwischen Blankenese und den → *Vierlanden* differenzieren.

SPRACHENSTREIT IM ABENDBLATT

Hamburg mag viele typische Eigenschaften haben, ein typisches Platt hat es nicht! Diese Aussage aus berufenem Mund stammt von den Germanistikprofessoren Dieter Möhn und Jürgen Meier der Universität Hamburg, die 1979 in einen Sprachenstreit eingreifen mussten[4]. Ein Leser hatte den Abendblatt-Kolumnisten Edgar Walsemann („Jan Brass"; 1890–1977) zitiert, der über den Abendblatt-Autor Günter Harte (geb. 1925) gesagt hatte, dessen Platt könne „keinen Anspruch erheben, als typisches Hamburger Platt angesehen zu werden". Dabei galt Günter Harte, falls man

---

4 „Ein typisches Hamburger Platt gibt es nicht!" HA 4.4.1979 S. 11

diesen Titel im evangelischen Norden überhaupt gebrauchen darf, als der Plattdeutsch-Papst von Elbe und Alster.

Hamburg ist uneinheitlich gewachsen und zusammengefügt worden, sodass ein Ausgleich der auf Hamburger Gebiet gesprochenen Mundarten nicht stattgefunden hat. Die Professoren: „Die Unterschiede in den Mundarten beschränken sich nicht nur darauf, dass identische Wörter in den einzelnen Regionen Hamburgs unterschiedlich ausgesprochen werden (z.B. *ik weer – weur – wüür, wi söllt – schöllt, Deern – Diern, Bett – Bitt, von – van – vun, soss – söss* usw.), vielmehr ist auch der Wortschatz teilweise verschieden."

Das Ohnsorg-Theater und der NDR (Hamburg) benutzen deshalb eine sprachliche Ausgleichsform, der die Mundarten Holsteins, Nordniedersachsens, Bremens, Hamburgs und Teilen Mecklenburgs zugrunde liegen. Wer ausführlicher ins Plattdeutsche hineinhorchen möchte, dem sei der kleine „Sprachführer Plattdüütsch" von Hartmut Cyriacks und Peter Nissen dringend empfohlen[5].

SASS'SCHE REGELN

Die →„Quickborn"-Redaktion lässt jedem Schreiber seine Schreibweise, auch der Norddeutsche Rundfunk (Kiel) hat sein neues Buch „Vertell doch mal!" sprachlich nicht redigiert. Unsere Hamburgisch-Bücher müssen allerdings eine gewisse Einheitlichkeit aufweisen. Abgesehen von historischen Zi-

5 bibliografische Angaben zu allen Titeln im → Literaturverzeichnis S. 416 ff.

taten wie denen von →[1] *Michael Richey,* die bewusst die Patina früherer Jahre durchschimmern lassen sollen, haben wir uns nach Möglichkeit nach den Sass'schen Regeln der Fehrs-Gilde gerichtet. Teilweise sind Aussprachehinweise eingefügt. Wer trotzdem meint, im dritten Hinterhaus links bei seinen Großeltern habe es *gohn* statt *gahn* und *seut* statt *sööt* geheißen, wird sich seinen Lesespaß hoffentlich nicht nehmen lassen.

Allerdings gibt es einige Uneinsichtige. Wer einmal als fast Siebzigjähriger von einem 96-jährigen *Stuurkopp* wegen eines einzigen sorgfältig aus dem Sass übernommenen Buchstabens am Telefon zusammengebrüllt worden ist, der könnte zu der Einschätzung kommen, die schlimmsten Feinde der Plattdeutschen seien die Plattdeutschen selbst.

DIE PLATTDEUTSCHEN UNTER SICH

Es ist nämlich nicht so, dass die Niederdeutschen unter sich ein einig Volk von plattdeutschen Brüdern und Schwestern sind – ganz im Gegenteil. Die Gerichte wurden bereits mehrfach mit der Frage befasst, ob ein Verb mit *a* oder *o* zu schreiben sei, und auch für die Plattdeutsche Medientagung am 20. Mai 2010 im Kaisersaal des Rathauses konnten die Veranstalter sich nicht einigen, ob der Rat nun ein *Raat* oder ein *Root* ist: Jeder durfte seine Version auf die Einladung setzen. Besonders suspekt scheinen in den Augen der Sprachbewahrer von jeher die Volkshumoristen (heute würde man sie *Comedians* nennen) gewesen zu sein, die mit ihren Vorträgen auf Platt, Missingsch und

Hamburger Hochdeutsch riesigen Erfolg in der Öffentlichkeit und in dem damals neuen Medium Radio hatten. Das musste auch der Schriftsteller →*Arnold Risch* erfahren.

ARNOLD RISCH UND DAS NIVEAU

Heinrich Behnken (1880–1960), nicht unbedingt ein ernster, aber ein ernsthafter Hamburger Dichter und pflichtbewusster deutscher Rektor, hatte Risch 1936 vorgeworfen, mit seiner Tätigkeit als plattdeutscher Vortragskünstler in Caféhäusern „u. dgl." „oftmals dem Ansehen des Niederdeutschen abträglich und schädlich gewesen" und „bei einzelnen Veranstaltungen ein so niedriges Niveau gezeigt (zu haben) wie (das) jener Zwangshumoristen, die zu den Totengräbern des Plattdeutschen zählen".

Arnold Risch fühlte sich in seiner Berufsehre gekränkt und reichte Privatklage ein. Am 25. Mai 1936 „abends um 7 Uhr" kam es im Sekretariat der Niederdeutschen Bühne Hamburg am Schopenstehl zu einer Art Sühnetermin. Arnold Risch erschien mit →[1] *Dr. Richard Ohnsorg,* Heinrich Behnken mit Dr. Alexander Strempel, einem Sprachfanatiker, der sich gerade mit dem bekannten Johannes Sass (1889–1971) über die korrekte niederdeutsche Orthografie in den Haaren lag.

Das Protokoll der Sitzung[6] war bitterernst gemeint. Ein Lachen verbietet sich bei so einem Thema ohnehin! Das musste auch Risch erkennen. Punkt 12 des Protokolls fasst zusammen: „Endlich verspricht Herr Arnold Risch, seine Vortragstätigkeit in Zukunft so zu gestalten, dass sie der nie-

6 abgedruckt im „Quickborn"-Heft 1/2003, S. 16 f.

derdeutschen Sache dient und zu Beanstandungen keinen Anlass mehr gibt."

Dirk Römmer, derzeit Vorsitzender der *Quickborn-Vereinigung für niederdeutsche Sprache und Literatur,* kommentiert das so: „Es war also echt was los. Aber man verglich sich, und jeder machte so weiter wie gehabt. Und das ist heute noch so."

WIE IMMER EIN DANKESCHÖN

Dank zu sagen ist in diesem Fall für den Autor keine Pflicht, sondern eine Freude. Viele Leserinnen und Leser haben das Entstehen des zweiten Bandes begleitet mit immer neuen Vorschlägen, Anregungen und Erinnerungen. Wiederum sind Silke Frakstein, Gerhard von Harscher und Olaf Haselhorst zu nennen sowie vor allem Carl Groth, der seinen Ruhestand in Neumühlen mit einem der schönsten Steckenpferde ausfüllt: Er schreibt auf Plattdeutsch, redigiert den „Quickborn" und verfasst für den NDR niederdeutsche Hörspiele.

Stellvertretend für viele, viele andere sollen Julia Berendsohn, Ewald Bergeest, Hans-Alfred Berger, Claus Günther, Gisela Hartmann, Ursel und Klaus Nüske, Heinz Oellrich, Ernst A. Steffenhagen und Hans-Hermann Wölfert erwähnt werden. Nick Eggers verfolgt das Hamburgische im Abendblatt täglich von Caracas aus wie ein Fenster zur Heimat im fernen Land. Das Internet macht es möglich.

Fachliche Tipps und Antworten verdanke ich den Experten und Kollegen Uwe Bahnsen, Dr. Volker Behrens, Dr. Matthias Gretzschel, Matthias Iken, Rainer Laabs,

Dr. Ulrich Luckhardt, Peter Ulrich Meyer, Jens Meyer-Odewald, Dirk Römmer, Olaf Schulz, Dr. Holmer Stahncke, Gerd Spiekermann, Axel Tiedemann, Stephan Wallocha und Jochen Wiegandt.

Spätestens an dieser Stelle pflegt ein Autor sich beim Verlag zu bedanken. Das soll hier mehr als eine Formel sein, denn unter der Projektleitung von Jan H. Groß bemühten sich alle Mitarbeiter von Anfang an mit Hingabe, Ihnen etwas vorlegen zu können, das mehr sein sollte als ein Abendblatt-Buch – nämlich ein Stück Hamburg. Kerstin Schürmann hat es wieder liebevoll gestaltet und bebildert.

Wir alle hoffen, dass der zweite Band eine genauso große Zustimmung finden möge wie der erste, dass er nicht nur in der Hansestadt und im Umland gelesen wird, sondern auch an Freunde in aller Welt hinausgeht als Gruß aus Hamburg. Wenn Sie etwas anmerken oder ergänzen möchten, schreiben Sie mir eine E-Mail.

Peter M. Schmachthagen
Hamburg, im Oktober 2010

E-Mail-Adresse: briefe@abendblatt.de (Betreff: Hamburgisch)

SIGLEN

Borcherdt	Albert Borcherdt: Das lustige alte Hamburg, I u. II (1891 ff.)
HA	Hamburger Abendblatt
HWB	Hamburgisches Wörterbuch (1956 ff.)
Kluge	Etymologisches Wörterbuch der deutschen Sprache
Küpper	Heinz Küpper: Wörterbuch der deutschen Umgangssprache
Lübben	August Lübben: Mittelniederdeutsches Handwörterbuch (1885)
Mensing	Otto Mensing: Schleswig-Holsteinisches Wörterbuch (1927 ff.)
Oppens	Edith Oppens: Hamburg zu Kaisers Zeiten
Richey	Michael Richey: Idioticon Hamburgense (1755)
Röding	Johann Hinrich Röding: Wörterbuch der Marine (1798)
Sass	Plattdeutsches Wörterbuch (5. Aufl. 2009)
Suhr	Christoffer Suhr: Der Ausruf in Hamburg (1808)
*	Ergänzung zu einem Stichwort aus dem 1. Band
→[1]	Verweis auf den 1. Band
→	Verweis im aktuellen Band

Ein Verzeichnis der Abkürzungen und Fachbegriffe finden Sie auf S. 414 f., ein ausführliches Literaturverzeichnis auf S. 416 ff.

HAMBURGISCH – NOCH 'N BETEN MEHR

A

Aap (Plur. *Apen*). 1. Der Affe gehört bekanntlich zu den höheren Primaten, bei denen auch der Mensch eingeordnet werden muss (natürlich nur systematisch). Eine gewisse Ähnlichkeit im Benehmen und (Pardon!) Aussehen zwischen Affe und Mensch wird zumindest dann unterstellt, wenn die Schimpfwörter zwischen zwei Streithähnen hin und her fliegen. Der Affe war in einer Hafenstadt wie Hamburg als Reiseandenken der Seeleute aus fernen Ländern bereits vor →*Hagenbeck* bekannt, wenn die armen Tiere danach auf dem Leierkasten od. als Jahrmarktsbelustigung auch ein wenig artgerechtes Leben führen mussten; *wat ward doch nich allens för Geld maakt, sä de Buur, und dor sehg he 'n Aap.* Raa.: *he sitt op 'n Peerd as 'n Aap op 'n Sliepsteen* (wie ein Affe auf dem Schleifstein sitzen); *ik hau di op 'n Kopp, dat du dörch den Brustkasten kiekst as so 'n Aap dörch 't Gitter!* Sprichw.: *wat vun Apen kümmt, will →lusen, wat vun Katten kümmt, will musen* (jeder muss nach seinem angeborenen Charakter handeln). 2. übertr. für einen eingebildeten Menschen; *so 'n Aap!* 3. Buckel (ähnlich einem sich auf dem Rücken des Schaustellers festklammernden Affen); *hest dien Aap al Water geven?,* wurde ein Buckliger gehänselt, wie früher überhaupt körperliche Fehlbildungen auf der Straße brutal und ohne die geringste Rücksicht verspottet wurden. 4. Tornister beim alten Bürgermilitär, wie ein Buckel auf dem Rücken getragen.

Drehorgelmann mit Affe an der Weidenallee (1959)

Aars [spr.: o'ers] ist der unfeine, aber trotzdem häufig auf der Straße gebrauchte Ausdruck für einen bestimmten Körperteil, der auch als →[1] *Mors, Oors, Gatt, Achtergatt* od. *Achtersteven* bezeichnet wird, um die direkte hd. Übersetzung „Arsch" zu vermeiden (für die ich von meiner Mutter immer einen strafenden Blick einfing). Wer ein rundes, hässliches und ausdrucksloses Gesicht besitzt, das an die Formen hinten und unten erinnert, hat ein *Aarsgesicht* (woran auch ein höflicherer Begriff nichts ändern würde). Ein unverhofftes Vergnügen, bei dem man sich vor Freude vielleicht nicht nur auf die Schenkel, sondern auch auf den Hintern schlägt, ist eine *Aarshöög* (vgl. →[1] *högen* – sich freuen). Eine zu kurze Jacke hieß zu Zeiten, als noch keine mageren Models, sondern heimische Schneider die Kleidung prägten, ein *Aarsbedreger*. Die Richtung nach → *achtern* benennt das Adv. *aarslangs* (rückwärts, zurück).

-aasch Suffix von frz. *-age* (z. B. → *Bammelaasch*)

abbe Das *abbe* Stuhl- oder Tischbein, der *abbe* Haken, der *abbe* Henkel, der *abbe* Türgriff etc. – die Deutschlehrer schütteln sich, die Pisa-Quote stürzt ab, aber dennoch war dieser Begriff in der Hamburger Umgangssprache gang und gäbe für „abgebrochen" oder „abgerissen".

ABC-Straße Hier geht es um eine Straße in der Neustadt zwischen → *Fuhlentwiete*/ →[1] *Caffamacherreihe* und Gänsemarkt, die zwischen 1615 und 1623 an ihrer Südseite bebaut worden ist. Die Häuser wurden nicht mit

Nummern, sondern mit den Buchstaben des Alphabets gekennzeichnet, was zur Straßenbezeichnung führte. Die Abzweigung in Richtung Valentinskamp ist die Neue ABC-Straße.

Abendblatt Als junger Mann wollte *Axel Springer*, geb. am 2. Mai 1912 in Altona, gest. am 22. September 1985 in Berlin, Sänger werden. Er schwärmte für den Tenor Richard Tauber (1891–1948). Daraus wurde nichts. In den letzten Kriegsjahren hatte er dann den Traum, später das größte Zeitungshaus Europas zu schaffen. Diesen Traum verwirklichte er nach 1945 von Hamburg aus. Nach den „Norddeutschen Heften" und der „Hörzu" wollte er unbedingt eine Tageszeitung herausgeben, die ganz anders als die damaligen Blätter sein sollte. Die englischen Presseoffiziere erteilten aber keine Lizenz an Einzelpersonen. Neben der britischen „Die Welt" für das gesamte Besatzungsgebiet und der Wochenzeitung „Die Zeit" gab es in Hamburg vier Partei- od. parteinahe Zeitungen, die natürlich nicht daran interessiert waren, das Programm des politischen Gegners objektiv darzustellen. Erst als das Lizenzierungsverfahren in deutsche Hände überging, bekam Axel Springer 1948 vom Senat der Hansestadt die Lizenz Nr. 1 zur Herausgabe einer Tageszeitung. Diese Lizenz war mit mancherlei Auflagen (etwa zum Schutz der westlichen Alliierten und des britischen Königshauses) verknüpft, enthielt aber vor allem das strikte Verbot, eine weitere Parteizeitung in Hamburg zu gründen. Die neue Zeitung sollte über den Parteien stehen und über Politik berichten, aber keine Politik machen. Daher stammt die Bezeichnung „Überparteilich“ im Titelkopf. Und sie sollte unabhängig von Zuschüssen des Staates, der Parteien, Kirchen od. Gewerkschaften sein und sich aus eigener wirtschaftlicher Kraft selbst tragen können, was zur zweiten Angabe „Unabhängig“ führte. Am 14. Oktober 1948 erschien die erste Ausgabe, die auf der Rotation[7] des damals eingestellten →*Fremdenblatts* an den Großen Bleichen gedruckt wurde. Das hatte zwei Folgen: Erstens musste das übergroße (nordische) Format des „Fremdenblatts“ übernommen werden, was bis heute Auswirkungen auf die Zeitungslandschaft in Deutschland hat, und zweitens musste sich Springer mit seinem Druckauftrag hinten anstellen. Seine neue Zeitung wurde erst mittags nach den anderen Titeln gedruckt und kam abends zum Leser. Was lag näher, als die Zeitung *Hamburger Abendblatt* zu nennen? Dieses Markenzeichen blieb natürlich erhalten, als das Abendblatt 1993 zur Morgenzeitung geworden war. Das Motto, das im Titelkopf das älteste bekannte Stadtsiegel unserer Stadt umschließt, stammt aus einem Text des Finkenwerder Seefahrtdichters →[1] *Gorch Fock* (1880–1916), dessen richtiger Name *Johann Wilhelm Kinau* war: *Mit der Heimat im Herzen die Welt umfassen,* mit der Welt vor Augen die Heimat liebend und bauend durchdringen. Dieses Motto ist eines der Elemente, die vom ersten Erscheinungstag an unverändert zum Abendblatt gehören. Gorch Focks Spruch fasst ein wichtiges

7 Zeitungsdruckmaschine

Axel Springer begleitete das Hamburger Abendblatt in den ersten Jahren mit Rat und Tat. Hier begutachtet der Verleger 1958 vor seiner Rotation an der Fuhlentwiete ein frisch gedrucktes Exemplar. Das Abendblatt war zehn Jahre alt geworden.

Stück der Abendblatt-Philosophie zusammen. Es ist eine Zeitung, die vor allem für die Region Hamburg gemacht wird. Deshalb klopfen die Redakteure alle Nachrichten, auch aus Berlin oder New York, immer darauf ab, was sie für die Menschen der Hansestadt bedeuten. „Die Welt umfassen“ meint aber auch, dass das Abendblatt in der guten Hamburger Tradition steht, die die Stadt als Tor zur Welt sieht – weltoffen, hanseatisch liberal, gastfreundlich und gegenüber neuen Ideen aufgeschlossen. Das Abendblatt wurde bald zur Zeitung Nummer eins in Hamburg und ist es bis heute geblieben. Am 17. Oktober 1950 begannen die Baggerarbeiten für den Bau von Axel Springers eigener Druckerei auf dem Trümmergrundstück des → *Conventgartens* zwischen → *Fuhlentwiete* und Kaiser-Wilhelm-Straße. 1953 bis 1956 folgte das Verlagshaus an der Gabelung von Fuhlentwiete und Kaiser-Wilhelm-Straße, das heute die Adresse *Axel-Springer-Platz 1* hat.

abkönnen (*afkönen*) bedeutet ugs. ertragen; *dat kann ik nich af* (das kann ich nicht ab, das kann ich nicht aushalten).

Achtergatt (Hintern) → *Aars*

achtern – schon häufig gebraucht, für diejenigen Leser, die nur bayerisch od. gar bairisch sprechen, sei noch einmal ausdrücklich erwähnt, dass *achter* „hinter" und *achtern* „hinten" heißt. So bedeutet die *Achterdöör* eine Hintertür, die man sich immer offenhalten sollte, ein *Achtergedanke* einen Hintergedanken, den man *achtersinnich* (hinterlistig) haben mag, und das *Achterbeen* das Hinterbein, von dem auch ein Mensch übertr. zwei hat, wenn er sich stur auf dieselben stellt: *sik op de Achterbeen stellen* (sich auf etw. versteifen). Die *Achtersiet* bezeichnet die Rückseite, der *Achtersteven* weist auf den Hinterteil eines Schiffes (od. eines Menschen), und der *Achternaam* [spr.: -no:m] ist natürlich der Nachname, weil er hinten steht – jedenfalls in Hamburg; in Oberbayern sind die Bewohner in dieser Hinsicht häufig etwas verdreht.

achterrut wesen heißt, untendurch, also im moralischen Sinne erledigt zu sein.

Achtersteven vgl. →*achtern;* vgl. →*Aars;* vgl. →*Steven.*

achtertrüch Adv. weiter hinten.

Ackewars sind Umstände. Dieser Ausdruck ist erstaunlich vielen älteren Hamburgern bekannt, obwohl er angeblich nur in Flensburg und Angeln gebräuchlich gewesen sein soll; *maak nich so veel Ackewars* (mach nicht so viel Umstände); *wat 'n Ackewars* (was für ein Aufhebens um etwas Geringfügiges); *he maak so veel Ackewars mit sien Kinner* (er nimmt seine Kinder zu wichtig) [8].

Afdanzball Abtanzball, die Schlussveranstaltung nach dem Tanzstundenunterricht, bei der es in der Regel recht steif zuging. Die jungen Herren trugen ihren zu klein gewordenen Konfirmationsanzug, die jungen Damen einen Petticoat, und die Eltern wussten vor Verlegenheit nicht, wo sie ihre Hände lassen sollten. Der Besuch der Tanzstunde war damals für uns Gymnasiasten ein Muss. Mein Vater hatte mich zwangsangemeldet. Ich höre noch, wie die nicht mehr ganz frische und überstark geschminkte Tanzlehrerin in dem kahlen und kalten Nebenraum eines Hotels zum Kratzen ihres Grammofons befahl: *links, rechts, seitwärts, Schluss.* Offenbar wollte sie uns den Foxtrott beibringen.

---

8 Mensing 1/Sp. 42

Afkaat (Plur. *Afkaten*). Ein *Afkaat* ist ein Advokat, ein Rechtsanwalt, also ein Jurist. Die Leser des ersten Bandes werden gemerkt haben, dass der Autor ab und zu zögert, negative Pauschalurteile weiterzugeben, selbst wenn sie im Volksmund verbreitet waren. In diesem Fall erscheint es angebracht, nicht nur eine prophylaktische, sondern auch eine salvatorische Bemerkung vorwegzuschicken, um im Vorwege klarzustellen: Die Juristen sind ein ehrenwerter Stand! Nie würden wir uns erlauben, den Bayern Ludwig Thoma (selbst ein Jurist) [9] zu zitieren, der geschrieben hat: Er war Jurist und auch sonst von mäßigem Verstande. Und dennoch, die *Afkaten* hatten im alten Hamburg einen derart miserablen Ruf, wie er heute höchstens von Politikern od. Journalisten unterboten wird. Advokaten wurden ab und zu gebraucht, aber nicht geliebt. Ein Advokat kann reden *(snacken as 'n Afkaat)*, ein Advokat kann lügen *(segg mi man de reine Wohrheit, sä de Afkaat, dat Lögen will ik woll doon)*, ein Advokat hat es in erster Linie auf den Geldbeutel seines Klienten abgesehen *(dat wüllt wi woll kriegen, sä de Afkaat, he meen aver dat Geld)*, und ein Advokat ist bestechlich *(dat Geföhl na hett de Mann recht, sä de Afkaat, as ik em een 'n Goldstück in de Hand schoov)*,

9 Ludwig Thoma (1867–1921), in Oberammergau geborener Rechtsanwalt, Schriftsteller und zeitweise Chefredakteur des „Simplicissimus", stellte wie kaum ein Zweiter die im Kaiserreich und im Königreich Bayern herrschende Scheinmoral, den Pickelhauben-Militarismus und die Bigotterie der Kirche satirisch bloß, glitt im Ersten Weltkrieg aber in Antisemitismus und Nationalismus ab.

denn: *Wogenrööd un Afkaten mööt smeert warrn.* Es gab ein bekanntes Sprichwort, das wir hier nur zitieren, das wir uns aber selbstverständlich nicht zu eigen machen wollen: *Gleich und Gleich gesellt sich gern, sä de Düvel, dor güng he mit 'n Afkaat spazeren.* Negative Steigerung: *Winkelafkaat.* Erw.: *Afkatenkneep* (jur. Winkelzüge).

afmaracken (schwer arbeiten, schuften). Syn.: *afarbeiten.* Vgl. → *maracken.*

afmelen Kinderspr. abzählen, um die Rollen für das Spiel zu verteilen. Der *Afmeler* (das Kind, das das *Afmelen* übernimmt) sagt einen Spruch auf und deutet bei jeder Silbe auf ein anderes Kind in der Gruppe. Wen die letzte Silbe trifft, der scheidet aus. Dazu gab es typische Verse wie *ele, mele, mu, raus bist du* od. auch Straßennamen wie → *Hei-den-kamps-wech* bzw. *Ep-pen-dor-per-wech.*

afrüschen → Leserbrief S. 30

afsacken tut jemand, der beim Trinken in der →[1] *Köminsel* die Kontrolle verliert und endgültig in einen Vollrausch abgleitet, an dessen Einzelheiten er sich am nächsten Tag nicht mehr erinnern kann. Wer heute von einem „Absacker" spricht, verschleiert, dass er immer noch nicht Schluss machen kann od. gar nicht Schluss machen will, weil der Abend anderswo und ganz anders fortgesetzt werden soll.

LESERBRIEF

He is afrüscht worrn

Mi is nu ook noch ’n Begriff infullen: *afrüschen.* Wenn de Jungs op de Straat sik maal richtig haut harrn un ener oordig wat op dat Fell kregen harr, denn is he *afrüscht* worrn. Liekers wenn de Schoolmeester maal mit sien →[1] *Reetje* den →[1] *unnaschen* Schöler den → *Achtersteven* versohlt harr, is de *afrüscht* worrn. Ik gröö̈t recht hartlich.

Uwe Diedrichsen

afsnuteln ist eine Tätigkeit, die andernorts als Katzenwäsche bekannt ist. Wenn Mutter die Kinder abends gründlich abgeseift hatte, fuhr sie ihnen am nächsten Morgen häufig nur noch mit einem kalten, nassen Waschlappen über die Schnute. Nach dem *Afsnuteln* waren die Kinder wach und konnten mit einem einigermaßen sauberen Gesicht zur Schule geschickt werden.

Aftritt (Abort) → *Paddemang*

Afwieser „Abweiser“, großer Prellstein an Hausecken und Tordurchfahrten zum Schutz vor Beschädigungen durch Fuhrwerke. Solche Steine gibt es auch heute noch, aber während sie damals unverzichtbar waren, weil keine Ziegelecke den eisenbereiften Stellmacher-Rädern der Pferdewagen mit ihren klobigen Naben widerstanden hätte, scheinen sie jetzt oftmals den eher ideologischen Zweck zu haben, den Autofahrern die Durchfahrt od. zumindest das Parken zu erschweren.

Akree lautet der Name für ein Versteckspiel der Kinder, und zwar für ein Versteckspiel mit Anschlag, denn der Begriff kommt von *ankreen* (anschlagen). Der Spieler, der die anderen suchen musste, schrie, wenn er einen Versteckten entdeckt hatte, z. B.: *akree, akree för Heini!* Wer das Mal ungesehen erreicht hatte, war frei und rief: *akree, akree för mi!* Das Spiel *Akrill* ist kein Synonym, sondern eine Variante von *Akree*. Bei diesem Versteckspiel wirft man eine Dose aus dem Mal heraus und ruft: *akrill, akrill, de Pott is weg!*[10]

Akrill →*Akree*

Akzise hieß eine hamb. Verbrauchssteuer, die im 16. Jahrhundert zuerst auf eingeführtes Bier erhoben wurde, denn der Rat wollte die heimischen Brauer und den damaligen Exportartikel Nummer eins, das →*Bier*, vor auswärtiger und womöglich billigerer Konkurrenz schützen. Weil das so gut klappte, wurden später auch eingeführte Waren wie Mehl, Wein, Vieh, Kornbranntwein, Holz, Torf, Kohlen und Salz abgabepflichtig innerhalb der *Akzise-Linie,* die an den Stadtwällen verlief und St. Georg sowie den Grasbrook einschloss. Neubürger mussten im *Bürger-Eid* schwören, *getrüwlick* mancherlei Abgaben zu zahlen, darunter die *Akzise* (vgl. →[1] S. 17). Das ging so weiter, bis 1806 die Franzosen einmarschierten. Kaum waren sie 1814 wieder weg, lebte die Akzise für den Import von Korn- und Kartoffelbranntwein, Genever, Essig, Bier, Selterswasser, Mehl, Grütze, geräuchertes und gepökeltes Fleisch, Butter, Käse

10 HWB 1/Sp. 84 f.

und Kerzen erneut auf. Die Abgabe betrug rund drei Prozent des Verkaufswertes. Man kann vielerlei totschlagen, aber keine seit Jahrhunderten erhobene Steuer. Endgültig gelang das in Bezug auf die Akzise erst 1920[11].

Albers, Hans →Biografie S. 36 f.

Alkoven Wandbett, Schlafgemach, in die Wand eingebaute Schlafstätte mit Klapp- od. Schiebetüren. Der Begriff ist alles andere als hamburgisch und lässt sich bis ins Arabische zurückverfolgen (üb. frz. *alcôve*), die Einrichtung war aber auch in den Bauern- und Fischerhäusern in Blankenese, den Vierlanden, Finkenwerder und Moorburg stark verbreitet. Dort auch zu *Alkoje* umgebildet, worin natürlich das Wort *Koje* zu erkennen ist. Syn.: →*Kabutz;* →[1]*Kabuff.*

alle sein aufgebraucht, zu Ende sein; *das Mehl ist alle!* Auch ein Mensch kann *alle sein,* wenn er nach schwerer Arbeit erschöpft auf den Stuhl sinkt.

Allmende Die *Allmende* bezeichnet die von allen Bauern eines nicht gutsabhängigen Dorfes gemeinsam genutzten Acker-, Weiden- und Wiesenländereien sowie die Wald-, Moor- und Heideflächen. Sie verschwand mit der *Verkoppelung* und Aufhebung der *Feldgemeinschaft* Ende des 18. Jahrhunderts, also mit der Teilung und Privatisierung des bis dahin genossenschaftlichen Eigentums.

Amerikaner kann mancherlei bedeuten: 1. natürlich jemand aus Amerika, 2. ein amerikanisches Schiff im Hafen,

---

11 Hamburg-Lexikon S. 21

Ein Alkoven, ein Wandbett mit hölzernen Türen, fotografiert von Stephan Wallocha im Museumsdorf Volksdorf. Vorn in der →Döns eine reich verzierte Wiege, links ein →Bilegger, ein von jenseits der Wand beheizter Ofen, und darunter ein Nachttopf, der früher vor jedem Bett stehen musste.

3. ein Kastendrachen, 4. ein Blindgänger beim Militär, aber wir wollen uns 5. auf das Gebäckstück konzentrieren, das andernorts auch Sandbrötchen od. Ammonplätzchen heißt. Es handelt sich um eine feine, leichte Backware aus Mehl, Zucker, Ei, Fett und Milch, die auf gefetteten und bemehlten Blechen halbrund gebacken und mit Backpulver aufgetrieben wird. Nach dem Backen wird auf der flachen Seite eine dickflüssige Zuckerglasur aufgetragen, in der Mitte geteilt in Weiß und Rot od. kakaohaltig zur Hälfte in Dunkelbraun. *Amerikaner* wurden nicht nur in Hamburg gegessen, aber wir Hamburger denken bei diesem Begriff an unsere Schulzeit und an den Besuch beim Bäcker auf dem Weg, um den Sechser auszugeben, den Mutter uns heimlich zugesteckt hatte. Woher der Name kommt, ist letztendlich ungeklärt. Naturwissenschaftlich begabte

Zeitgenossen mit einer Eins in Chemie präsentieren die etwas weit hergeholte Erklärung, es handele sich um eine →[1] *Verballhornung* des Backtriebmittels *Ammoniumhydrogencarbonat*, wobei aus dem Wortungetüm „Ammoniakaner" ugs. *Amerikaner* geworden sei (einfachere Mitmenschen nehmen ohnehin Backpulver aus der Tüte). Andere behaupten, mit den amerikanischen Besatzungssoldaten sei nach dem Krieg das Gebäck *Black and White Cookies* nach Deutschland gekommen, und da die Deutschen damals mit den Anglizismen noch nicht so vertraut gewesen seien, hätten sie schlicht *Amerikaner* zu dem ufoförmigen Kuchenstück gesagt.

Ammenbeer wird das alkoholfreie Braunbier mit Zucker genannt, das wir heute als Malzbier kennen. Es war sehr nahrhaft und wurde stillenden Frauen, die die eigenen oder als *Amme* auch fremde Säuglinge mit Muttermilch versorgten, zur Stärkung verabreicht. Daher versuchten Hamburger Brauereien vor dem Krieg auch die Bezeichnung *Gesundheitsbier* dafür einzuführen. Zum Teil verstand man auch leichtes, dünnes Bier darunter, das als minderwertig galt und eimerweise verkauft wurde. Dazu sagte der Hamburger scherzh. *Ammerbeer* (*Ammer* – Eimer).

Amt h.: frühere Bezeichnung für eine Handwerkerzunft, für den Zusammenschluss der Meister eines bestimmten Handwerks. 1850 gab es in Hamburg 32 Ämter und acht als →*Bruderschaft* bezeichnete Ämter [12]. Dem *groot Amt* gehörten alle Meister des jeweiligen Amtes an, das *lütt*

12 Hamburg-Lexikon S. 18

Amt war der Vorstand (vgl. → *Öllerlüüd*). Die regelmäßigen Zusammenkünfte in *Amtsdracht* (Amtstracht) im *Amtshuus* (Zunfthaus) unter Aufsicht des Rates waren mit reichlichem Essen und Trinken verbunden, das aus der Amtskasse bezahlt wurde, in die die Mitglieder bei Verstößen gegen die *Amtsrolle* (Satzung) einzahlen mussten (oder sie hatten eine *Bierstrafe* zu leisten, also eine od. mehrere Runden auszugeben). Frischgebackene Meister waren zur Ausrichtung eines reichhaltigen Festessens verpflichtet – in Hamburg wurde schwer gearbeitet, aber auch häufig gefeiert. Die Jahreshauptversammlung des Amtes hieß *Morgensprache*. Die → *Schaffer* fungierten als Kassenwarte und Festleiter. Die Aufgaben des Amtes waren die Kontrolle der Berufsausübung in Bezug auf Qualität und Ausbildung, die soziale Fürsorge für Kranke und Hinterbliebene (vgl. →¹ *Krameramt*), die *Leichenfolge* bei der Beerdigung verstorbener Meister und die strikte Abwehr nicht zünftiger Konkurrenz, also von „Schwarzarbeitern“ (vgl. →¹ *Bönhase*). Der Zunftzwang fiel mit der Einführung der Gewerbefreiheit 1863, was zum Ende der Ämter führte. Ihre Aufgaben übernahmen die Innungen.

an oder ab? Diese Frage stellte z. B. der Junge dem Mädchen, um herauszufinden, ob es ihn mag und mit ihm „gehen“ will[13].

Anbinner od. ein *Anbinnerjung* war ein Arbeiter, der die Hafenfähren vertäute. Von *anbinnen* (anbinden). Vgl. → *Fastmaker*.

Angeld Das *Angeld* war hamb. die Anzahlung.

13 lt. Karin Offen

Hans Albers

DER GROSSE BLONDE AUS DER LANGEN REIHE

Der „große, blonde Hans mit den blauen Augen", der Schauspieler, der in 500 Bühnenstücken und 176 Filmen zu sehen war, der Draufgänger, für den unsere Mütter und Großmütter schwärmten, der Sänger, der nicht gerade schön, aber unverwechselbar „La Paloma" und „Auf der Reeperbahn nachts um halb eins" singen konnte, war ein echter Hamburger Jung. Hans Albers wurde am 22. September 1891 in St. Georg, Lange Reihe 71, geboren.

Sein Vater war ein wohlbestallter Schlachtermeister, der seine Söhne am liebsten als seine Nachfolger zwischen Leberwurst und Ochsenschwanz gesehen hätte. Hans wollte jedoch zum Theater. Man kennt solche Geschichten: Der strenge Vater versteht die Welt und den Sohn nicht mehr, der Sohn kneift aus, die Mutter unterstützt ihn heimlich. Hans Albers schaffte den Sprung nach Berlin, und er schaffte auch den Sprung vom Stumm- zum Tonfilm.

Obwohl seit dem „Blauen Engel" (1930, mit Marlene Dietrich und Emil Jannings) ein Star der Ufa und 1943 Hauptdarsteller im Jubiläumsfilm „Münchhausen", hielt er Distanz zum NS-Regime, musste allerdings auch Distanz zu seiner Lebensgefährtin Hansi Burg (1898–1975) halten, die als Jüdin Deutschland verlassen hatte.

„Ich bin auch ein König!", herrschte er einen Abgesandten Hitlers an, als der ihn aufforderte, seine Suite im Hotel Adlon für den bulgarischen König Boris zu räumen. Die Gestapo[14] schritt ein, doch seine unglaubliche Popularität schützte ihn. Hans Albers als Idol der Massen schien unersetzlich.

Sein St.-Pauli-Film „Große Freiheit Nr. 7" (1944) unter der Regie von Helmut Käutner durfte im Reichsgebiet nicht gezeigt werden. NS-Propagandaminister Joseph Goebbels störte sich an dem Milieu der Prostitution, und er störte sich wohl auch daran, dass der Film keine Seehelden zeigte und nur wenig Siegeszuversicht vermittelte, weil der alternde Hans Albers zum Schluss nicht in der sonstigen Hoppla-jetzt-komm-ich-Manier der Sieger war, sondern dem jüngeren Rivalen (Hans Söhnker) beim umworbenen Mädchen (Ilse Werner) den Vortritt lassen musste. Die Dreharbeiten waren schwierig. Für eine Barkassenfahrt im Hamburger Hafen mussten die dort liegenden Kriegsschiffe mit Tarnnetzen abgedeckt werden. Der Film wurde in Prag fertiggestellt und uraufgeführt.

Hans Albers starb am 24. Juli 1960 am Starnberger See und wurde in → *Ohlsdorf* beigesetzt. Zur Erinnerung an den großen Hamburger, der im Tode heimgekehrt war, heißt der Wilhelmplatz auf St. Pauli seit 1964 *Hans-Albers-Platz*.

---

14 Geheime Staatspolizei im NS-Staat

angetütert ist jemand, der nicht mehr ganz nüchtern ist und sich einen Schwips angetrunken hat, sodass er mit dem, was er tut und redet, ein bisschen in →[1] *Tüdel,* also durcheinanderkommt.

anmeiern bedeutet betrügen, beim Spiel schummeln, jmdn. anführen. Nicht jeder Betrüger heißt Meier, aber der häufigste Familienname auf den Elbinseln und südlich der

Süderelbe war der Name Meyer, allerdings mit y. Der 1862 in Moorburg geborene Lorenz Heinrich Meyer, mein Großvater, pflegte seinen Massennamen mit der Bemerkung aufzuwerten: „Ypsilons sind selten und daher vornehm." Nur nicht bei Meyer. In dieser Hinsicht war er *angemeiert* ...

anschieten Dieses Verb ist nicht wörtl. ins Hochdeutsche zu übersetzen, wird allerdings auch meist übertr. für hereinlegen, übervorteilen, betrügen gebraucht; *dor hebbt se uns mit anscheten* (damit haben sie uns übervorteilt). Ra.: *anscheten, Herr Paster!*

anseggen „ansagen" im Sinne von bekannt geben, ankündigen. Da es früher noch keine Familienanzeigen im Hamburger Abendblatt gab und erst recht keine Kommunikation über E-Mail, Twitter od. Facebook, wurde bei Geburt, Taufe, Hochzeit, Todesfall od. Beerdigung das Dienstmädchen (begleitet von einem Waisenknaben) losgeschickt, um den Verwandten, Bekannten und Nachbarn das Ereignis anzusagen und sie eventuell einzuladen. In vornehmen Haushalten schickte die Herrschaft auch den Diener herum, auf dem Lande die großen Bauern entsprechend die Magd od. den Knecht. Das war der *Ansegger* bzw. die *Anseggersch,* die traditionsgemäß ein Trinkgeld von den Benachrichtigten erhielten, das sogenannte *Anseggergeld. Füür anseggen* (Feueralarm geben); *en Doden anseggen*. Formel z. B.: *ik schall gröten vun Hein Meiners sien Fro, he harr Fieravend maakt* (er ist gestorben)[15]. Einladungen zur Hochzeit sprach meistens der →*Köstenbidder* aus.

anstehen (*anstahn*). 1. sich schicken, geziemen; *dat steiht mi nich an* (das schickt sich nicht für mich); vgl. →*tieren*. 2. in der Schlange vor dem Laden *anstehen* (was übrigens nach dem Krieg auch im Westen Alltag war). 3. die Tür *anstehen* lassen, sie nicht ganz schließen, sondern sie nur eng an den Rahmen lehnen. So konnte man mit spitzen Ohren lauschen, was im Nebenzimmer gesprochen wurde. Wenn man etwa beide Hände am voll beladenen Tablett hatte, ließ sich die Tür durch einen leichten Stoß mit dem Hinterteil öffnen.

anwecken Zwar kann man Oma durch einen Telefonanruf auch wecken, falls sie gerade im Sessel eingeschlummert sein sollte, aber das ist mit diesem Verb nicht gemeint – *anwecken* war der gängige hamb. Ausdruck für (telefonisch) anrufen.

Anzeiger Der „Anzeiger“ wurde von dem Essener Großverleger Wilhelm Girardet (1838–1918) am 2. September 1888 als „General-Anzeiger für Hamburg-Altona“ [spr.: Hamburg *und* Altona] gegründet und 1922 mit dem Schwesterblatt „Neue Hamburger Zeitung“ zum „Hamburger Anzeiger“

15 HWB 1/Sp. 137 f.

zusammengelegt. Girardet brachte damit den Zeitungstyp „Generalanzeiger" nach Hamburg – kurze Artikel, populäre Themen, niedrige Bezugs- und Anzeigenpreise, sodass der *Anzeiger,* wie er in Hamburg ugs. nur genannt wurde, in der Weimarer Republik der meistgelesene Titel der Hansestadt war. Im „Dritten Reich" gleichgeschaltet, wurde er kriegsbedingt am 1. September 1944 mit dem → *Fremdenblatt* und dem → *Tageblatt* (der Hamburger NS-Zeitung) zur → *Hamburger Zeitung* zwangsvereinigt (bis 30. April 1945). Nach dem Krieg bekamen tatsächlich oder vermeintlich vorbelastete Zeitungen keine Lizenz der britischen Besatzungsmacht. Erst am 13. September 1952 startete der „Anzeiger" einen Neuanfang, vereinigt mit der FDP-Parteizeitung „Hamburger Freie Presse" (1946–1952), in die ihrerseits die CDU-nahe „Hamburger Allgemeine Zeitung für christlich-demokratische Erneuerung" (1946–1950) aufgegangen war. Der „Anzeiger" brach einen ruinösen Preiskrieg gegen das → *Abendblatt* vom Zaun, den er verlor – und das nicht nur aus wirtschaftlichen Gründen. Am 31. März 1957 gab der „Anzeiger" endgültig auf.

Appelklauerbüx ist die spöttische Bezeichnung für eine weite od. zu weite Hose, bei der man scherzh. unterstellen kann, sie eigne sich bestens zum Verstecken geklauter Äpfel und anderer Gegenstände, die man aus Nachbars od. Pastors Garten heimlich hat mitgehen lassen. Und welche Hosen sind geradezu prädestiniert als Bekleidung beim Klauen? Richtig, die → *Knickerbocker!*

Appelpannkoken Wie man *Pannkoken* (Pfannkuchen) eigentlich nicht essen sollte, hat uns →[1] *Henry Vahl* als „Schneider Nörig" im →[1] *Ohnsorg-Theater* unvergesslich vorgemacht: zu heiß, zu kalt, zu süß, mit „zweierlei" Marmelade – dem alten →[1] *Gnadderbüdel* (Nörgler) war nichts recht, obwohl seine Tochter (Hilde Sicks) sich alle Mühe gegeben hatte. Pannkoken werden zu *Appelpannkoken,* indem man den Teig mit Apfelspalten belegt.

Ein echter Hamburger Appelpannkoken, hier sogar mit Rosinen und mit Puderzucker bestreut.

Ascheimer So bezeichnen die Hamburger bis heute häufig ihre Mülltonnen. Der Begriff stammt aus den Zeiten, in denen die Wohnungen noch mit Briketts, Koks, Holz od. Torf beheizt wurden, deren Asche jeden Morgen in den *Ascheimer* wanderte. Diese waren aus Metall, mit Bügel od. mit Griffen an der Seite und einem abnehmbaren Deckel obendrauf. Kunststofftonnen wie heute waren damals ungeeignet, mussten sie doch Sicherheit bieten gegen Glutreste oder heiße Asche. Entleert wurden sie in der Regel auf einen offenen Pferdewagen, was entsprechend staubte und stank, eine Dreckarbeit, die nur noch von der Abfuhr der Fäkalieneimer unterboten wurde. Die Mitarbeiter der Müllabfuhr heißen immer noch *Ascheimerleute*.

auf Arbeit Wenn die Frauen oder Kinder über Tag gefragt wurden, wo denn ihre Männer oder Väter seien, kam die Antwort: *auf Arbeit*.

aufbüdeln Wenn ich unseren neuen Kaffeevollautomaten betrachte, frage ich mich, wie die Leute eigentlich früher Kaffee gekocht haben. Ich erinnere, dass sonntags der Kaffee erst einmal gemahlen werden musste. Das geschah mit Handarbeit in einer hölzernen Kaffeemühle mit Eisenkurbel oben, die man sich im Sitzen fest zwischen die Beine klemmte. Das musste ich machen, obwohl ich als Kind gar keinen Bohnenkaffee trinken durfte. Beim Aufbrühen entstand feiner Kaffeesatz, der auch in die Tassen gelangte und den Trinkgenuss verleidete, wenn er sich zwischen den Zähnen festsetzte. Man konnte nicht schlucken, durfte nicht spucken und wischte sich verstohlen die Zunge mit der Serviette ab. Deshalb benutzte Mutter bald einen Stofffilter, einen →[1] *Büdel* (Beutel), um den Kaffee ohne Schwebstoffe *aufzubüdeln*. Selbst als dann die viel praktischeren Papierfiltertüten von Melitta in Gebrauch kamen, blieb es bei der Bezeichnung *Kaffee aufbüdeln*.

aufrappeln (*oprappeln, oprabbeln*) bedeutet, sich aufzuraffen, wieder zu Kräften zu kommen, mühsam aufzustehen, sich zusammenzunehmen; *ik wull mi noch wedder oprappeln, aver dor mark ik al, dat mien Been nich mehr wullen; as de Polizei keem, dor harr he sik al oprappelt; rappel di man maal 'n beten op!* (nimm dich zusammen!)

aufröbbeln (*oprebbeln, obreppeln* od. *opröbbeln*). Die Schreibweise ist variabel, die Tätigkeit jedoch eindeutig: die Maschen von Gestricktem auflösen und den so gewonnenen krausen Wollfaden zum Glätten wieder stramm zum Knäuel aufwickeln. In der schlechten Zeit um 1946 bemühte sich meine Mutter, mir aus allerlei Wollresten einen Pullover zu stricken, aber da es schwer war, einen Teddy als Muster hineinzustricken, *röbbelte* sie das Fertige mehrmals wieder *auf*. Danach musste ich die Hände, die Daumen zur Decke, vorstrecken, und die Wolle wurde erst stramm in Schlaufen um meine Hände geschlungen, damit die Mutter besser ein Wollknäuel wickeln konnte. Wenn Mutter strickte, verkrümelte ich mich gern auf die Straße. Allerdings hatte man als Kind zu so einem Pullover eine viel „persönlichere" Beziehung als heute zu einem anonymen Stück aus dem Kaufhaus.

aufsacken eine Krankheit „einfangen". Wo hast du dir denn die Erkältung *aufgesackt?*, hieß es.

auftun „Ich tu jetzt auf!" Mit diesen Worten rief Mutter die Familie zum Essen, was bedeutete: Alle zu Tisch, ich fülle die Teller!

Austernkeller Im Internet steht er noch heute als Hamburger Restauranttipp, so als gäbe es ihn noch: *Schümanns Austernkeller* am Jungfernstieg 34 schräg gegenüber dem Alsterpavillon. Doch am 28. Dezember 2000 wurde das Lokal geräumt, das Mobiliar eingelagert und 2003 versteigert. Die letzte Besitzerin Jutta Schümann starb am 8. April 2006 im 86. Lebensjahr. Damit endete eine Hamburger Tradition, die August Wilhelm Daniel Schümann im Sommer 1884 begründet hatte. Schümann hatte beim Fischfeinkosthändler Johann Cölln gelernt, wie man Austern und Hummer zubereitet, und eröffnete im Keller von *Streit's Hotel* ein Restaurant mit Nischen und Séparées, in denen Kaufleute, Künstler, Politiker und Beamte gut und vor allem hanseatisch diskret speisen konnten. 1903 zog er ins Nebenhaus um. 1938 „arisierten" die Nationalsozialisten den Betrieb, der 1950, hoch verschuldet, an die Familie zurückfiel. 1984 schrieb der damalige Bürgermeister Klaus von Dohnanyi zum 100-jährigen Bestehen des Austernkellers, er präsentiere lebendige Kulturgeschichte und sei aus Hamburg nicht wegzudenken. Doch bald ging es zu Ende. Angeblich hatten die gastronomischen Leistungen stark nachgelassen, und der Hauseigentümer, die Campe'sche Historische Kunststiftung, mahnte eine der Lage angemessene Miethöhe an[16].

auswringen → *wringen*

16 Eigel Wiese: Hummer im Séparée. HA 30.7.2009 S. 13

Baantje [spr.: bo:ndje] ist eigentlich ein „Bähnchen“, wird aber übertr. in der Bedeutung (An-)Stellung bzw. Posten gebraucht, bes. im Sinne von Nebenbeschäftigung od. Ehrenamt; *he hett ’n feinen Baantje kregen.* Wenn Vater von der Schicht im Hafen nach Hause kam, freute er sich schon mal, an dem Tag einen guten *Baantje* gehabt zu haben, also für eine Arbeit eingeteilt gewesen zu sein, die nicht so anstrengend war. Ein *Baantjejager* war ein Postenjäger und ein *Baantjemann* ein städtischer Angestellter – offenbar war früher die heute häufig bestrittene Überzeugung verbreitet, dass Beschäftigte im öffentlichen Dienst einen sicheren, ruhigen und gut bezahlten Arbeitsplatz hatten, eben einen *Baantje*[17] (von ndl. *baantje*).

back Adv. zurück; gegen den Wind.

Back[1] 1. Wange; *dicke Back* (Zahngeschwür); *den kann man dat Vadderunser dörch die Backen blasen* (sagt man über einen Hohlwangigen). Ra.: *so em geiht de Backen, so geiht em de Hacken* (wie er isst, so arbeitet er auch). 2. Rücken. 3. übertr. Hügel (in Flurnamen).

Back[2] seem. 1. großes Gefäß, eine runde Schüssel, aus der eine Gruppe von sechs bis zehn Seeleuten (bes. Matrosen auf Kriegsschiffen) gemeinsam aßen; später der große Kübel, in dem das Essen für die Seeleute aufgetragen wurde. 2. eine *Backschaft*, eine Gruppe von sechs bis zehn Seeleu-

17 HWB 1/Sp. 184

ten, die gemeinsam aus einer *Back (1)* aßen. 3. der Tisch, an dem die Matrosen essen; er wird nach der Mahlzeit gewöhnlich an die Decke gezogen. 4. Aufbau im Vorschiff[18].

Backbord bezeichnet die linke Schiffsseite (von hinten gesehen). Die Backbordseite wird immer rot gekennzeichnet. In alter Zeit war das Steuer auf der rechten Seite des Decks angebracht (*Steuerbord*), sodass die linke hinter dem Rücken (→ *Back* [1]) des Steuermanns lag. *Bord* (h.: oberster Rand des Schiffes).

LESERBRIEF

Bäckers Kinder

Eine kleine Geschichte von mir: Meine Eltern hatten ein Gemüsegeschäft, und als Kind musste ich oft Ware ausliefern. Mühsam habe ich die schweren Netze und Körbe bis in den 4. Stock geschleppt (Altbau), und wenn ich gedacht hatte, es gebe ein bisschen Trinkgeld (Taschengeld war in den Fünfzigerjahren für uns ein Fremdwort), gab es nichts mit der Bemerkung: *Bäckers Kinner Stuten geven, gifft dat nich!* Ich habe danach immer eine Freundin hochgeschickt, und wir haben uns das Trinkgeld geteilt.

Gabriele Gelbrich

Backpfeife Eine *Backpfeife* ist ein Schlag, der um die *Backen* (Wangen) *pfeift*, hochspr. auch Ohrfeige genannt. Der Hamburger sprach kürzer von einem →[1] *Backs*.

---

18 HWB 1/Sp. 189 f.

baden Wenn sich abends der Nebel am Fluss und über den Niederungen zeigt, dichtet → *Matthias Claudius,* der den Mond aufgehen sieht, „und aus den Wiesen steiget der weiße Nebel wunderbar". Die Norddeutschen benutzen einen etwas nüchternen Vergleich: *de Voss baadt sik* (der Fuchs badet). Das soll übrigens ein Vorzeichen für gutes Wetter sein. Wenn allerdings ein Vogel im Sand badet, gibt's angeblich Regen.

Ballerbüdel Trinker, Alkoholiker. Einen *Ballerkopp* hat man am nächsten Morgen nach reichlichem Alkoholgenuss am Vorabend.

Ballkens (Fleischklößchen) → *frische Suppe*

Bambuse (*Bambuus*) ist das Schimpfw. für 1. einen Taugenichts od. einen Strolch. 2. urspr. war damit ein ungelernter Seemann, ein schlechter Matrose od. ein Schiffszimmermann gemeint, der bloß als Handlanger diente. 3. *Bambusen* wurden (z. B. 1821) auch Streikbrecher genannt od. Gesellen, die aus dem Gesellenverband ausgestoßen worden waren [19].

Bammel bedeutet 1. ugs. Furcht, Angst, eine innere Unruhe, wie sie mit dem Hin- und Herschwingen (der bimmelnden und *bammelnden* Glocke) vergleichbar ist; *ik heff so 'n Bammel in de Büx*. 2. Gehänge – (ebenfalls) von → *bammeln* (baumeln); man kann im Sitzen seine Beine bammeln und hin und her schwingen lassen, und man kann

19 HWB 1/Sp. 202 f.

sonst noch so allerlei bammeln lassen, was der Hamburger zusammenfassend als die *Bammelaasch* (*-aasch* von frz. *-age*) bezeichnet, also als das Herabhängende. Bevor nun falsche Gedanken aufkommen, sei gesagt, dass sich der Begriff nicht auf einen Körperteil bei Klein Bubi, sondern ausschließlich auf Sachen bezieht, so auf zu lange Ärmel od. auf die Anhänger an der Uhrkette. Man sagt auch *Bimmelbammel* dazu.

Bammelaasch (Gebaumel) →*Bammel*

bammeln heißt hd. baumeln, hängen, schlenkern od. schweben; *mit de Been bammeln;* Doppelformel: *allens wat dor an bimmelt un bammelt* (alles, was dazugehört). Vgl. →*Bammel,* →*Bammelaasch.*

Barch [1] (Plur. *Bargen*) bedeutet Berg und ist ein Allerweltswort, bietet aber im Hamburger Platt anschauliche Redensarten; *Bulen un Bargen* (ein Acker voller Unebenheiten nach dem Pflügen); *achter 'n Barch holen* (verheimlichen); *achter de Bargen wohnt ook Lüüd* (Hamburg ist nicht der Nabel der Welt); *em kümmt de* →*Bookweten-Grütt to Barch* (hängt zum Halse heraus). Scherzh.: *worüm löppt de Haas över 'n Barch? (weil he ünnen nich dörch kann).*

Barch [2] Der *Barch* bezeichnete früher auch einen offenen Schober mit spitzem Schutzdach aus Reet, der damals an jedem Bauernhof in der Marsch zu finden war, sozusagen ein kleiner Selbstbau-Silo zum Schutz vor allem von Heu und Stroh im Freien. Ein →*Heubarch* ist also nicht unbedingt ein Berg mit Heu, sondern ein Heuschober[20].

Bark seem. Segelschiffstyp mit mehreren Masten. Erw.: *Dreemastbark, Veermastbark, Fiefmastbark; Barkschipp.* Vgl. → *Barkasse.*

Barkasse seem. 1. Motorboot im Hafenverkehr zur Beförderung von Personen und Gütern od. zum Schleppen von →[1] *Schuten,* meist mit überdachtem Führerstand. Der Barkassenführer hieß in Hamburg scherzh. *Barkassenkutscher.* Von span. *barcaza* (Beiboot auf Kriegsschiffen; kleines Hafenboot).

Die Barkassen übernehmen im Hafen vielfältige Aufgaben. Sie befördern Personen, dienen als Schlepper, und man kann auf ihnen sogar eine Hafenrundfahrt machen.

---

20 vgl. aber Beckershaus: Straßennamen S. 159

Barthel weiß, wo er seinen Most holen muss, und wer das genau beobachtet hat, ist gewitzt und kennt alle Kniffe. Natürlich ist diese Redensart bis in den letzten Zipfel des deutschen Sprachraums verbreitet, aber eine Hamburger Leserin behauptet nun, in der Hansestadt beziehe sich „Most“ in diesem Zusammenhang auf Senf. Ihr Vater habe den Spruch immer zitiert, wenn er zum Senfglas gegriffen habe. Wir wollen einräumen, dass es manchmal nicht so leicht sein mag, den Senf zur Bockwurst auf einem überladenen Abendbrottisch zu finden, aber hier geht es bei „Most“ selbstverständlich um rotw. *Moos,* um das Geld der Gauner und Diebe. *Barthel* (verallgem. aus Bartholomäus) weiß, wo er einbrechen, stehlen und betrügen kann, um sich in fremden Taschen und Schränken zu bereichern. Das Ganze ist Rotwelsch, und es gibt Etymologen, die *Barthel* sogar auf den *Schoberbartel* beziehen, auf das Brecheisen, das beim nächtlichen Einbruch bekanntlich illegale, aber erfolgreiche Dienste leisten kann. Zu jidd. *schóbar* (Schaber) und rotw. *Barschel* (Eisen) [21]. Falls es sich jedoch um einen dummen, verträumten od. ungeschickten Menschen handelt, also um einen *dösigen Barthel,* sprechen die Hamburger von einem →[1] *Döösbartel* (ugs. häufig abgeschliffen zu *Döösbattel,* was jedoch von der Entstehung her nicht ganz richtig ist).

baten 1. wachsen; *de lütt Jung baat goot* (der Knabe wächst heran); *dat baat goot* (gedeiht gut). 2. nützen.

21 Roth: Barthel und sein Most S. 15

Ra.: *baat dat nich, so schaad dat nich* (von einem Mittel, das zwar nichts nützt, aber wenigstens nicht schadet, was die alten Hamburger schon vor dem Boom der Homöopathie erkannt hatten) [22].

Baum * Mit einem *Baum* ist in diesem Zusammenhang eine Weg- od. Hafensperre gemeint, also in den meisten Fällen ein Schlagbaum. Und davon mussten an Hamburgs Stadtgrenze viele passiert werden. Namen wie Rotherbaum, Eppendorfer Baum od. Hammer Baum zeugen noch heute davon. Meistens kassierte man dort eine Abgabe od. erhob die →*Akzise (Akziesboom)*. Die Zufahrt zum Binnenhafen wurde bis 1852 nachts und in Kriegszeiten durch einen schwimmenden Baumstamm, später durch Flöße aus Baumstämmen abgesperrt (*Niederbaum, Oberbaum,* →*Winser Baum*), nicht zuletzt, um Schmuggler abzuwehren, die die →*Akzise* umgehen wollten. Schiffer, die zu spät kamen, kamen nicht mehr hinein; *he kann nich mehr in den Boom kamen* (der Hafen ist geschlossen). Ra.: *loop to, loop to, de Ewer liggt an 'n Boom!* (nun aber schnell!). Vgl. →*Baumwall*.

Baumwall Der *Baumwall* bezeichnet zum einen eine bekannte Station der U-Bahn, die hier wie ein stählerner Viadukt als Hochbahn geführt wird, zum anderen einen Straßenzug in der Neustadt zwischen Kajen und →*Vorsetzen*. Das Grundwort „Wall“ bezieht sich auf einen Befestigungswall aus dem Jahre 1531, das Bestimmungswort →*Baum* auf

22 Mensing 1/Sp. 245

1909: Hamburger Binnenhafen am Baumwall

einen schwimmenden Baumstamm, mit dem Hamburgs Binnenhafen bis 1852 nachts und bei Gefahr abgesperrt wurde. Dabei handelte es sich um den sogenannten *Niederbaum* im Gegensatz zu seinem Gegenstück, dem *Oberbaum*, in Höhe des Meßbergs. Bei einem Baum blieb es nicht im Laufe der Zeit; die Stämme wurden zu Flößen verbunden, sodass eine Passage zur gegenüberliegenden Insel → *Kehrwieder* möglich war. Heute führen zwei parallele, 1978 erneuerte *Niederbaumbrücken* zur Kehrwiederspitze.

Beamtengans Scherzn. für Schweinerippe mit Apfelfüllung. In Beamtenhaushalten ging es angeblich so knapp zu, dass eine echte Gans nicht auf den Tisch kam („Mein Mann ist Beamter, ich weiß nicht, was ich kochen soll"). Das galt auch für das *Beamtensteak* (gebratene Scheiben durchwachsenen Specks) und den *Beamtenstipp* (Zwiebeln und Speck gedünstet, mit Milch abgelöscht, zu Pellkartoffeln gegessen), den es nicht nur bei den schlecht besoldeten Beamten, sondern sonnabends und vor allem am Monatsende in vielen Hamburger Haushalten gab.

bebern bedeutet hochdeutsch „zittern" im Sinne von „Angst haben": *de Bangbüx kriggt dat Bebern in de Been*. Zum Unterschied dazu steht *bibbern* für „zittern" aus Kälte: *de Frostkötel bibbert so, dat em de Tähn klappern*[23].

begäng 1. gang und gäbe, üblich, gebräuchlich; *dor is nix mehr vun begäng* (aus der Mode sein). 2. anwesend; *he is nich begäng* (er ist nicht da).

---

23 lt. Olaf Haselhorst

bei mich bei „Und ich hab gar kein' Schirm *bei mich bei!*", klagte Tante Dibbermeier[24], als es zu regnen anfing.

beiderstädtisch Die beiden dominierenden Hansestädte Hamburg und →Lübeck drohten sich mit ihren regionalen Interessen zwischen Elbe und Trave im späten Mittelalter in die Quere zu kommen. Dörfer wurden erworben oder verpfändet. Die Lübecker hatten sich immerhin bis nach Bergedorf „vorgearbeitet", wurden aber 1401 vom Lauenburger Herzog vertrieben. Gemeinsam sind wir stark, sagten sich Hamburg und Lübeck – und eroberten 1420 das Amt Bergedorf mit den Vierlanden und der Dorfschaft Geesthacht. Das Gebiet wurde *beiderstädtisch* im Wechsel von den Hansestädten verwaltet, eine seltene staatsrechtliche Konstruktion; *Lübeck un Hamborg, de regeert, zu Bardörp*[25] *ward de Klaag anhöört;* Hamburg kaufte 1868 den Lübecker Anteil. Geesthacht fiel mit dem →[1] *Groß-Hamburg-Gesetz* 1937 an Preußen (Lübeck allerdings auch).

beipulen kann bedeuten, 1. jmdm. etwas schmackhaft zu machen od. durch die Betonung der Details zu überzeugen, aber auch 2. jmdm. eins auszuwischen. Von *pulen* (herausklauben) wie *Krabben pulen* od. *'n Appelsien oder 'n Ei afpulen*. Das Pulen von Hülsenfrüchten (Erbsen, Bohnen) nennt man →[1] *palen.*

bekakeln (durchsprechen) → *kakeln*

24 Figur bei → *Arnold Risch*
25 Bergedorf

benschen hochscheuchen, antreiben, wegjagen; *ut de Puuch rutbenschen* (jmdn. aus dem Bett jagen, mit Gewalt wecken). Ein genannter Bezug zum rotw. *benschen* (segnen) od. jidd. *benschen* (auf jüdische Art beten mit Riemchen um die Knöchel) erscheint fraglich[26].

berappen (bezahlen) → *betahlen*

Besan hieß seem. der hintere Mast eines Dreimasters.

betahlen heißt natürlich „bezahlen“, eine Tätigkeit, um die man nicht herumkommt, um die sich mancher aber gern drücken möchte: *du hest den Snieder woll noch nich betahlt,* sagte man, wenn Reihfäden auf dem neuen Anzug zurückgeblieben waren; auch Schuhe, die knarren, waren angeblich noch nicht bezahlt. Ra.: *he löppt, as wenn he dat betahlt kriggt* (eilig von der Bildfläche verschwinden); übertr.: *dat betahl ik di maal wedder* (Drohung: das werde ich dir heimzahlen). Syn.: *berappen.*

Bett od. Wiege? Wenn Mutter →[1] *Rundstücke* aufschnitt und jedes Kind ein halbes Stück mit Butter und Marmelade bekam, fragte sie die Älteste: „Bett oder Wiege?“ Die wählte natürlich die *Wiege,* die obere, gewölbte Hälfte, denn die war größer und weicher, und nicht das *Bett,* die untere gerade und härtere Hälfte.

bibbern (vor Kälte zittern) → *bebern*

---

26 Wolf: Rotwelsch S. 49

Bier (*Beer*). „Der Reichtum der Kaufleute in der Hansestadt beruhte früher in erster Linie auf Hering und Bier", schreibt →*Edith Oppens*[27]. Während der Handel mit Heringen ein Transithandel war, wobei die Ware aus Skandinavien und Holland über Hamburg weitervermarktet wurde (und wofür sich die hiesigen Kaufleute von den Binnenländern als →*Heringsbändiger* beschimpfen lassen mussten), war das Bier Eigenprodukt und wichtigster Exportartikel. Im 14. Jahrhundert galt Hamburg mit rund 500 größeren und kleinen Brauereien als das „Brauhaus der Hanse" (wie Köln das „Weinhaus der Hanse" war). Gerste und Hopfen wurden im ländlichen Umland angebaut. Wegen des Brauwassers lagen die Brauereien in der Nähe der →[1]*Fleete*. Es war zeitweise verboten, frisches Wasser aus Brunnen zum Brauen zu entnehmen, nur das „würzige, aromatische" Wasser der Fleete durfte verwendet werden. Ein Betrieb, der sich nicht an diese Vorschrift hielt, wurde amtlicherseits geschlossen. Reden wir nicht drum herum: Die Würze und die spezielle Süffigkeit des Hamburger Biers kam von den Fäkalienschwebteilchen, die in den Fleeten, die gleichzeitig als Kloake dienten, herumwaberten. Obwohl es immer wieder Epidemien gab, scheinen überraschend viele Hamburger diesen Trank überlebt zu haben. Bier galt bis ca. 1800 nicht als Getränk, sondern als tägliches Nahrungsmittel. Im späten Mittelalter musste der Rat bei Kriegszügen für je 20 Mann im Felde täglich eine Tonne Bier liefern. Ohne nun allzu

27 HA 17./18.10.1981 S. 9

ASTRA
Bavaria St. Pauli
Gesundheits Bier
Die Drei von
ST·PAULI
altbekannt und beliebt
Dre vun St. Pauli man uns nennt
en jede Hamborger uns kennt.
Dre von St. Pauli is ok Beer
mark di den Naam, dat fallt nich swöör
Süüst du dit Teken, sett di dal,
dit Beer dat smeckt di jedesmal.
Dre vun St. Pauli sünd bekannt
hier langs de ganze Waterkant.

hämische Vermutungen anstellen zu wollen, sei mitgeteilt, dass vor der Reformation jede als „Klosterjungfrau" so bezeichnete Nonne jährlich 14 Tonnen Bier konsumierte. Was schenkte der Rat der Hansestadt Hamburg den Wittenberger Reformatoren Luther, Melanchthon und Bugenhagen im Jahre 1541 als allerhöchste Auszeichnung? Vier Tonnen Bier! [28] Na, denn Prost! Die Brauerknechte beanspruchten dementsprechend eine herausgehobene Stellung mit eigenem →*Bruderschaftshaus* am Rödingsmarkt, eine Stellung, die sie auch durch Krawall und Gewalt erzwangen (man kennt das ja bis heute). Alle zwei Jahre feierten sie ein aufwendiges Freudenfest, die →[1] *Höge*. Die Bedeutung der Hamburger Brauereien ging in der Neuzeit rapide zurück. Als letzte verlor die Holsten-Brauerei 2004 ihre Selbstständigkeit – was natürlich nicht bedeutete, dass in Hamburg kein Bier mehr getrunken wird. Vgl. →[1] *Lütt un Lütt (en Köm un Beer)*, →[1] *Köminsel*, →*Ammenbeer*, →[1] *Alsterwasser*. Raa.: *dor hett de Broer*[29] *sien Steveln in wuschen* (Dünnbier); *Beer mit Musik* (ein Glas Bier mit einer Zitronenscheibe und braunem Zucker); *kiek, wat dat Beer nich deit!* (bei einem Dickwanst); *wenn de Medizin nich helpt, denn mutt Beer un Broot helpen* (muss die Natur sich selbst helfen); *op sien egen Kann Beer to Wark gahn* (aus eigenem Antrieb handeln)[30]. Vgl. *Bierprobe* unter →*wracken*.

---

28 nach Oppens, ebenda. Martin Luther (1483–1546), Philipp Melanchthon (1497–1560), Johannes Bugenhagen (1485–1558; Kirchen- und Schulreformator u.a. in Hamburg)

29 Brauer

30 HWB 1/Sp. 237 f.

Bilegger Ein *Bilegger* war ein Beilegerofen, ein von außen, in der Regel von der Küche aus beheizter Stubenofen, der Wärme für zwei Räume lieferte, aber Dreck und Asche von der →*guten Stube* fernhielt. Häufig handelte es sich um einen in die Wand eingelassenen Kachelofen. Verb: *bileggen* (beilegen, dazulegen).

Bilöper „Beiläufer", Mitläufer. 1. der zweite →[1] *Viez* bei den Schauerleuten im Hafen. 2. Stiefkind od. uneheliches Kind, das nebenbei „mitlief", das damals aber nicht die Rechte der eigenen ehelichen Kinder hatte.

Bilsch (Plur. *Bilschen*). Die *Bilsch* ist der Lenz- oder Kielraum, in dem sich das Wasser im Schiff sammelt. Von engl. *bilge* (Bilge).

bilütten Adv. allmählich, bei Kleinem, nach und nach; *dat kümmt bilütten as bi de olen Froonslüüd de Melk; so bilütten, seggt Fro Schütten, kümmt mien Dochter ook an 'n Mann*[31].

bimsen urspr. mit Bimsstein bearbeiten, übertr. schleifen, einexerzieren (auf dem Kasernenhof od. die Vokabeln vor der Klassenarbeit).

Bindfaden ist der Bindfaden. Ra.: *dat regent Bindfadens* (es gießt in Strömen).

Binse (*Bees*) bedeutet die Teichbinse. Aus *Binsen* wurden Stuhlsitze geflochten (die hart und rechtwinklig auch als

---

31 HWB 1/Sp. 319

Folterinstrument geeignet gewesen wären), man konnte damit die Pfeife putzen und das Mark als Docht für die Tranfunzel verwenden. Sobald der Jäger von den Binsen spricht, meint er das Schilf am Uferrand. Wenn eine Wildente schrotdurchlöchert vom Himmel fällt und sich flatternd und zappelnd noch mit letzter Kraft ins Schilf rettet, kann der Jagdhund sie nicht mehr erreichen. Sie ist dem Jäger also *in die Binsen gegangen* (verloren gegangen). Das geschah allerdings eher nicht in der Innenstadt ...

Birnen, Bohnen, Speck Dieses typisch nordd. Gericht aus Brechbohnen, Kochbirnen und durchwachsenem Speck, in einigen Familien auch *Gröner Heini* genannt, muss man Besuchern aus Süddeutschland auch in Hamburg in der Regel zuerst aufzwingen, bevor sie zugeben: Es schmeckt vorzüglich!

Blauer Peter Es soll Touristen geben, die vermuten hinter einem *Blauen Peter* einen betrunkenen Hamburger gleichen Namens, aber spätestens während der obligatorischen Hafenrundfahrt werden sie aufgeklärt: Es handelt sich um eine internationale Signalflagge, die anzeigt, dass das Schiff binnen 24 Stunden den Hafen verlassen wird.

Blaukopf ist ein kleiner, blauer Stahlnagel mit breitem, flachem Kopf. Vor Verbreitung des Tackers (Gerät zum Heften) unverzichtbar, um etwa die Dachpappe auf dem Kaninchenstall zu befestigen. Blauköpfe kaufte man lose beim Eisenwarenhändler *(Iesenkramer)*, der sie flüchtig abwog, eine spitze Papiertüte drehte und sie dann aus der Waagschale hineinschüttete – meistens teilweise auf den Fußboden, was schon mal zur Kundenbeschimpfung führen konnte in dem Sinne, warum man keine anständigen Nägel kaufe.

Bleichen →*Heuberg*

blömerant elend, unwohl, blass; a.: *blumerant, blümerant, plümerant.* Von frz. *bleu mourant* („sterbendes Blau", also blass, elend).

Blümchenkaffee hieß Blümchenkaffee, weil er so dünn war, dass man das Blumenmuster am Boden der Tasse erkennen konnte. Notgedrungen musste er während der schlechten Zeit häufig so serviert werden. Natürlich gab es nicht nur in Hamburg dünnen Kaffee. In Sachsen hieß er „Bliemchenkaffee". Als der Kaffee nach der Währungsreform (1948) nicht mehr auf dem Schwarzmarkt, sondern wieder im Laden gekauft werden konnte, servierten die entwöhnten Hamburger Damen unbeschadet späterer Warnungen der Mediziner häufig *nördlichen Kaffee* – der so stark war, dass „der Löffel darin stehen blieb": kräftig und gut, eben *nördlich!*

Blutgeschwür (Getränk) →*Mutterglück*

Blutquese (*Blootquees*) Blutblase nach einer Quetschung.

bölken brüllen, →*grölen.* Im Allgemeinen *bölkt* das Vieh – die Kühe, wenn sie gemolken werden wollen, die Kälber, wenn sie trinken wollen, od. das Schwein um sein Leben, wenn es auf den Schlachthof gezerrt wird. Aber auch Menschen können *bölken,* wenn sie sich lautstark daneben benehmen od. betrunken unanständige Lieder durch die nächtlichen Straßen *bölken.*

böömsch böhmisch im Sinne von fremdländisch, seltsam, unverständlich; *böömsche Dörper* (böhmische Dörfer – übertr. eine unverständliche Angelegenheit); *dat kümmt mi böömsch vör.*

Bordsteinschwalbe (Straßenprostituierte) →*Kantstein*

Borstel in od. als Ortsname bedeutet „Abbau", also eine Tochtergründung aus einem vorhandenen Mutterdorf[32].

Börte (*Bört*). Urspr. festgesetzte Reihenfolge im Schiffsverkehr und Lotsendienst, später die ausgehandelte od. auch ausgeloste Reihenfolge des Dienstes bes. der →*Böschlotsen; mien Bört is jetzt* (ich bin an der Reihe, ein Schiff als Lotse nach Hamburg zu führen); *dat Slimmste, wat een kann passeren, is op de Bösch de Bört verleren* (durch eigene Schuld im Lotsendienst überschlagen zu werden)[33]. Der Ausdruck ist in Hamburg nicht mehr gebräuchlich, begegnete aber jahrzehntelang Hamburgern, die mit den Bäderschiffen nach Helgoland gefahren waren. Die Schiffe wie die inzwischen abgewrackte „Wappen von Hamburg" mussten auf der →*Reede* vor Helgoland Anker werfen, und die Passiere

32 Wülfingen/Frahm: Stormarn S. 158

33 HWB 1/Sp. 415 f.

wurden in hölzernen Lotsenbooten, den sogenannten *Börtebooten,* zur Insel gebracht – schwankend, spritzend, teuer und zeitraubend. Nach kurzem Aufenthalt ging es auf gleiche Weise zurück zum Schiff. Es mag ein, zwei Touristen geben, die das Ausbooten als Abenteuer betrachten, aber viele lassen sich dadurch von einer Reise zur deutschen Hochseeinsel abhalten. Die Gästezahl geht dramatisch zurück. Experten raten, die Landungsbrücke zu verlängern und dort Platz für sieben Schiffe zu schaffen, wodurch das Ausbooten wegfallen könnte. Doch die Börte lebt. 30 Familien leben von den Börtebooten, und manch Besucher findet sich an die alte Strandräubertradition erinnert, die da hieß: „Beinehmen ist kein Verlust!" Von Hamburg steuert nur noch der Katamaran „Halunder Jet" regelmäßig den roten Felsen an, der direkt im Südhafen anlegen kann und nicht ausbooten muss[34].

Böschlotse Lotse, der Schiffe von der Lotsenstation *Bösch* bei St. Margarethen elbaufwärts zum Hamburger Hafen bringt[35]. Vgl. → *Börte.*

Bossel Kugel zum Werfen, Kegelkugel. Erw.: *Bosselbahn* (Kegelbahn). Adj. *bosselrund* (kugelrund). Verb: *bosseln* (Kugeln werfen, kegeln).

Bostdook Brusttuch, bei Männern 1. Weste, Unterjacke od. dunkles Chemisette[36], das anstelle des Vorhemds getra-

---

34 Axel Tiedemann: Die Insel ist reif. HA 6. 2. 2009 S. 3

35 HWB 1/Sp. 417

36 gestärkte Hemdbrust für Frack und Smoking

gen wurde, bei Frauen 2. steifer Brusteinsatz der Vierländer Tracht *(gollen un sülvern Bostdöker)*, aus Gold- od. Silberbrokat gewebt bzw. mit Metallfäden bestickt, oben mit Samt und metalldurchwirkten Tressen besetzt. Zur Aufbewahrung gab es extra eine *Bostdookschachtel* (Brusttuchschachtel) aus reich bemaltem Spanholz[37].

Bötel [spr.: boüdl]. Der *Bötel* ist 1. urspr. ein Hammel od. ein Bocklamm, 2. übertr. aber ein kleiner Junge, ein Knirps; *'n lütt Bötel.* Besonders die Schüler der untersten Klasse nannte man in Hamburg so. Dementspr. war eine *Bötelschool* die Eingangsklasse einer Knabenschule. In Lokstedt gibt es seit 1949 die Straße *Bötelkamp*, benannt nach dem gleichnamigen Flurstück, das wohl „jüngst gerodetes Feld" bedeutet[38].

Böten Ein *Böten* ist eines der vielen Ausdrücke für ein Kinderlätzchen, das man dem *lütt* → *Bötel* umband, damit er beim Gefüttertwerden seinen Strampelanzug nicht vollsabberte. Man sagte u. a. *Böörten, Böörtjen, Buuschen, Severlappen, Slackerböörtjen, Slabberbartjen, Klacker-, Klecker-, Sabbel-, Slabber-* od. *Slackerbuuschen* dazu. Die Vielzahl der Synonyma zeigt, wie wichtig ein solcher Brustlatz zu der Zeit war, als Mutter noch alles mit der Hand waschen musste und die Kinderkleidung nicht mal eben mit Ariel bei 30 Grad in den Schonwaschgang der Maschine stecken konnte.

---

37 HWB 1/Sp. 420 f.

38 vgl. Beckershaus: Straßennamen S. 56

Böttjer (Böttcher, Fassmacher). Handwerker, der hölzerne Gefäße herstellt. Zur Zeit der → *Hanse* hatte dieses Handwerk Hochkonjunktur und brachte reichlich Gewinn, weil für die damaligen Haupthandelsgüter Heringe und → *Bier* zahlreiche Fässer und Tonnen aus Holz benötigt wurden. Vgl. → *Küper* und → *Kiemer*.

Fässer jeder Größe stellten die Böttjer, → Küper und → Kiemer her. Als es noch keine Container und Plastikbehälter gab, herrschte großer Bedarf an den hölzernen Gefäßen. Hier eine Werkstatt um 1880.

Braam steht für Ginster, der *Braambusch* ist der Ginsterbusch. *Braam* ist auch der Namensgeber des Stadtteils Bramfeld, weil der Ginster eine typische Pflanze für die dort früher vorherrschende Heidelandschaft war. Das Bezugswort „Feld“ deutet darauf hin, dass das Dorf im 13. Jh. auf waldfreiem Gebiet angelegt worden ist. Bramfeld kam erst 1937 mit dem →[1] *Groß-Hamburg-Gesetz* von Preußen zu Hamburg.

bräsig hörte man ab und zu auch in Hamburg. Urspr. ndd. für kräftig, wohlgenährt, wird es später im Sinne von dickfellig od. unwillig gebraucht. Lautvar.: *brösich*. Allgemein bekannt wurde das Wort durch die breit mecklenburgische Figur des *Onkel Bräsig* in Fritz Reuters Roman „Ut mine Stromtid“[39]. In der ARD-TV-Serie von 1978 spielte der niederdeutsche Schauspieler Fritz Hollenbeck (geb. 1929 in Lübz) diese Rolle.

Brautkiste →*Pesel*[2]

Bredullje für Verlegenheit, schlimme Lage ist natürlich das hamb. abgewandelte frz. *bredouille* (Misserfolg); *in de Bredullje sitten* (in der Klemme sein); *enen in de Bredullje kriegen* (jmdn. festnageln).

---

39 Fritz Reuter (1810–1874) war nicht gerade das, was man vor 1848 als einen obrigkeitstreuen Konservativen bezeichnet hätte. Als aufmüpfiger Burschenschaftler wurde er zum Tode verurteilt, dann zu Festungshaft begnadigt. Er versuchte danach zeitweise als Volontär auf Gut Demzin wieder Fuß zu fassen. Einen derartigen Landwirtschaftseleven nannte man in Mecklenburg einen *Strom*. Die hd. Übersetzung des Romans heißt dementspr. auch „Das Leben auf dem Lande“.

Bregen * 1. Gehirn, Schädel od. die Stirn; *di is woll de Bregen dünn worrn vun de Hitten, is di woll!*, schrie der Bauer seinen ungeschickten Knecht bei der Ernte an, doch der antwortete: *un di, di hebbt se woll in 'n Bregen scheten un vergeten umtoröhren!* Da verlor der Bauer die Beherrschung und schlug dem Knecht mit der → *Forke* auf den *Bregen:* mehrfacher Schädelbruch. Vgl. engl. *brain* (Gehirn); →[1] *bregenklöterich* (schwachsinnig). 2. *Bregen* hat man nicht nur im Kopf, sondern kann man auch essen, ja, dieses Gericht galt auf dem Lande geradezu als Delikatesse. Am Abend der Hausschlachtung wurde das Schweinehirn in der Pfanne gebraten und mit Brat- od. Pellkartoffeln verspeist. Wer will, kann das auch heute noch ausprobieren. An der Fleischtheke im Supermarkt findet man häufig in einer flachen Porzellanschale so ein wabbeliges Schweine- od. Kalbshirngewimmel[40].

Brick Eine *Brick* war ein Pferdewagen mit Bänken an beiden Langseiten, der Ende des 19. Jahrhunderts bis zu 40 Personen befördern konnte. Im Gegensatz zum → *Stohlwagen* war sie überdacht.

Bricken (Plur. *Brickens*). 1. Das *Bricken* ist eine runde od. rechteckige Holzscheibe, häufig als Frühstücksteller od. als Unterlage z. B. beim Schinkenschneiden benutzt. 2. Ein Untersatz, der nicht immer aus Holz sein muss, wird auch so bezeichnet, etwa ein Bierfilz.

Brigg Segelschiff mit zwei Masten, kleiner als eine *Fregatte*.

40 Goltz/Nissen: Plattdeutsch für Zugereiste S. 28 f.

Britsch (*Pritsch*). Die *Britsch* ist vor allem 1. eine einfache hölzerne Bettstelle, ein Feldbett, eben eine Pritsche; *smiet dat Swien op de Britsch!*, riefen die Schutzleute beim Einliefern eines Betrunkenen[41]. Die Britsch hat weitere Bedeutungen: 2. Es kann sich auch um einen Holzrost als Bodenbelag in Waschküchen und Badezimmern handeln, aber auch um einen Rost im Schweinestall, damit die Tiere nicht in der Gülle liegen (was die „Schweinerei" aber häufig nur noch schlimmer machte). Die Britsch ist zudem 3. der Arbeitstisch des Schusters und 4. veralt. ein Schlagholz (*Britschholt* – „Fastnachtspritsche" Hamburger Gesellen), woraus übertr. ein Begriff für Schläge od. Prügel sowie das Verb →*britschen* (prügeln) entstanden sind. Der *Britschhamer* (Hammer) der Kupferschmiede dient zum Plattschlagen des Metalls.

britschen schlagen, prügeln; von →*Britsch (4)*.

Britschhamer →*Britsch*

britzen bedeutet schnell laufen, sich beeilen. Man hört geradezu, wie der Sand zur Seite spritzt, wenn man sagt: *he kümmt angebritzt*. Nicht zu verw. mit →*Britzen* od. →*britschen*.

Britzen Das *Britzen* war ein →[1]*Marmelspiel*, bei dem der Spieler die Marmeln zu treffen versuchte, die ein Mitspieler zuvor ausgeworfen hatte.

Broer Brauer. Subst. *Broeree* (Brauerei). Verb: *broen* [spr.: breo:n] (brauen).

---

41 HWB 1/Sp. 468 f.

bruddich bruttig. Wenn man sagt, die Luft sei *bruddich,* so bedeutet das, dass die Wetterlage schwül, gewittrig, brütend und drückend ist. Die Luft „steht", es weht keine frische Brise, der Kreislauf wird belastet, die geringste Anstrengung führt zur Erschöpfung, und selbst die Einkehr in ein Freiluftrestaurant ist keine reine Freude mehr. Es droht ein Gewitter, unter diesen Umständen sogar ein „reinigendes Gewitter".

Bruderschaft (*Bröderschop*). Die Bruderschaften als kirchlich-religiöse Vereinigungen von Geistlichen und Laien zur Fürbitte und Fürsorge für das Seelenheil verloren mit der Reformation (nach 1517) in evangelischen Ländern ihren Sinn, während sie in katholischen Gebieten erhalten blieben (z. B. Herz-Jesu-Bruderschaft, Rosenkranz-Bruderschaft). Im protestantischen Hamburg verstand man danach, obwohl es auch hier Zusammenschlüsse mit spirituellem Hintergrund gab, unter einer *Bröderschop* vor allem berufsbedingte Vereinigungen (Kaufleute, Lotsen, Schiffer, →[1] *Krämer*) und zunftähnliche Verbände, und zwar nicht der in den →*Ämtern* organisierten Meister, sondern der Gesellen und Knechte (Brauer, Böttjer). So gab es die hamb. *Bröderschop* der *Ieslandfahrer* (mit Island Handel treibender Kaufleute).

Brummknuust (Ende des Brotlaibs) →*Knust (1)*

Brummkrüsel 1. Brummkreisel, ein großer Kreisel als Kinderspielzeug, der nicht mit einer Peitsche, sondern durch das „Pumpen" mit einer Spindelstange in der Mitte in

Die Kinder bestaunen das Spielzeug: einen Brummkreisel.

Betrieb gesetzt wurde und ab einer gewissen Drehzahl ein unsympathisches Brummen hören ließ. 2. übertr. ein mürrischer Mensch od. eine brummige Frau. Michael Richey: *Brumm-Krüsel: ein Kugel-runder hohler Kreusel, mit einem Loche, welches im Lauffen ein Gebrumme machet.* Metaphorice[42]: *ein murrischer Mensch, den wir sonst auch eenen Brumm-Kater nennen*[43]. Verb: *brummkrüseln* (nörgelnd schimpfen). Adj. *brummsch* (brummig, mürrisch, verdrießlich, ärgerlich, unzufrieden). Vgl. → *Stinkbüdel (1).*

---

42 bildlich, übertragen

43 Richey: Idioticon S. 25, 142

brummsch (brummig) → *Brummkrüsel*

Buchweizen Der *Buchweizen* (od. sagen wir besser im Hinblick auf die Zeit, die wir im Auge haben, ndd. *Bookweten*) ist heute als angebliche Heilpflanze in die Apotheken und Reformhäuser abgedrängt worden, war früher jedoch weit verbreitet und galt als das „Getreide des armen Mannes". Dabei gehört der Buchweizen, der im Laufe der Jahrhunderte seinen Weg von der Mongolei nach Mitteleuropa gefunden hat, nicht zu den Getreiden, sondern zu den Knöterichgewächsen. Sein Name kommt von der Bucheckern-Form der Samen. Da der Buchweizen auf kargen Böden gedeiht („Heidekorn"), war er die Hauptanbaufrucht der Geestbauern. Von seinem Ertrag hing das Überleben vieler ländlicher Familien ab. Die enthülsten Samen wurden als Grütze, aber auch als Mehl verbraucht, mit dem man zwar kein Brot backen, aber diese schrecklichen *Bookwetenklüten* mit Fett und heißem Wasser herstellen konnte, die an den besseren der schlechten Tage mit Buttermilch, Sirup od. Schwarzsauer gegessen wurden [44]. Ansonsten kam in den Geestdörfern, aber auch in den Hamburger Arbeiterhaushalten fast täglich Buchweizengrütze *(Bookwetengrütt)* auf den Tisch. In der schlechten Zeit gab es auch bei uns Buchweizengrütze, und nach der Währungsreform nahm ich mir vor, eher zu verhungern, als mich dieser zähen Pampe noch einmal zu nähern, in der beim Erkalten der Löffel senkrecht stehen blieb. Sprachl.: *Bookweten stuken* (in Haufen zum Trock-

44 Mensing 1/Sp. 426 ff.

nen setzen). Bauernregel: *wenn an Neejohrsmorgen veel Drüppen*[45] *an de Bööm hangt, so gifft veel Bookweten över 't Johr.* Ein →[1] *Quiddje* musste den Grad seiner Integration beweisen, indem er im schönsten Hamburger Platt aufsagte: *baven op 'n böversten Boord steiht en Pott mit Bookwetengrütt.* Die Besucher vom Lande, die im Allgemeinen selbst vom einfachsten Hamburger von oben herab wie lauter Dorftrottel behandelt wurden, verspotteten ihrerseits die Städter als naive Dummköpfe in landwirtschaftlichen Fragen: *wi wüllt 'n beten vör 't Steendoor*[46] *gahn un sehn, ob de Bookwetengrütt al blöhen deit, seggt de Hamborgers.* Die *Bookweten-pannkoken* (Buchweizenpfannkuchen) waren früher das übliche Mittagessen beim Torfstechen.

Bückel 1. Kurzf. für Bückling, für einen geräucherten Hering. Die *Fischoolsch* rief: *Bückel, frische Bückel, warme Bückel vun de Koor, lüübsche Bückel,* und die Straßenjungen, die (schon) damals eine wahre Plage gewesen sein müssen, ergänzten: *un rüükt se nich, so stinkt se.* Der Geruch war es auch, der dem Bückling seinen Namen gab. Zwar meint → *Edith Oppens,* ein Johannes Böckel habe den Bückling erfunden und ihm seinen Namen verliehen[47], aber wir sollten uns doch besser an das mnd. Wort *buckink* für den geräucherten Hering halten[48],

45 Tropfen
46 Steintor
47 HA 17./18.10.1981 S.9
48 Lübben S.69

und das hat etwas mit dem *buck*, dem Ziegenbock, zu tun: Beide riechen stark – oder geradeheraus gesagt: Sie stinken! Dass der Bückling, wie so vieles, über Holland nach Hamburg gekommen ist, ist allerdings unbestritten. 2. scherzh. für eine übertrieben tiefe Verbeugung.

Bückelhuut Die *Bückelhuut*, und zwar eine *opgepuuste*, müssen wir nicht unbedingt dem →*Bückel* abziehen, sondern als Schimpfw. für einen unangenehmen Menschen sehen; *mit di opgepuuste Bückelhuut ward wi al lang fardich!* Diese Redensart von der „aufgeblasenen Bücklingshaut" lässt sich nicht übersetzen, die lässt sich nur genießen; *sik opspelen as so 'n opgepuuste Bückelhuut* (etwa: übertrieben wichtig tun).

bückeln weglaufen, *utbückeln*. Von einem Händler, der aus Leichtsinn Pleite gemacht hatte, sagte man: *he hett sik total achterrut bückelt.*

Buddel an de Kai 1. Laufspiel. 2. Marmelspiel.

Buffer In den Fünfzigerjahren benutzten die Jungs den Ausdruck *Buffer* für Fußballschuhe, die damals ja noch Seltenheitswert hatten.

Bühnenvullmaker Die „Bühnenvollmacher" sorgten dafür, dass die Stars, Schauspieler od. Sänger bei einer Aufführung nicht allein auf der Bühne standen, sondern dass ein bisschen Volk dabei war, damit das Ganze nicht zu leer wirkte, wenn das Textbuch Betrieb vorschrieb. Heute sagt man „Statisten" dazu.

Bullauge (*Bulloog*) – rundes Fenster in der Schiffswand, auch →*Ossenoog* od. →[1] *Klüüs* genannt.

Bullerbüx 1. Hose mit zu weitem Boden. 2. Grobian, auch Bullerjaan od. Bullerjoochen.

bullern poltern, lärmen, grob und zornig sprechen. Adj. *bullerich, bullerballerich* (grob, polternd). Erw.: *Bullerballer* (Grobian, aufbrausender Mensch, Polterer); *de grote Bullerballer* (der große Nordweststurm).

Bullerwagen 1. Ackerwagen, Leiterwagen mit eingesetzten Schotten. 2. Handziehwagen (Bollerwagen). Vgl. →[1] *Blockwagen.*

Bünn Fischbehälter in älteren Fischereifahrzeugen. Der od. die *Bünn* ist ein mittschiffs eingebauter Wasserkasten in einem Boot, Ewer od. Kutter, der durch Löcher im Boden *(Bünnlöcker)* mit dem Außenwasser in Verbindung steht[49]. Der Bünn reichte von einer Schiffsseite zur anderen, war vorn und hinten mit wasserdichten Schotten, oben mit dem *Bünndeck* abgeschlossen, das eine Luke *(Bünnluuk)* aufwies, durch die der Fang lebend eingeworfen und wieder herausgeholt werden konnte. Damals kamen die Fische im wahrsten Sinne des Wortes „springlebendig“ in die Küche und mussten nicht erst eine Weltreise um den halben Erdball antreten. Ältere Hamburger können es beurteilen: Man schmeckte den Unterschied!

---

49 HWB 1/Sp. 550

Der in der Bünn zappelnde reichliche Fang der Fischer wird angelandet. Damals war frischer Fisch in Hamburg noch wirklich frisch.

Bürgerworthalter Die Bezeichnung war in Hamburg nicht üblich, aber im Umland. Laut Schleswig-Holsteinischer Städteordnung von 1869 ist der (ehrenamtliche) Bürgerworthalter stimmberechtigter Vorsitzender der Stadtverordnetenversammlung, also erster Bürger der Stadt, während der (meist hauptamtliche) Bürgermeister dem Magistrat, der Stadtverwaltung, vorsteht. Heute wird das Amt *Bürgervorsteher* genannt, nur in Bad Oldesloe, der Stadt mit uraltem Stadtrecht zwischen Hamburg und Lübeck, blieb es gemäß Kieler Ausnahmegenehmigung bei der traditionellen Bezeichnung *Bürgerworthalter.* Das Ganze hat natürlich etwas mit „Wort halten", „zu einem Beschluss stehen" zu tun; *Woort hollen, to sien Woort stahn* (sein Versprechen halten). Die ausgestorbene Bezeichnung *Woortholler* stand für den Sprecher einer Handwerkerzunft.

burrjacken heißt „die Jacke ausklopfen", also übertr. prügeln. In Verbindung mit →*ticktacken* (necken): *Klock teihn fungen se an, sik to ticktacken, Klock ölven weer dat al burrjacken worrn.*

-büttel In Ortsnamen das Grundwort für Wohnstätte, Siedlung, z. B. Barsbüttel, Eimsbüttel, Fuhlsbüttel, Hoisbüttel, Hummelsbüttel, Poppenbüttel, Tremsbüttel, Wellingsbüttel. Es handelt sich urspr. um kleinere Dörfer, meist als Gründung von Einzelpersonen, auf minderwertigem Boden, etwa →*Fuhlsbüttel* („Sumpfsiedlung"). Von mnd. *botl* (Haus) zu *buan* (wohnen, bauen).

Butterhexe (*Botterhecks*) ist ein weiteres Schimpfw. für eine alte, unbeliebte Frau; *ole Botterhecks!; krumm as so 'n Botterhecks*. Im Abergl. verhindert die *Botterhecks* angeblich das Abscheiden der Butter, weshalb man beim Buttern allerlei Gegenzauber trieb. Vgl. →[1] *bottern*.

Butz (Plur. *Butzen*). Wandbett mit Vorhängen, a.: Verschlag. Vgl. →*Alkoven*; →[1] *Kabuff*.

C

Campe, Julius →Biografie S. 79

Chaise Die *Chaise* [spr.: schääs], die andernorts auch ein klappriges Auto od. sogar eine heruntergekommene alte Frau, in Berlin eine zweisitzige Kutsche und im Badischen einen Handwagen mit geflochtenem Aufbau bezeichnet, steht in Hamburg als „Schese" [spr.: schäse] für die *Chaiselongue* (von frz. *chaise longue* – langer Stuhl). Urspr. handelte es sich um ein Sitzmöbel von ausgesuchter Unbequemlichkeit in höfischer Umgebung französischer Salons. Als Fachbegriff für ein niedriges, gepolstertes Liegemöbel für eine Person hieß es später „moderne Chaiselongue". Wenn Vater selbstständig oder Angestellter war und in der Mittagspause zum Essen nach Hause gehen konnte, legte er sich, wenn die Zeit es zuließ, gern noch für ein Nickerchen auf die „Schese". Nicht so bequem wie ein Sofa, nicht so praktisch wie eine Couch, ist auch die

„moderne“ Schese heute so unmodern geworden, dass sie nicht mehr zur Wohnungseinrichtung gehört.

Cholera Die Cholera ist keine Hamburger Krankheit, aber nach dem →*Großen Brand* und vor den Bombennächten des Zweiten Weltkriegs war sie die größte Heimsuchung, die den Hamburgern im Gedächtnis geblieben war. Epidemien dieser schweren Infektionskrankheit hat es in Hamburg seit 1831 mehrere gegeben. Das Krankheitsbild ist durch Diarrhö, Brechdurchfall, Muskelkrämpfe und Kreislaufzusammenbruch gekennzeichnet. Robert Koch (1843–1910) entdeckte 1883 den Cholera-Erreger. Trotzdem kam es von August bis Oktober 1892 in Hamburg zu einer großen Epidemie mit 16956 Erkrankungen und 8605 Todesfällen, was ein überaus schlechtes Licht auf die Stadt und die hygienischen Verhältnisse vor allem in den →[1] *Gängevierteln* warf –, denn die Übertragung war nur über Wasser od. Lebensmittel möglich, die mit Bakterien aus dem Stuhl von Cholera-Patienten verunreinigt waren. Das Trinkwasser wurde damals ungefiltert der Elbe entnommen.

Claudius, Matthias →Biografie S. 82

Consorten 1. *Consorten* mit C, Abk. *Cons.*, waren Teilhaber in einer →*Quartiersleutefirma*, die etwa als *Wilh. Meyer & Cons. GmbH* firmierte. 2. *Konsorten* mit K ist das Schimpfw. für eine Gruppe rüpelhafter Personen; *ji Konsoorten!*

JULIUS CAMPE

Der Buchhändler und Verleger *Julius Campe* (geb. 1792 in Deensen bei Holzminden, gest. 1867 in Hamburg) nahm als schwarz-rot-goldener Lützower Jäger 1813 an den Befreiungskriegen teil und erlernte seinen Beruf bei seinem Halbbruder August in Hamburg. 1823 übernahm er von ihm den Verlag Hoffmann und Campe, den er zu einem der führenden deutschen Verlage ausbaute, in dem auch Zeitkritik und die Autoren des *Jungen Deutschlands* wie Heinrich Heine (1797–1856) und Ludwig Börne (1786–1837) erscheinen konnten. Er verlegte 1841 das →*Deutschlandlied* von Heinrich Hoffmann von Fallersleben (1798–1874). Preußen verbot in jenem Jahr das gesamte Verlagsprogramm. Doch Geldstrafen, Zensur und Inhaftierungen konnten Julius Campe nicht einschüchtern. Als Heinrich Heine auf dem Sterbebett gefragt wurde, wo er ein Denkmal errichtet haben wolle, meinte er, er habe doch schon eins – das schöne Haus seines Verlegers Campe in Hamburg[50].

50 Hamburg-Lexikon S. 102

Conventgarten Der *Conventgarten* war bis zu seiner Zerstörung in einer verheerenden Bombennacht während der britischen „Operation →*Gomorrha*" vom 25. Juli bis zum 3. August 1943 ein bekannter Konzert- und Ballsaal. Eröffnet wurde er am 24. Juli 1853 auf dem Gartengrundstück *Neustädter →Fuhlentwiete Nr. 67*, das bis zum Kornträgergang reichte, und zwar als Biergarten mit Musikpavillon und Springbrunnen. Eigentümer des *Wörmer'schen Conventgartens* war der gelernte Buchdrucker Johann Jacob Siegmund Wörmer (1808–1881), der schon nach einem Jahr sein Angebot um einen Saal für Vergnügungen aller Art erweiterte[51]. Bald kamen Konzerte dazu. Ab 1871 besaß der Conventgarten eine Orgel und eine Bühne, die groß genug war, einen Chor auftreten zu lassen. Dank einer zweiten Galerie hatte er ein Fassungsvermögen von 1100 Plätzen, das später sogar auf 1500 Plätze aufgestockt werden konnte. In der Nachbarschaft zur Musikhalle gab es damit eine zweite Spielstätte, von deren Akustik noch heute geschwärmt wird. Das alte holzgetäfelte Gebäude soll einen Klang wie eine alte Geige gehabt haben. Als 1891 die repräsentative Kaiser-Wilhelm-Straße durch das alte Viertel geführt wurde, ging viel von dem Grundstück verloren. Die damaligen Besitzer des Conventgartens sahen sich gezwungen, die Holzplanke an der Front zur neuen Straße durch einen angemessenen Eingangsbau mit Künstlerzimmern und Proberäumen im wilhelminischen Stil zu ersetzen. Auf dem Trümmergrundstück an dieser Stelle zwischen Fuhlentwiete und Kaiser-Wilhelm-

51 Borcherdt I, S. 65 f.

Straße baute Axel Springer (1912–1985) von 1950 bis 1956 sein erstes Verlagshaus mit Druckerei. An der Fassade an der Kaiser-Wilhelm-Straße erinnert eine Gedenktafel[52] an den Standort des Conventgartens[53].

Cremon So hieß urspr. die ganze Insel zwischen den Alsterarmen und der Elbe, die 1188 den ersten Siedlern der gräflichen Neustadt als Weideland zugewiesen wurde. Es folgten die Anlage eines Ringdeichs und die Einteilung des *Cremons* in 30 gleich große, streifenförmig geschnittene Grundstücke. Ihre Schmalseite lag an dem Hauptabfluss der Alster, dem *Nikolaifleet,* und hier entwickelte sich das Hamburger Bürgerhaus als typische Wohnform. Die alte Bausubstanz ging 1943 während der Luftangriffe verloren. Ein hinterer Entwässerungsgraben, das *Katharinenfleet,* wurde 1946 zugeschüttet. Der Straßenname *Cremon* ist einer der ältesten in Hamburg und im Laufe der Zeit vielfältigen Deutungsversuchen ausgesetzt gewesen, die wir hier nicht alle wiedergeben können und angesichts der eigenartigen Geistesblitze mancher Heimatforscher auch besser nicht wiedergeben sollten. Wahrscheinlich ist es ganz einfach: Cremon wurde vom Namen eines frühen Anwohners abgeleitet (1255: Gottschalk de Cremun, 1333: Bertram de Cremon)[54].

---

52 Die Tafel nennt den 24. Juli 1943 als Datum der Zerstörung. Die Luftangriffe der „Operation →*Gomorrha*" begannen allerdings erst um Punkt 1 Uhr am 25. Juli. Wahrscheinlich ist der Conventgarten zusammen mit dem →*Heuberg* gleich von der ersten Welle getroffen worden.

53 vgl. Joachim Mischke in: HA 28.5.2008 S.7; Bahnsen/v. Stürmer: Musentempel mit Vergangenheit. In: Die Stadt, die sterben sollte S.91 ff.

54 Pabel: Alte Hamburger Straßennamen S.70 f.; Hamburg-Lexikon S.113

Matthias Claudius

BOTHE AUS WANDSBECK

Am 15. August 1740 als Pastorensohn in Reinfeld zwischen Oldesloe und Lübeck geboren, führte *Matthias Claudius* als Redakteur, Schriftsteller, Sekretär, Übersetzer und Revisor ein bescheidenes Leben. Von 1771 bis 1775 redigierte er den „Wandsbecker Bothen" und trat in der damals dänischen Stadt entschieden für die Aufklärung ein. Dabei wandte er sich gegen den Sklavenhandel, an dem auch der Wandsbeker und Ahrensburger Gutsherr Heinrich Carl Graf von Schimmelmann (1724–1782) beteiligt war. Als Dichter fand Claudius eine unverwechselbar einfache und klare Sprache, etwa in seinem bekannten Abendlied („Der Mond ist aufgegangen"). Er starb am 21. Januar 1815 am Jungfernstieg im Haus seines Schwiegersohns, des Verlegers *Friedrich Christoph Perthes* (1772–1843). Der niederdeutsche Dichter →[1] *Hermann Claudius* (1878–1980) ist sein Urenkel.

daddeldu Das Adv. *daddeldu* bedeutet „vorbei, beendet", als Ausruf in der Seemannsspr. auch: „Alles in Ordnung!", vom engl. *that will do* (das genügt); *nu is daddeldu* (nun ist Schluss). *Kuddel Daddeldu* war ein Spottname für die Seeleute. Der Schriftsteller Joachim Ringelnatz[55] schuf die bekannte Kunstfigur *Kuttel Daddeldu*.

Daddelkönich → *daddeln*

daddeln bedeutet spielen an *Daddelautomaten* in der Kneipe oder *Daddelhalle*. Großvater, wenn er früher am Sonntagvormittag in die Eckkneipe zum Frühschoppen ging, warf immer mindestens einen →[1] *Heiermann* in einen *Daddelautomaten*. Glück hatte er so gut wie nie, trotzdem war ihm das Geld dafür nicht zu schade[56].

dagern Wenn die Großeltern ein neues Foto benötigten, ließen sie sich *dagern*. Das hieß, sie wurden „daguerreotypisiert", also mittels einer lichtempfindlichen Platte fotografiert. Nach *Louis Daguerre* (1787–1851), dem Erfinder der *Daguerreotypie,* des ersten erfolgreichen fotografischen Verfahrens.

---

55 Joachim Ringelnatz (1883–1934) hieß eines der Pseudonyme für den in Wurzen (Sachsen) geborenen Hans Gustav Bötticher, der sich während seines chaotischen und von Armut, Hunger und Krankheit bedrohten Lebens in 30 Berufen – auch in Hamburg – versuchte, dabei aber stets eine Vorliebe für die Seefahrt erkennen ließ. Immerhin brachte er es im Ersten Weltkrieg bis zum Marine-Reserveoffizier.

56 lt. Olaf Haselhorst

Der Dammtor-Bahnhof, hier auf einer Postkarte aus dem Jahr 1906, gilt als Hamburgs schönster Bahnhof. Weil Kaiser Wilhelm II. ihn am 7. Juni 1903 eröffnet hat, wird er im Volksmund auch „Kaiserbahnhof“ genannt. Staatsgäste, wie 1965 Queen Elizabeth,

werden, sofern sie mit der Bahn anreisen, hier empfangen. Im bahntechnischen Sinne handelt es sich übrigens gar nicht um einen Bahnhof, sondern um einen Haltepunkt, weil es dort keine Weichen mehr gibt. Rechts im Bild eine „Elektrische“ ganz alter Bauart.

Damm *auf 'n Damm sein* bedeutet, gesund und munter sein. Der Damm ist hier eine befestigte Straße, und wer darauf geht, kommt gut voran.

Dammdoor Dammtor, urspr. das Haupttor Hamburgs im Norden; *Gott vör 'n Dammdoor,* fluchte Großvater, wenn er das direkte *Gottverdammi* (vgl. → *dammi*) umgehen wollte; *scheun greun buten 'n Dammdoor* (schön grün vorm Dammtor) kündigte ganz früher einen der häufigen Familienausflüge in die ländliche Umgebung an, äffte später, mit breitem *eu* gesprochen, die diphthongierte [57] Aussprache der Hamburger nach und ist heute eine leere Redensart [58].

dammeln bedeutet trödeln, schlendern, langsam gehen, Zeit vertun od. verträumt durch den Tag leben. Adj. *dammelich* (trödelig, dumm, albern), Subst. *Dammelee* (albernes Gehabe). Eine *Dammeldeern* war ein Mädchen, das bei der Arbeit trödelte und nicht fertig wurde, und eine *Dammelbruut* („Tändelbraut") ein hoffendes weibliches Wesen, mit dem man ein Verhältnis hatte, das der Mann jedoch nicht ernst nahm.

dammi Interj. verdammt. Ausruf des Erstaunens od. der Entrüstung, gekürzt aus *Gott verdamm mi (Gottverdammi!); dammi noch mal!; dammi un → dori!* Syn.: *verdammi.*

Damperjantje → *Putzlaputz (3)*

57 Diphthong: Doppelvokal
58 HWB 1/Sp. 647

dänisch *Nu ward Poppenbüttel dänisch!*, sollen ganz alte Hamburger gerufen haben, wenn sie eine große Verwunderung ausdrücken wollten. Seit 1815 gehörten die Herzogtümer Holstein und Lauenburg mit Poppenbüttel, →[1] *Altona*, Wandsbek, Rahlstedt und großen Teilen des heutigen Hamburgs nördlich der Elbe zwar zum Deutschen Bund (Schleswig nicht), wurden in Personalunion als Teil des dänischen Gesamtstaates jedoch vom König in Kopenhagen regiert, waren also *dänisch*, bis Preußen diese Gebiete 1866 annektierte und zur (vielfach ungeliebten) *preußischen* Provinz Schleswig-Holstein machte (gleichzeitig schluckte Bismarck das Königreich Hannover mit Harburg). Zu Hamburg kamen diese preußischen Städte und Gemeinden erst am 1. April 1937 mit dem →[1] *Groß-Hamburg-Gesetz*.

Dannenberg, Friedrich Eduard →Biografie S. 90 ff.

Dat löppt sik allens wedder trecht! sagt der Hamburger, wenn er einen Mitmenschen nach einem Unglück trösten will: Das läuft sich alles wieder zurecht, das kommt alles wieder in Ordnung.

Demelack (Dummkopf, Dämlack) →*Dömel*

Deputat Ein *Deputat* ist eine zum Lohn gehörende Sachleistung[59]. Das kann die Deputatkohle der Bergleute od. der Haustrunk der Brauerknechte sein. In unserem Fall geht es aber um den *Deputatlohn* eines Landarbeiters, der zum Beispiel aus freier Wohnung, Lebensmitteln, Viehfutter,

59 Ein Deputat kann auch die Anzahl der Unterrichtsstunden bedeuten, die eine Lehrkraft zu leisten hat. Aber das ist nicht typisch hamburgisch.

Brennholz und einem Ferkel zum Mästen bestehen kann. Vgl. →*Insten.*

Deputation 1. Abordnung. 2. Ausschuss; die Festordner für das Schützenfest der *Harburger Schützengilde,* bestehend aus Kommandeur, zwei Patronen, zwei →*Schaffern* und vier Kapitänen[60]. 3. in Hamburg heute ein bei jeder Fachbehörde gebildetes und der Behördenleitung zugeordnetes Gremium aus 15 von der Bürgerschaft gewählten, ehrenamtlich tätigen bürgerlichen Mitgliedern. Den Vorsitz hat der jeweilige Senator inne. Bereits seit 1563 gab es entsprechende *Deputationen* der Kämmerei und des Bauhofs. Im 18. Jh. zählte man etwa 30 solcher Einrichtungen.

detschen (*ditschen*). 1. Beim Marmelspiel mit dem *Detscher,* der eisernen Wurfmarmel, werfen und nach Möglichkeit sein Ziel treffen. Die Spielregeln waren dabei, wie überhaupt im Umfeld der →[1]*Marmel,* vielfältig und häufig von Straße zu Straße verschieden. 2. *ditschen* bedeutet auch, einen flachen Stein flach übers Wasser werfen, sodass er auf der Wasseroberfläche hüpft.
3. Das *Ditschen* blieb jahrelang eine weit verbreitete Sitte in Großraumbüros, die humorlose Kolleginnen (seltener Kollegen) und Vorgesetzte allerdings eher als Unsitte ansahen. Dabei wurden Markstücke auf dem Teppichboden möglichst nahe an die Plastikfußleiste *geditscht* (geworfen), und wessen Münze der Wand am nächsten liegen blieb, der hatte gewonnen. Übrigens: Mit Euro-Münzen habe ich das Spiel nie mehr gesehen. Das mag an mei-

60 HWB 1/Sp. 713

nem Alter liegen oder daran, dass die neue Währung von Anfang an nicht den richtigen Spaß vermittelte – schon lange bevor die Griechen sie in die Krise schummelten.

Deutschlandlied Auf dem →[1] *Jungfernstieg* vor Streit's Hotel wurde das „Lied der Deutschen" („Deutschland, Deutschland über alles") am 5. Oktober 1841 uraufgeführt. Mitglieder der Hamburger Turnerschaft von 1816 und der Liedertafel von 1823 brachten einem Hotelgast, dem badischen Politiker Karl Theodor Welcker (1790–1869), ein Ständchen. Eine Kapelle des Bürgermilitärs begleitete die Sänger. Als Melodie wählte sie die Kaiserhymne aus einem Streichquartett von Joseph Haydn (1732–1809; „Gott erhalte Franz den Kaiser") [61]. Den Text hatte *August Heinrich Hoffmann von Fallersleben* (1798–1874), der anwesend war, wenige Wochen zuvor, am 26. August 1841, auf der damals englischen Insel Helgoland in tiefer Sehnsucht nach der deutschen Einheit geschrieben und an den Hamburger Verleger →*Julius Campe* (1792–1867) verkauft. Reichspräsident Friedrich Ebert (1871–1925) erklärte das Deutschlandlied 1922 zur Nationalhymne. Seit 1952 wird bei offiziellen Anlässen nur noch die dritte Strophe gesungen („Einigkeit und Recht und Freiheit"), weil die Aufzählung des früheren deutschen Sprachraums „von der Maas bis an die Memel, von der Etsch bis an den Belt" nach zwei verlorenen Weltkriegen nicht mehr zeitgemäß und im höchsten Grade missverständlich schien.

---

61 Die Melodie des Deutschlandlieds stammt aus dem zweiten Satz von Joseph Haydns Streichquartett Nr. 77, C-Dur, op. 76, Nr. 3, dem „Kaiserquartett" (1797).

Friedrich Eduard Dannenberg

ALS FAUST SEIN GRETCHEN HEIRATETE

Dannenberg war nicht Mattler, sondern dessen Nachfolger. Trotzdem wurden sie in einen Topf geworfen, wie es in Hamburg ohnehin üblich war, bei einer Geschäftsübergabe den neuen Inhaber ganz einfach weiter mit dem Namen des Vorgängers anzureden.

Johann Gottfried Ehrenfried →*Mattler*, der 1857 starb, betrieb vor dem Millerntor auf St. Pauli ein Marionettentheater. Im Umfeld der →*Reeperbahn* hatten sich ambulante Händler, Schausteller, Zauberer, Wahrsager, →[1] *Plünnenhöker*, →*Menagerien* sowie Spiel- und Amüsierbetriebe niedergelassen, weshalb man die ungeordnete Ansammlung von Buden aus Holz und Segeltuch treffend als *Spielbudenplatz* bezeichnete.

Mattler führte mit seinen hölzernen Marionetten gar schauerliche Stücke auf. Dr. Faustus wurde im Stundentakt ins Fegefeuer gestoßen. Besonders beliebt war das Spiel über die öffentliche Enthauptung des Fräulein Dorothea, die so gut gelang, dass das Publikum mehrere Wiederholungen forderte, bis sich der Kopf nicht mehr auf dem Rumpf der Puppe befestigen ließ.

Der Zuspruch für Mattlers Darbietungen mit toten Puppen ging allerdings existenzbedrohend zurück, bis er auf die Idee kam, eine lebendige Puppe tanzen zu lassen: seine zehnjährige Tochter. Das Dumme war nur, dass das Mädchen im Laufe der Jahre größer wurde, weshalb immer weniger von ihm im Bühnenausschnitt des Puppentheaters zu sehen war. Schließlich tanzten scheinbar nur noch nackte Mädchenbeine auf den Brettern. Die Matrosen und Seeleute johlten und pfiffen vor Vergnügen, warum, das brauchen wir nun wirklich nicht näher zu untersuchen.

1840 verlangte die Polizeibehörde, die leichten Buden wegen der Feuergefahr durch feste Gebäude zu ersetzen. Die Häuserreihe an der Südseite des Spielbudenplatzes entstand. Mattler baute unter großen finanziellen Anstrengungen sein Elysium-Theater, und ganz St. Pauli freute sich: *se speelt bi Mattler nu mit ornliche, lebennige Minschen!*

Der Spielbudenplatz um 1800

Die Zuschauer strömten herbei. Zur Eröffnung hatte Mattler Bühne und Saal mit vier statt mit zwei Laternen beleuchtet, die aber im Tabaksqualm der Besucher nicht zu sehen waren. Der Beginn der Vorstellung verzögerte sich, weil Mattler von den gerade erzielten ersten Eintrittsgeldern noch schnell Requisiten und Kostüme kaufen musste, die die Handwerker ohne Barzahlung nicht herausgerückt hatten.

Als es endlich losging, sahen die Besucher, dass Mattler als Schauspieler einfach die Nachbarn von der Straße engagiert hatte (eine Methode, die sich einige heutige Gerichts- und Vorabendserien im Fernsehen abgeguckt haben dürften). Zuschauer und Akteure begrüßten sich herzlich. Nur *Friedrich Eduard Dannenberg* war neu – der kräftige Mann mit noch kräftigerem Organ, aber mit seiner breiten Sattelnase von abschreckender Hässlichkeit sollte die „Heldenrollen" spielen. Mattlers Gläubiger machten Dannenberg bald zum Geschäftsführer und Nachfolger als Direktor.

Niemand konnte behaupten, dass Dannenberg nicht fleißig war und nicht jeden Sechser mitnahm. Morgens arbeitete er als Ausrufer, schwenkte eine große Glocke und brüllte die neuesten Angebote heraus, etwa: *gode Kantüffeln, Kohl un gele Wötteln vun 'n Ewer in 'n Fleet bi de Slamatjenbrüch*[62], oder er warb für →*Hagenbecks Menagerie*. Danach verrichtete er Hilfsarbeiten, schaufelte Torf in den Keller, trug Unrat weg und machte Wohnungsumzüge.

Erst mittags wurde aus Dannenberg ein Theaterdirektor und Schauspieler. Er schlüpfte in seine Ritterrüstung mit

62 Slamatjenbrücke über das Alsterfleet

Federhelm und versuchte als *Recommandeur*[63], Zuschauer anzulocken und sein Theater zu füllen. Erst wenn es sich lohnte und genügend Besucher im Saal waren, begann eine Vorstellung. Er hielt es für eine Beleidung, wenn sich jemand um das Eintrittsgeld drücken wollte: 1. Platz vier Schillinge, 2. Platz zwei Schillinge und 3. Platz, *fast geht es meiner Künstlerehre zu nahe, es auszusprechen, nur einen einzigen Schillingen die lumpige Person.* Viele Jungen versteckten sich nach der Vorstellung unter den Bänken, um eine weitere Aufführung mitzuerleben, ohne zu zahlen. Dannenberg kannte das. Er nahm einen kräftigen Knüppel und schlug unter die roh gezimmerten Besucherbänke, bis nach vielen Schmerzensschreien der Saal wirklich geleert war.

Er hielt nichts von langen Aufführungen. Man solle die Zuschauer nicht überfordern. Eine Dreiviertelstunde sei genug. Er versah seine Plakate mit der Aufschrift „gekürzt und verbessert", aber da es keine Textbücher gab, dauerte es manchmal sehr lange, bis das Stück mit vielen Hängern und Improvisationen doch zu einem Ende gebracht werden konnte. Das Publikum spielte mit, rief allerlei Vorschläge oder warf auch mal Würste oder →*Heetwecken* auf die Bühne. Eines Abends, man spielte Schillers „Räuber", lag Amalia „erschossen" auf den Brettern, als ein *dösiger* Seebär in der ersten Reihe seinen durchgekauten *swatten Priem* in gekonntem Bogen auf die „Tote" spie. Die schrie auf, wurde wieder lebendig und verschwand heulend hinter der Bühne. Dannenberg krempelte die Ärmel hoch: *De mien Amalje den Swatten mank de Titten smeten hett, de schall sik mellen! Ik will em*

---

63 Anreißer, Koberer

en Gratisvörstellung geven! Der Übeltäter suchte das Weite. Prügel bekam auch der einzige Redakteur, der jemals etwas über das Mattler-Theater geschrieben hatte, und zwar etwas durchaus Positives. Dannenberg stürmte in die Redaktionsstube, packte den Schreiberling und hielt ihn aus dem Fenster. Bleich und stotternd winselte der, sich doch überaus lobend geäußert zu haben. Dannenberg schimpfte, das sei es ja gerade! Auch seine Leute hätten den Schmierkram gelesen, hielten sich jetzt für Künstler und forderten eine Erhöhung ihrer Gagen.

Ansonsten verirrten sich die gebildeten oder eingebildeten Kreise selten ins Elysium. Es kam jedoch vor, dass sich einige wohlsituierte Hamburger einen Spaß machten und sich einmal so richtig über das Schmierentheater amüsieren wollten. Davon hörte eine alte Dame, die entsetzt war über die Sittenlosigkeit eines gewissen Herrn Goethe, der einen Herrn Faust ein Mädchen schwängern und dann sitzen ließ. Sie bat Dannenberg, das Stück zu „verbessern", der sich natürlich gegen die Werktreue und für das Honorar entschied. So kam es, dass Doktor Faust am Spielbudenplatz sein Gretchen doch noch geheiratet hat.

Wegen der nächtlichen Torsperre mussten die Aufführungen rechtzeitig beendet sein, damit die Besucher aus der Stadt ohne Strafgeld durch das Millerntor zurückkehren konnten. Als es zum zweiten Mal vom Millerntor läutete, rief Dannenberg zur Bühne: *Mookt to! Mookt to! Dat hett al tweemal lüüdt!* Es kam zurück: *De König is noch nich doot!* Dannenberg, mit den Nerven am Ende: *Denn pedd em in 'n Moors!*

1860 wurde die Torsperre aufgehoben. Bis dahin waren alle Veranstaltungen am Spielbudenplatz Tagesveranstaltungen, da die Stadttore bei Einbruch der Dunkelheit geschlossen wurden. Nun begann das Nachtleben auf St. Pauli. Neue Etablissements, Theater, Varietés und große Bierlokale eröffneten. Gegen dieses Angebot kam Dannenberg nicht mehr an. 1868 musste er Konkurs anmelden. Er konnte seine siebenköpfige Familie nicht mehr ernähren. Als er am 21. März 1885 im Alter von 68 Jahren starb, mussten die beiden jüngsten Töchter ins Waisenhaus gegeben werden[64].

Dannenberg in seinem Lieblingskostüm als Ritter mit Federhelm auf der Bühne am Spielbudenplatz

64 vgl. Borcherdt: Das lustige alte Hamburg I u. II u. Kopal: Mattler sin Hahnrieder. Dannenberg und Döntjes von St. Pauli

dickdreevsch Adj. dickfellig, phlegmatisch.

Diener (Verbeugung) → *Knicks*

dippen heißt senken, und zwar nur in Bezug auf die Flagge, die bei der Begegnung von Schiffen kurz zum Gruß *gedippt* wird.

ditschen → *detschen*

Dock Anlage auf Werften und in Häfen für das Warten, Überholen und den Bau von Schiffen.

Dodder Eidotter. Abergl.: Eine Frau, die ein Ei mit doppeltem Dotter isst, gebiert Zwillinge. Eine gelb blühende Pflanze hieß *Dotterbloom,* z. B. *Sumpfdotterblume.*

Dödel[1] od. ein *Dödelfritz* ist ein Bummelant, ein langsamer, behäbiger, dickfelliger Mensch; *dödeln* bedeutet trödeln od. bummeln, aber auch ausgedehnt dummes Zeug, nämlich *Dödelkram,* reden; *de dickdreevsche Dödel kümmt un kümmt nich in de Gang* (er lässt sich extrem viel Zeit)[65].

Dödel[2] Holzkeil, Pflock, Dübel; *Dödels steken* (festkeilen). Ein *Dödelmaker* war ein Schiffszimmermann auf der Werft. Übertr. *dicke Dödels* (dicke Finger).

Dom 1. Als *Ansgar* (801–865), der „Apostel des Nordens", in Hamburg wirkte und hier 831 zum Bischof geweiht wurde, dürfte auch eine der Jungfrau Maria gewidmete

---

65 Goltz: Schimpfwörterbuch S. 29

Kathedralkirche gebaut worden sein. Dieser Holzbau brannte beim Wikingerüberfall 845 ab. Danach verlegte Ansgar wegen der Wikingergefahr das Bistum nach Bremen, das 864 zum Erzbistum aufstieg. Trotzdem bewahrte der Hamburger *Mariendom*, im 11. Jh. als steinerne Kirche neu erbaut, mit seinem Domkapitel[66] alle Rechte einer Bischofskirche. Auch nach der Reformation (ab 1517), als Hamburg evangelisch wurde, blieb die *Domimmunität*, die Hoheit über das Domareal in der →[1] *Altstadt*, beim Erzbischof von Bremen und seinen weltlichen Nachfolgern (Schweden, Kurfürstentum Hannover). Als der Dom mit dem Reichsdeputationshauptschluss[67] 1803 an Hamburg fiel, riss man das Gebäude 1804 bis 1807 ab – erstens war es baufällig und zweitens hatte es immer auswärtige Herrschaftsansprüche in einer Freien Stadt symbolisiert[68]. Der inoffiziell so genannte Domplatz zwischen Pressehaus, Altem Fischmarkt und Petri-Kirche, der nach dem Krieg ein Parkplatz war und damit eine einigermaßen praktische Funktion hatte, dann den Archäologen als Ausgrabungsort diente, ist jetzt mit eigenartigen Plastiken, Blechwällen und Bänken verunziert, die weniger an das Mittelalter als an den Fundus des Raumschiffs Orion erinnern. 2. Sakralbauten zogen nicht nur Gottesfürchtige, sondern auch

66 Zusammenschluss der Geistlichen an Kathedralen
67 Letztes bedeutendes Gesetz (Abschluss) des Heiligen Römischen Reichs, am 25. Februar 1803 vom Immerwährenden Reichstag in Regensburg beschlossen und am 27. April 1803 vom Kaiser ratifiziert. Es regelte u.a. die Säkularisierung (Verstaatlichung) des Kirchengutes.
68 Hamburg-Lexikon S. 130 f.

Händler, Handwerker, →[1] *Bönhasen*, Gaukler, Wahrsager, Schausteller und Schankwirte an, die bevorzugt im Innern der Kirche zu finden waren. 1384 verbannte Erzbischof Burchard von Bremen das bunte Volk aus dem Haus Gottes, was ihm die Hamburger Kirchgänger aber äußerst übel nahmen. Deshalb durften die Händler bis zum Abriss 1804 wieder die Kirche als Markthalle benutzen, aber nur bei schlechtem Wetter, sonst mussten sie ihre Stände draußen aufbauen. Dieses Treiben am Dom nannten die Hamburger ebenfalls kurz *Dom*. 1893 wurde den Schaustellern als fester Platz das Heiligengeistfeld zugewiesen. Der *Hamburger Dom* entwickelte sich zum größten Volksfest im Norden. Seit 1947 gibt es neben dem Winterdom auch den Sommerdom. 1948 kam der Frühlingsdom dazu.

Dömel Ein *Dömel* ist ein Dummkopf, auch *Demel* gesprochen und in Blankenese mit den Schülern der Richard-Dehmel-Schule am Kahlkamp in Verbindung gebracht, was aber eine Verleumdung sein und nichts mit dem Scheitern der Primarschule zu tun haben dürfte. Das Schimpfwort wurde auch als *Dömelack, Dämlack, Demelack, Dömelkopp, Dömelklaas* od. *Dömelsack* gebraucht.

Döns ist die veralt. Bezeichnung für eine Stube od. Bauernstube. Im Gegensatz zu einer *Kammer* od. einem →*Pesel* handelt es sich hierbei um einen heizbaren Raum (meist mit einem →*Bilegger*), der jedoch nicht immer geheizt wurde, weil sich das tägliche Leben besonders auf dem Lande meist in Küche od. Diele abspielte; *Pesel, groot Döns* od. *best Döns* sagte man zu dem größeren Raum, der nur an hohen Festtagen benutzt wurde, während die *lütt Döns* die Alltagsstube war. In den Vierlanden ist die *lütt Döns* das Zimmer der Altenteiler, die *groot Döns* das der Bauernfamilie, der *Dönsenböön* der meistens in Kammern aufgeteilte Bodenraum über den Wohnräumen. Vgl. →*gute Stube.*

dor is dat End vun weg drückt aus: Das ist ja nicht zu fassen!

dor kannst op af heißt: Darauf kannst du dich verlassen.

dori Interj. „alle Wetter!"; Fluch: *dori nochmal!; →dammi un doria!*

döschen 1. Korn ausdreschen. Wer heute die riesigen Mähdrescher über die Felder fahren sieht, kann sich gar nicht mehr vorstellen, welche Schwerarbeit vor der Einführung der Dreschmaschine per Hand geleistet werden musste. Früher wurde die gesamte Ernte mit dem →*Flegel* abgedroschen, zum kleinen Teil das noch in den Hocken stehende Korn *(ut de Sünn döschen),* vor allem aber in den Wintermonaten auf der Diele od. in der Scheune. Größere Höfe und Güter benötigten zur Unterstützung *Döscher* (Drescher) als Wander- od. Akkordarbeiter, die ihr Handwerkszeug mitbrachten und außer freier Beköstigung als Lohn jeden zwölften →*Scheffel* des ausgedroschenen Korns bekamen; *se döscht för dat twölfte Korn.* Zur Kontrolle kerbte der Bauer od. der Gutsverwalter für jeden ausgedroschenen Scheffel einen Strich in einen ellenlangen Stock, den sogenannten *Kornknüppel.* War der Stock voll, wurde er der Länge nach gespalten. Die eine Hälfte bekamen die Döscher, damit sie sehen konnten, dass sie nicht übers Ohr gehauen wurden – eine weitaus anschaulichere Abrechnungsart als der digitale Wust, der heute aus den Computern kommt[69]. 2. übertr. verdreschen, verprügeln, hart schlagen; *he dösch em 'n →Backs; wi döscht allens kort un kleen.*

Drachbenner (Plur.) sind „Tragebänder", die die Aufgabe haben, die Hose daran zu hindern, in die Kniekehle zu rutschen. Auf Hochdeutsch sagen wir Hosenträger dazu.

Drank 1. bedeutet eigentl. „Trank", wird in dieser Bedeutung aber kaum gebraucht, ugs. sagt man dazu eher *wat to drinken.* 2. Unter *Drank* versteht man im Allgemeinen flüssigen Küchenabfall für die Schweine bzw. dünnes Schweinefutter. In der Küche stand unter der Spüle od. dem $\rightarrow^{1}$*Handstein* der *Drankammer* [spr.: drank´ammer], der Eimer für die Schweine, in den nicht nur Reste, Abfälle und Verdorbenes, sondern auch das Spülwasser geschüttet wurde. Im Stall stand die größere *Dranktünn,* die Tonne mit dem Schweinefutter, deren Inhalt wir hier nicht im Einzelnen untersuchen wollen, um dem geschätzten Leser nicht den Appetit auf die nächste $\rightarrow^{1}$*Karbonade* zu verderben. Raa.: *he maakt sien Magen to 'n Dranktünn* (er isst alles durcheinander); *veel Swien maakt den Drank dünn,* sagte man bei reichem Kindersegen od. dann, wenn eine Erbschaft über allzu viele Köpfe geteilt werden musste[70].

---

69 Mensing 1/Sp. 819 ff.
70 Mensing 1/Sp. 836

Drehkuhle (*Dreihkuhl*) ist der volkstümliche Ausdruck für durch Wasserwirbel ausgewaschene Vertiefungen in der Alster. Dadurch entstanden Wirbel im Wasser, die den Badenden (ganz früher hat man tatsächlich noch in der Alster gebadet) gefährlich werden konnten.

Drei-Achtel-Viez Ein *Viez* ist ein Vorarbeiter, etwa der →[1] *Stauerviez* im Hafen. Bei einem *Drei-Achtel-Viez* reicht es hingegen nicht zu vier Achteln, also noch nicht einmal zu der Hälfte dessen, was man als Qualifikation bei einem Vorgesetzten voraussetzen sollte. Mit diesem Begriff wurde ein Besserwisser, Wichtigtuer od. Maulheld verspottet.

driedeln langsam gehen, schlendern, betont lässig arbeiten; a.: sich herumtreiben, um die Ecken ziehen, sich in schlechter Gesellschaft vergnügen.

drillen 1. drehen (etw. in *Drillbohrer*). 2. bedrängen, quälen, mit Worten antreiben. 3. exerzieren, in Waffen üben, Rekruten schleifen. Vgl. → *Drillhuus*.

Drillhuus Exerzierhaus der Hamburger Bürgerwehr beim Holzdamm bis 1802. Von → *drillen (3)*.

Drömel Ein *Drömel* ist ein Träumer od. ein Tollpatsch. Von *drömeln* (im Halbschlaf od. gedankenlos sein). Adj. *drömelich* (verträumt; tölpelhaft). Vgl. → *drömen*.

drömen träumen. Raa.: *he dröömt vun Eier, de morgen eerst leggt warrn schüllt* (er baut Luftschlösser); *vun gele Eier drömen* (geistesabwesend sein); *dröööm warm Rundstück, hest morgen wat to eten* (Gutenachtgruß). Sprichw.:

dem vun Schullen dröömt, de itt geern Fisch (wer von Schollen träumt, der isst gern Fisch – jeder Traum hat einen realen Bezug). Abergl.: Was man in der Nacht zum Freitag träumt, wird wahr; der erste Traum in einem fremden Haus geht in Erfüllung; junge Mädchen legten ein Stück eines Brautschleiers unters Kopfkissen, was sie dann träumten, sollte eintreffen; ein Traum mit Zahlen kündigte einen Lotteriegewinn an [71]. Vgl. → *Drömel.*

druseln Wenn Oma sich nach dem Mittagessen auf das Sofa legte und die Augen schloss, um ein klein wenig zu ruhen, hieß es: „Oma will ein bisschen *druseln.*“ [72]

Du Das *Hamburger Du,* auch *Kassiererinnen-Du* genannt, ist die vertrauliche Anrede eines Ranghöheren gegenüber einem Rangniederen, bei der der Familienname genannt, dann aber geduzt wird: „Frau Pumeier, weißt *du,* ob die Post schon da war?“ Das Gegenstück ist das sogenannte *Hamburger Sie,* bei dem man jemanden beim Vornamen nennt, danach aber siezt: „Miriam, kommen *Sie* bitte mal.“

Duckdalben (*Düükdalven*). 1. Die Rammpfahlgruppen zum Festmachen der Schiffe im Hafen od. vor dem Deich zum Befestigen von Seezeichen (zur Markierung der Fahrrinne im Wattenmeer) nennt man in Hamburg, aber nicht nur in Hamburg *Duckdalben.* Nach den Erfahrungen mit früheren Veröffentlichungen dieses Begriffs versuchten wir uns um

71 HWB 1/Sp. 853
72 lt. Anke Zoellmer

Hamburger Hafen vor 1945 mit Blick auf Vorsetzen und Michel. Im Vordergrund die Duckdalben genannten Rammpfahlgruppen.

die Etymologie dieser Bezeichnung herumzumogeln, was natürlich nicht gelang: Zahlreiche Leser holten den spanischen Herzog von Alba hervor, der, und das ausgerechnet in der französischen Form *Duc d'Albe,* entweder der Erfinder oder der Namensgeber dieser praktischen Hafenbaueinrichtung gewesen sein soll. Das klingt lautmalerisch ganz nett und eignet sich seit langer Zeit als Fußnote im Heimatkundeunterricht od. als →[1] *Döntje* von →[1] *He lücht* während der Hafenrundfahrt, ist aber unzutreffend. Zwar hat sich der Herzog im 16. Jahrhundert während der Besetzung der Niederlande nicht gerade beliebt gemacht, zwar mögen zu seiner Zeit die Duckdalben massenhaft für seine Armada eingeschlagen worden sein, aber das Wort stammt wohl von *Dalben* (ungeschlachte Menschen od. Gegenstände) für einen dicken, groben Stamm (auch der Daumen, der dicke Finger, geht darauf zurück). Unklar ist nur, ob der Ausdruck vom ndl. *dukdalf* (eingetauchte od./und geneigte Pfähle) und ndl. *duiken* (sich ducken, tauchen) od. vom fries. *diekdalven* (Pfahlgruppe vor dem Deich) nach Hamburg gekommen ist. *Tüünkram* wäre es natürlich anzunehmen, holländische Hafenbauer hätten sich noch hundert Jahre später beim Einschlagen der Pfähle im Hamburger Hafen so sehr über den spanischen Herzog geärgert, dass sie ihm symbolisch mit jedem Schlag eins auf den Kopf geben wollten (wie wir es in der Schule gelernt haben). 2. *Duckdalben* ist auch der Name einer im Hamburger Hafen beheimateten und unter Seeleuten weltbekannten Seemannsmission, in der sie beim Besuch der Hansestadt „festmachen“ können.

Düker 1. berufsmäßiger Taucher od. ein Schwimmer, der taucht, auch ein Wasservogel (*Dükerent*, Tauchente, Haubentaucher). 2. übertr. ein Duckmäuser, der sich wegduckt. 3. unter einem Wasserlauf durchgeführte Gas-, Wasser- od. Sielleitung. Von *dükern (duken)* für tauchen, untertauchen, ducken; *de Aanten dükert* (die Enten gründeln); *sik dükern* (sich ducken bzw. sich unterwürfig zeigen). Ein *Dükerpattje* ist ein Taucheranzug und ein *Dükermeister* eine Schöpfkelle mit Löchern.

Dükermeister (Schöpfkelle) → *Düker*

Dunner (Donner) ist der akustische Teil eines Gewitters, der bei den meisten Mitmenschen blanke Panik auslöst; übertr.: *mit Dunner un Lüchten*[73] (mit Gewalt); *mit Dunner un Krachen* (mit Getöse); *Dunner un Doria!; he maakt 'n Gesicht as de Katt, wenn 't dunnert.* Abergl.: Donner und Blitz bei der Trauung bedeuten Unglück für die Ehe. Der *Dunnerslach* ist der Donnerschlag, ein plötzlicher und vernichtender Schlag vom Himmel. Mit dem zündenden Blitz vom Himmel fällt angeblich auch ein *Dunnerkiel*, ein „Donnerkeil", etwa ein versteinerter Seeigel. Wer so ein Exemplar fand, war vor Blitzschlag geschützt. Eine alte Nachbarin legte bei Gewitter ihren Donnerstein auf den Tisch und sich darunter. Bei jedem Schlag hüpfte er, was aber wohl daran lag, dass die Frau sich zitternd und bebend an die Tischbeine klammerte. Erw.: *Dunnerkruut* (Botan. Fetthenne), *Dunnerkatt* (Hexe). Vgl. → *Dunnerlittjen.*

---

73 Blitzen

Dunnerlittjen („Donnerleuchten") ist ein Ausruf höchsten Erstaunens, sozusagen Blitz und Donner zur gleichen Zeit, was ja bekanntlich bedeutet, dass es gerade eben eingeschlagen hat. Syn.: *Dunnerwedder* (Donnerwetter!), *Dunnerlüchting, Dunnerjaan, Dunnerparaplü* (Ausr.).

Düpe Dieser Begriff bedeutet so viel wie Tiefe (ndd. *düpen* – vertiefen, tauchen, aber auch einstippen, etwa den Keks in den Kaffee *düpen*). Hier geht es um die *Düpe* als Bezeichnung für eine hinreichende Wassertiefe im Hamburger Hafen, die nicht erst heutzutage angesichts der Elbvertiefung ein Problem darstellt. Seit 1555 führten die beiden jüngsten Ratsherren als *Düpeherren*, später als Präsides der *Düpekommission* die Aufsicht über das Fahrwasser, deren Aufgaben 1814 auf die Schifffahrts- und Hafendeputation und 1863 auf den *Strom- und Hafenbau* überging. Die Düpeherren kümmerten sich auch um die Reinhaltung der *Fleete*, sodass sich der Ausdruck →[1] *Fletenkieker*, der später zur Bezeichnung der privaten Abfallsammler wurde, ursprünglich auf sie bezog.

durchhin Ein hamb. Ausspruch, der oft dann benutzt wurde, wenn irgendjemand irgendwie „durcheinander" ist, lautet: „Da komme ich *ganz durchhin!*"

Düükdalven → *Duckdalben*

eien streicheln, liebkosen; *se eit em den Kopp*; *de Wind eit de Eer* (→[1] *Hermann Claudius*); *mit krumme Finger eien* (kratzen); *Pack sleit sik un Pack eit sik* (Volk schlägt sich und Volk verträgt sich). Kinderspr.: *ei machen* (streicheln).

Eierkaker Der steife, runde schwarze Hut, der sonst als Melone, Glocke, Koks (unter Wandergesellen) od. Bibi (im Kölner Karneval) bekannt ist, wurde in Hamburg spöttisch als *Eierkaker* („Eierkocher") bezeichnet. Thomas Bowler fertigte ihn in Southwark (London) seit 1860, weshalb er in England nach seinem Erfinder *Bowler* heißt. Gentlemen wie Winston Churchill (1874–1965) trugen ihn, aber auch mit ironischer Attitüde Schauspieler und Spaßmacher wie Charlie Chaplin, Laurel und Hardy, Pan Tau, Dr. Watson od. John Steed[74]. Wer in der Hansestadt mit einer solchen Kopfbedeckung seine Stellung zu betonen versuchte, fiel häufig dem Spott anheim. Neben *Eierkaker* sind die Bezeichnungen *Dintenproppen, Fiefliterhoot, Giftboomast, Knallarf, Spint* und *Teerkaker* überliefert[75].

ein bei ein → Leserbrief S. 108

einkacheln 1. Das Verb *einkacheln* kommt vom Einheizen des Kachelofens, des Wärmespenders vergangener Tage: „Ihr habt hier aber tüchtig *eingekachelt*", sagt man, wenn

74 Patrick Macnee in: „Mit Schirm, Charme und Melone"
75 HWB 1/Sp. 960

ein Zimmer od. eine Wohnung überheizt ist. 2. übertr. : „... dem werd ich mal ordentlich *einkacheln*“, heißt, ihm die Meinung sagen, ihn unter Druck setzen – auch im Sinne von *ihm einheizen*[76].

einkriegen sich beruhigen, sich fassen. Fietje erzählte gern →¹ *Döntjes* (Witze, lustige Begebenheiten), über die seine Kumpels am Stammtisch so laut lachten, dass sie sich gar nicht *wieder einkriegen* konnten.

Eisbein → *lesbeen*

LESERBRIEF

ein bei ein

In der Zeit, als im plattdeutsch sprechenden Hamburg das Hochdeutsch modern wurde, kam es oft zu grammatischen Verwechselungen. Während es im Plattdeutschen keinen Unterschied zwischen *mir* und *mich (mi)* und *dir* und *dich (di)* gab wie auch bei den Artikeln *der* und *die (de)*, musste man nun beim Hochdeutschen mehr darauf achten. Dadurch kam es zu Redewendungen wie *an die Kai schicken* oder *komm bei mich bei*. Das „bei“ finden wir bei uns auch in einer Formulierung, die ein schrittweises Vorgehen oder ein geordnetes Nacheinander ausdrücken soll: *ein bei ein* (eins nach dem anderen).
Mit freundlichem Gruß
Gerhard von Harscher

76 lt. Carl Groth

Eisenbahn Die erste Hamburger Eisenbahn fuhr nur bis Bergedorf. Nachdem die technische Revolution des dampfgetriebenen Transportwesens auf Schienen von England aus auch Deutschland erreicht hatte, als die erste Strecke 1835 von Nürnberg nach Fürth und die erste Fernbahn 1839 von Leipzig nach Dresden gebaut worden waren, bemühten sich fortschrittliche Kreise in Hamburg, leistungsfähige Schienenverbindungen zum Massentransport von Gütern und Menschen nach →*Lübeck* und nach Berlin zu schaffen. Das war jedoch nicht so einfach. Hamburg war im Süden vom Königreich Hannover und nördlich der Elbe von den dänisch regierten Herzogtümern Lauenburg und Holstein umgeben, die eigene Interessen verfolgten und Hamburg nicht zur Entfaltung kommen lassen wollten. Dänemark baute gerade eine Chaussee vom (dänischen) →[1] *Altona* zum (dänischen) Kiel, um Lübeck als Tor zur Ostsee abzulösen. Die direkte Verbindung von Hamburg nach Lübeck gelang erst 1865 durch die →*Lübeck-Büchener Eisenbahn*. Hamburg plante deshalb erst einmal eine Strecke nach Bergedorf, die später über Magdeburg nach Berlin verlängert werden sollte, denn Bergedorf wurde →*beiderstädtisch* von den beiden Hansestädten regiert und lag somit auf eigenem Territorium. Wer nun glaubte, das Projekt habe breite Zustimmung gefunden, der sah sich getäuscht (das ist bekanntlich bis heute nicht anders). Binnenschiffer, Hufschmiede, Bauern aus Billwerder und sonstige Eisenbahngegner wandten sich lautstark gegen das Vorhaben. Die Dove-Elbe werde versanden, die Häuser, Wälder und Ernten würden abbrennen, die Menschen nicht mehr atmen können, die Vögel tot vom Himmel fallen und die Kühe ihre Milch verlieren, klagten sie. Von den 85 Ankäufen für die Trasse gelangen 60 nur über eine gerichtliche Enteignung. Die Strecke führte vom „inneren" Bahnhof am Deichtor über den „äußeren" Bahnhof (dem Betriebsbahnhof) in Hammerbrook 16 km zunächst ohne Zwischenhalt nach Bergedorf. Die Firma Stephenson & Co. in Newcastle lieferte vier Lokomotiven samt Lokomotivführer, Hamburger Firmen bauten die Personenwagen 1. und 2. Klasse, und für Fahrten bei schönem Wetter gab es zwei offene Wagen, in denen das „Tabacksrauchen" gestattet war. Die feierliche Eröffnung mit Sonderfahrten und vielen Ehrengästen war für den 7. Mai 1842 geplant. Es kam anders. In der Nacht zum 5. Mai 1842 brach der → *Große Brand* aus, der 83 Stunden wütete und ein Viertel der Stadt in Schutt und Asche legte. Die Direktion der Bahn gab bekannt: *Die auf den 7ten dieses Monats angesetzt gewesene Eröffnung der Hamburg-Bergedorfer Eisenbahn ist auf eine betrübende Weise durch die Feuersbrunst vereitelt worden; eben so wenig konnten die regelmäßigen Fahrten für das Publicum am Sonntage den 8ten wie es bekannt gemacht war, beginnen. Bei der gegenwärtigen ernsten Stimmung aller Gemüther glaubt die unterzeichnete Direction an die Eröffnung durch eine Lustfahrt, wie es früher beabsichtigt war, nicht mehr denken zu dürfen, und beschränkt sich darauf, dem geehrten Publicum anzuzeigen daß die regelmäßigen Fahrten in Gemäßheit des bereits früher veröffentlichten Fahr-Planes am Dienstage den 17ten Mai beginnen werden*[77].

77 vgl. Erich Staisch: Hauptbahnhof Hamburg S. 12 ff.

Eisenbahner (1)

Eisenbahner nannten wir die Kuchen, die von *Bäcker Kloss* oder der *Bäckerei „Einigkeit"* hergestellt wurden. Diese sollen aus den Kuchenresten des Vortages zusammengeknetet und dann auf einem Backblech in Stücke geschnitten worden sein. Mit Zuckerguss und farbigen Streifen darauf gab es die für einen Groschen. Sie schmeckten leicht nach Rum.
Ewald Bergeest

Eisenbahner (2)

Hallo, Herr Schmachthagen, ja, die *Eisenbahner!* Wir nannten sie *Punschschnitten*, sie hatten ja auch etwas Rumaroma und waren vom Geschmack her zu schön. Oft sind wir nach Schulschluss noch bei unserem Bäcker Timm vorbeigegangen, um uns für wenig Geld eine Punschschnitte zu holen. Manchmal kamen wir auch um eine zweite nicht herum, was zur Folge hatte, dass wir zu Hause beim Mittagessen Mühe hatten zu verbergen, dass wir eigentlich satt waren; denn die Schnitten waren sehr gehaltvoll.
Hans-Hermann Wölfert

Eisenbahner (3)

Um die Sache mit den *Punschschnitten* zu vervollkommnen: Wir in Winterhude hielten uns an *Rumkugeln* oder Abfall davon. Das waren eiergroße Kugeln aus einer braunen, klebrigen Masse – Teig mochte man das kaum nennen. Die schmeckten süßlich-rumartig und waren außen mit zuckerigen *Muusköteln* umhüllt (groß wie Ameiseneier), damit die Kugeln beim Anfassen nicht so klebrig waren.
Carl Groth, Neumühlen

Elbschwanenorden →*Sprachgesellschaften*

ele Anfangswort in zahlreichen Kinderreimen beim →*Afmelen* (Abzählen); *ele mele mu, af büst du!* od. *ele mele mink mank,/ Kohschiet blink blank, ele mele mu,/ af büst du!*[78]

Elektrische Am 5. März 1894 fuhr die erste Straßenbahn in Hamburg mit Elektroantrieb und wurde seitdem liebevoll *die Elektrische* genannt. Nach der *Ringlinie Hamburger Innenstadt* stellte man innerhalb von vier Jahren alle wichtigen Linien der →*Pferdebahn* (zwischenzeitlich mit Dampfantrieb) um. Die Elektrische wurde zum innerstädtischen Massenbeförderungsmittel, das alle Schichten vom Direktor bis zum Arbeiter nutzten. Die Fußgänger gewöhnten sich allerdings nur zögernd an dieses schnelle Schienenfahrzeug, das ihnen nicht wie die Fuhrwerke und früher die Pferdeomnibusse ausweichen konnte. Immer wieder gerieten Kinder, Radfahrer, Betrunkene und Tagträumer unter die Straßenbahn. Edith Oppens schreibt: „Zum Glück gab es seit 1904 eine Auffangvorrichtung an den Triebwagen. Sobald ein Tastgitter zwischen den Schienen auf Widerstand stieß, senkte sich ein Fangnetz und sammelte Kinder, Radler und unaufmerksame Fußgänger ein. Viele kamen unverletzt davon, aber immerhin gab es in einem Durchschnittsjahr 59 Unfälle, von denen drei tödlich waren.“[79] Im Juni 1900 be-

78 HWB 1/Sp. 967 f.
79 Oppens S. 22 f.

Die langen, spitzen Nadeln, mit denen die Frauen früher die Hüte an der Frisur feststeckten, würden heute unter das Waffengesetz fallen. Was Wunder, dass sie im Gedränge der Elektrischen äußerst gefährlich für andere Fahrgäste waren.

kamen die Linien Nummern. 1912 war der Ausbau des engmaschigen Straßennetzes mit 40 Linien im Wesentlichen abgeschlossen. 1957 gab es noch 18 Linien (1–9/11–19), aber am 30. September 1978 war alles vorbei: Die letzten Wagen der Linie 2 starteten von Schnelsen zum Rathausmarkt. Ist wirklich alles vorbei? Seitdem gibt es keinen Wahlkampf, in dem nicht gefordert wird, das wieder aufzubauen, was man gerade abgebaut hat – und sei es auch weniger aus verkehrspolitischer Notwendigkeit denn aus ideologischer Sicht, um dem Individualverkehr per Auto Einhalt zu gebieten. Als der ehemalige CDU-Bürgermeister Ole von Beust (geb. 1955) 2008 mit der GAL, den Hamburger Grünen, koalieren musste, beschloss diese Koalition den Bau einer Stadtbahn von Steilshoop nach Winterhude. Dagegen regt sich allerdings erheblicher Widerstand.

Elvenfinger Spottn. für jmdn., der so flink mit den Händen war (und sei es auch in fremden Taschen), dass man annehmen musste, er besitze elf statt zehn Finger.

Emer (Engerling) → *Maisever*

estemeern heißt hd. ästimieren und bedeutet achten, beachten, gut behandeln, ehren; *de sien Foottüüch nich deit estemeern, mutt den Schooster sien Geldbüdel smeern* (wer nicht sorgsam auf sein Schuhwerk achtet, muss beim Schuster teure Reparaturen bezahlen).

Etage (*Etaasch*) bedeutete in Hamburg mehr als nur das Stockwerk eines Hauses: *op de Etaasch wohnen* drückte aus, besser und vornehmer zu wohnen als im Erdgeschoss, Souterrain, Hinterhof od. im → *Saal*[1]. Am vornehmsten wohnten bürgerliche Familien in den wilhelminischen Bürgerhäusern in der 1. Etage. Dort ging es nicht ohne entsprechendes Hauspersonal ab; *ik wohn eerste Etaasch.*

Eumel saloppe Bezeichnung für jede Sache od. jede Person, sprachl. Joker. Verb: *eumeln* (1. tanzen, feiern. 2. Geschlechtsverkehr haben).

Süh, 'n lütt Farken!

Faden h.: 1. Raummaß, vorwiegend für geschnittenes und gestapeltes Feuerholz *(Fadenholt)*. Ein *Faden* war in Hamburg unterschiedlich groß. So umfasste ein *Walddörfer Faden* 2,63 bis 2,85 Kubikmeter, ein *Meßberger Faden* jedoch 3,77 Kubikmeter[80]. Syn.: *Klafter*. 2. seem. Längenmaß (1,83 m), bes. zur Angabe der Wassertiefe; *bloots twee Faden Water ünner sik hebben.*

Fallreep seem. urspr. ein vom Schiff herabgeworfenes Tau, um außenbords an Bord zu hangeln, später eine Strickleiter für den gleichen Zweck. Auch der →[1] *Ewerführer* benutzte ein *Fallreep*, um von der Schute im → *Fleet* in den Speicher zu klettern. Vgl. → *Reep*.

Falscher Hase (Hackbraten) → *Haas*

Farken (Plur. *Farkens*). Ein *Farken* ist ein Ferkel, und ein Ferkel ist ein junges Schwein – doch nicht immer! Auch ein Kind kann ein *Farken* sein, wenn es sich schmutzig gemacht hat; *du büst 'n lütt Farken!* Abergl.: Ferkel wurden nach dem Kauf rückwärts aus dem Stall getragen, damit die Dorfhexe das Tier nicht sehen konnte. Ra.: *dat is 'n Tofall, veerteihn Titten un sössteihn Farkens!* Straßenn.: *Farkenwisch* (Ferkelwiese) in Duvenstedt. Zu mnd. *verken/varken* (Ferkel).

Fassbrause ist eine Limonade mit natürlichen Fruchtzutaten und wurde früher aus Fässern gezapft. Ältere Leser

---

80 HWB 2/Sp. 10

denken bei diesem untypischen Hamburger Getränk sofort an die „Fischbratküchen" von Daniel Wischer, in denen es den Rotbarsch als „Goldbarsch", den hausgemachten Kartoffelsalat ohne Mayonnaise und dazu eine große oder kleine *Fassbrause* gab (auch heute noch). Sie ist Berliner Ursprungs und heißt an der Spree ugs. *Sportmolle*[81]. Die Alpenländler sprechen von *Almdudler*, und volkseigene DDR-Betriebe mischten, als sie noch mischen durften, eine sogenannte *Rote Fassbrause* zusammen. Ich möchte nicht als Besserwessi gelten, aber als man mir damals in Leipzig (gegen D-Mark) ein solches Getränk anbot, sehnte ich mich nach Daniel Wischer und bestellte doch lieber ein Radeberger[82].

Fastelavend (Tag vor Aschermittwoch) → *Fastnacht*

Fastmaker Im Hamburger Hafen fuhren früher die *Fastmaker* (Festmacher, spr.: -moker) mit kleinen offenen Booten zum Liegeplatz der ankommenden Schiffe, um deren Leinen an der → *Pier* (Anlegestelle) zu befestigen oder beim Ablegen wieder loszumachen. Auch heute müssen die Schiffe noch vertäut werden. Rund 100 Festmacher sind jetzt in der Arbeitsgemeinschaft Hamburger Schiffsbefestiger organisiert. Voraussetzung für den Beruf ist mittlerweile die Ausbildung zum Hafenschiffer. Vgl. → *Anbinner*.

81 berlin. Molle: Bier
82 Exportbier der Brauerei aus Radeberg bei Dresden

Fastnacht Ob die Fastnacht, im Hamburger Raum früher als *Fastelavend* bezeichnet (mnd. *vastel-avent,* eigtl. Vorabend des großen Fastens), nun von *faseln* in Sinne von „sich närrisch und töricht benehmen“ herzuleiten ist, wie einige germanisch gepolte Volkskundler vor 1945 meinten, oder ob wir uns doch besser an den Beginn des 40-tägigen kirchlichen *Fastens* vor Ostern halten, braucht an dieser Stelle etymologisch nicht geklärt zu werden. Sicher ist, dass – zumal nach der Reformation – um *Fastelavend* in Hamburg häufig ausgelassen, aber auf jeden Fall ausgiebig gefeiert, getrunken, gegessen, umhergezogen und gerauft wurde. Dabei dehnte man die närrischen Tage sehr aus – teils von Donnerstag vor Estomihi [83] bis zum Dienstag vor Aschermittwoch, wenn nicht gar weit darüber hinaus. Die Obrigkeit sah sich wiederholt gezwungen, das Fastnachtstreiben, das meist mit Trunk und Völlerei endete, per Verordnung zu regeln, einzuengen od. ganz zu verbieten. Die Dauer des *Fastelavends* verkürzte sich im Stadtgebiet dadurch erst auf drei Tage (Sonntag bis Dienstag; 18. Jh.), dann auf einen Tag (Montag; 19. Jh.) – falls man sich daran hielt. Die Fastnachtsbräuche füllen Bände, wobei auffällt, dass auch in Hamburg wie im Rheinland die kirchliche und weltliche Ordnung für einige Tage umgekehrt worden ist: Die Männer bewirteten die Frauen, die Meister die Gesellen und die Bauern die Knechte. In den Dörfern zog das →[1] *Gesinde* verkleidet zu den Großbauern und ließ sich bedienen. Falls sich die wohlhabenderen Bürger zur eigenen Feier in ihren Kreisen

83 der Sonntag vor Aschermittwoch

zurückzogen, kamen sie wenigstens für die Kosten der Feiern ihrer Bediensteten auf. Dazu diente das *Fastelavendgeld* der Arbeitgeber, aufgestockt durch den Erlös öffentlicher Sammlungen. Kinder zogen mit →¹ *Rummelpott* und Holzhämmerchen singend und bettelnd um die Häuser. Dieses *Fastelavendlopen* hieß in den Vierlanden → *Hammer-Hü*. Ein wichtiges Fastnachtsgericht war der geräucherte *Swienskopp* (Schweinekopf), den die Wirte ihren Stammgästen notgedrungen gratis servieren mussten. In Finkenwerder aß man *Schoosterklüten* (gebratenen Speck und gebratene Mettwurst mit Klößen), in Moorburg Sauerkraut mit Speck. Auf keinen Fall durften als Gebäck die *Heetwecken* (→ *Heißwecken*) fehlen. Obwohl der *Fastelavend* je nach Datierung des im Kalender wandernden Osterfestes bis zu 35 Tage früher od. später eintreten konnte, galt er in Finkenwerder als fester Termin, die Fangreisen wieder aufzunehmen, und auf Bauernhöfen, von nun an nur noch bei Tageslicht zu arbeiten und zu essen; *Fastelavend hett Petrus 'n hitten Steen in 't Water smeten,* und dieser heiße Stein vom Himmel hatte die Eisdecke zum Schmelzen gebracht[84].

Feek Treibgut-Streifen aus abgestorbenen Pflanzen, Gras, Binsen (Schilf), Stroh, Zweigen und Dreck am Uferrand; *he harr sik in 't Feek fastschippert*. Ra.: *Fett un Feek drifft baven!* Ein *Feekfischer* ist ein schlechter Fischer, der keine Fische, sondern nur Dreck und Gerümpel im Netz hat. Vgl. → *Leesch*.

---

84 vgl. HWB 2/ Sp. 27 ff.; Mensing 2/Sp. 25 ff.

Feez ist Spaß; *dat gifft doch 'n feinen Feez* (das wird viel Spaß machen).

Feger Ein *Feger* steht hier abw. für eine leichtlebige junge Frau mit wechselnden Männerbekanntschaften, für ein weibliches Wesen, das nichts anbrennen lässt und schon einen leicht lädierten Ruf hat; *dat is 'n ficksen Feger,* staunte Opa, als er mit großen Augen der aufgedonnerten Nachbarstochter nachblickte (während Oma drohend zum Nudelholz griff).

Fegsel (*Fegels*) ist 1. das Zusammengefegte, der Kehricht, Unrat, der zusammengekehrte Haus- und Straßenschmutz. Abergl.: Wenn man über einen Kehrichthaufen tritt, gibt's ein Unglück, wenn man einem Besucher den Schmutz auf die Füße fegt, droht ein Zerwürfnis. 2. der nach einem Ladevorgang zusammengefegte Rest einer trockenen Ware wie Kaffeebohnen (grüne), Zucker, Getreide od. Gewürze, den die Hafenarbeiter und Matrosen als ihr Eigentum betrachteten und vornehmlich im →[1] *Zampelbüdel* nach Hause transportierten. Die Zöllner am Ausgang des Freihafens hatten oftmals eine gänzlich andere Auffassung von der Art des Fegsels im Zampelbüdel und bezeichneten die schönen Kaffeebohnen schlicht als Schmuggelware.

Fibel Die *Fibel* ist nicht nur in Hamburg das Lehrbuch für Leseanfänger, aber vielleicht sollte die Schulsenatorin, um nicht noch einmal durch einen Volksentscheid gestoppt zu werden, ganz einfach das pädagogische Universalprogramm aus Finkenwerder übernehmen: *Eerst in de Fibel,/ denn in de Bibel,/ denn in 't Book,/ denn büst klook.*

fickerich ugs. ungeduldig, nervös, aufgeregt; *so 'n ganz fickerigen Keerl.*

fickfacken tändeln, umhertreiben; *nu man nich lang fickfacken!* Subst. *Fickfackereen* (Plur.): Possen, Hokuspokus; *de Keerl maakt allerlei Fickfackereen.*

ficks fix. 1. schnell, flink; *dat geiht ganz ficks; bannig ficks op de Been sien.* Ra.: *bang bün ik nich, aver lopen kann ik ficks!* Syn.: →[1] *gau.* 2. gut, trefflich; *'n ficksen Keerl; 'n söte Deern, flink un ficks.* Ra.: *buten ficks un binnen nicks* (aufgeputzter Angeber). 3. viel, groß, umfangreich, stark, heftig, sehr; *ficks in de gangen* (eifrig am Wirken); *ficks koolt* (sehr kalt); *ficks oder nicks* (gründlich od. gar nicht). Ra.: *ik will di ficks wat schieten!* (ich tue dir den Gefallen nicht); *lang man ficks to!* (→ *Nötigung* zum Essen).

Fietjepupereen (Plur.). *Fietje* ist die Koseform des Vornamens Friedrich, der *Fietjekram* ist ein Dummejungenstreich, die *Fietjepupereen* weisen auf sexuelle Flatterhaftigkeit hin (die allerdings nicht nur auf Hamburger mit dem Vornamen Friedrich beschränkt gewesen sein dürfte), während *mien söten Fietjepuper* wiederum ein Kosename für Mädchen und Frauen war, die alles andere als *Fietjepupereen* betrieben, sondern Fietje treu und schmachtend ansahen.

Fink (Plur. *Finken*). 1. Unter *Finken* verstand man bis ins 19. Jahrhundert sämtliche jagdbaren Singvögel, die damals in allen Hamburger Bevölkerungsschichten viel gegessen wurden. Wer nun in historischem Zorn nach Nabu und Greenpeace ruft, muss sich leider sagen lassen, dass das Vogelfangen seinerzeit nicht strafbar war und diese Taten heute ohnehin verjährt wären. 2. Die Finken in → *Pluckfinken* waren glücklicherweise keine Vögel, sondern in kleine Stücke geschnittener Walspeck. Andererseits – Wale sollen wir ja auch nicht mehr fangen. Die Zeiten ändern sich, und sie ändern sich teilweise mit Recht.

Fissel 1. Ein *Fissel*, Adj. *fisselich*, ist das kleine Stück eines Fadens, auch beim Regnen od. Schneien. Verb: *fisseln* (nieseln, fein regnen od. schneien). 2. Michael Richey hatte 1755 noch eine weitere Erklärung: *einen heimlichen Wind lassen*, was hier nicht näher ausgeführt werden soll und was Richey zusätzlich mit dem lat. Verb *pedere (pedo, pepedi, peditum)* verdeutlicht, das das Gleiche aussagt[85]. Wer sich damals als gelehrter Humanist mit der hamburgischen Mundart beschäftigte, sprach selbstverständlich unter seinesgleichen trotzdem lateinisch od. griechisch.

Flaag[1] [spr.: flou] (Plur. *Flagen*). Regenguss, Bö, plötzlicher und heftiger Schauer (mnd. *vlage*); *ein verfliegendes Wetter vom Winde oder Regen*[86]; *'n böse Flaag mit Hagel un Storm*. Vgl. → *Stintflaag*.

Flaag[2] (Plur. *Flagen*). 1. eine Fläche, ein Streifen Land. 2. eine Strecke, ein Stück des Weges, bes. der Teil einer Straße od. eines Deiches, der von dem betreffenden Anlieger zu unterhalten war. Syn.: *Flach* (Stück Land, Parzelle; Strecke).

---

85 Richey: Idioticon S. 57

86 Richey: Idioticon S. 57

Flach (Strecke) → *Flaag* [2]

Flegel 1. Dreschflegel, grober Knüppel zum Dreschen per Hand (vgl. → *döschen*). 2. übertr. Lümmel, grober Zeitgenosse. Ra.: *beter lütt un → kregel as so 'n groten Flegel.* Vgl. → [1] *Briet* (Rüpel); → *Snösel* (Flegel).

Flegenklapp Fliegenklatsche, die man auch heute noch für 25 Cent als leichtes Kunststoffgeflecht im Supermarkt kaufen kann. Auch bei mir wird bei solchen Begriffen die Kindheit wieder lebendig, und ich erinnere mich an die urige, aber überaus wirkungsvolle *Flegenklapp,* die sich mein Großvater auf dem Dorf aus einer alten Schuhsohle und einem Haselstock gebastelt hatte. Im Sekundentakt knallte sie auf den Tisch in der Wohnküche, und dann wurden die breiigen Reste des erschlagenen Brummers geschickt mit der Kante der Klatsche von der Wachstuchtischdecke auf den Zementfußboden befördert. Von der Decke hingen über und über mit im Todeskampf zappelnden Tierchen bedeckte Fliegenfänger in Form von Leimruten. Von → [1] *Klein Erna* wissen wir, dass es dann an der Zeit war, relativ unbelästigt im → [1] *Schiethuus* sein Geschäft zu erledigen, denn mittags waren die Fliegen alle in der Küche und nicht am besagten Örtchen.

Flegenschapp Der Fliegenschrank *(Flegenschapp)* war ein an den Seiten mit einem feinmaschigen Drahtgeflecht verkleideter Schrank od. besser ein auf Maß in der Speisekammer fest eingebautes Regal, in dem zu Zeiten, als die Küchen noch nicht mit Tiefkühlkombinationen ausgestattet waren, die Esswaren luftig und sicher vor Fliegen aufbewahrt werden konnten. Übrigens waren die Fliegen das kleinere Problem, viel lästiger waren die Mäuse, die sich durch die Bretter nagten. Es mag Einbildung sein, aber nach 1945 schienen auch die Mäuse so viel Hunger zu haben, dass es in unserer Mansardenwohnung von diesen Tieren geradezu wimmelte und sie trotz aller Vorsorge immer einen Weg zu unseren kargen Essensresten fanden. Meine Mutter stopfte die genagten Löcher mit einem zerknüllten Küchenhandtuch wieder zu, aber am nächsten Morgen war auch das durchgenagt. Faltete man es auseinander, sah man auf ein fast „künstlerisches" Lochmuster.

Flett m. od. n., Vordiele in alten Bauernhäusern, quer über die gesamte Breite zwischen Kammerteil (vgl. → *Döns*) und Wirtschaftsteil (Stall) verlaufend.

Fliegender Hamburger Der erste Dieselschnelltriebwagen der Deutschen Reichsbahn-Gesellschaft (DRG) und gleichzeitig erster Stromlinienzug im planmäßigen Einsatz trug die offizielle Bezeichnung DRG 877 a/b, fuhr od. besser „flog" die Strecke vom Berliner Lehrter Bahnhof bis Hamburg Hbf. jedoch so schnell, dass er in der Öffentlichkeit nur „Fliegender Hamburger" genannt wurde. Er stellte während einer Probefahrt am 19. Dezember 1932 einen Geschwindigkeitsrekord auf und benötigte im fahrplanmäßigen Einsatz ab 15. Mai 1933 für die 286 km lange Strecke 138 Minuten, eine Zeit, die erst ein ICE im Jahre 1997 um drei Minuten unterbot. Der Abstand der Vorsignale zu den Hauptsignalen musste von 700 m auf 1200 m erweitert

werden, um den nötigen Bremsweg zu bekommen. Der „Fliegende Hamburger" war ein im Windkanal entwickelter Triebwagenzug aus zwei Großraumwagen mit 98 Sitzplätzen 2. Klasse und einem Büfett für vier Personen. Zwei jeweils 410 PS starke Dieselmotoren trieben Gleichstromgeneratoren an, die den Strom für die Fahrmotoren lieferten. Es gab zwei Führerstände vorn und hinten, sodass er in jede Richtung gefahren werden konnte, ohne gedreht werden zu müssen. Lackiert war er cremefarben und violett, was damals höchsten Luxus signalisierte, denn dabei handelte es sich um die Farben des weltbekannten „Rheingold"-Zuges. Im Zweiten Weltkrieg wurde der Triebwagen abgestellt, 1945 von der französischen Besatzungsmacht beschlagnahmt und 1949 an die Deutsche Bundesbahn zurückgegeben, die ihn bis 1957 als Baureihe DB VT 04.0 betrieb, bis er im Verkehrsmuseum Nürnberg landete. Die vordere Triebwagenhälfte musste aus Platzmangel für die Ausstellung zerschnitten werden, der Rest und der hintere Teil landeten in der Schrottpresse. Übrigens sollte der „Fliegende Hamburger" nicht mit dem „Fliegenden Holländer" verwechselt werden, obwohl das zur Verzweiflung der Eisenbahnfreunde in den heimischen Publikationen immer wieder geschieht. Merke: Der „Fliegende Hamburger" war ein Luxuszug zwischen Hamburg und Berlin, der „Fliegende Holländer" jedoch ein Geisterschiff, auf dem der Teufel mit dem Kapitän um dessen Seele würfelte.
Vgl. → *Schienenzeppelin.*

Der „Fliegende Hamburger" am Hauptbahnhof vor der Abfahrt zum Lehrter Bahnhof nach Berlin. Am 15. Mai 1933 nahm der Schnelltriebwagen den fahrplanmäßigen Verkehr zwischen den beiden größten deutschen Städten auf.

Flunk (Plur. *Flünk*). 1. Flügel; *enen bi 'n Flunk kriegen* (jmd. festhalten); *sik bi de Flünk hebben* (sich streiten); *de Flünk hangen laten* (verzagt sein). 2. übertr. Arm des Menschen; *enen wat op de Flünk geven* (sich prügeln). Eine *Flunkmadamm* ist ein flatterhaftes, junges Mädchen. Adj. *flunkich* (flügge).

Flunki 1. Spottn. für einen Kellner, bes. seem. für den Steward od. Messejungen; *he harr as Flunki fohrt* (war als Steward zur See gefahren). 2. übertr. ein leichtfertiger, unzuverlässiger junger Mann, eben ein *Deernsjager* (Weiberheld). Von engl. *flunky* (Lakai).

Flunkmütz Eine *Flunkmütz* war z. B. in Finkenwerder ein Teil der Festtagstracht bei Frauen, und zwar eine Kappe mit halbmeterhohen flügelähnlichen und reich bestickten Aufsätzen an beiden Seiten[87]. Von → *Flunk* (Flügel).

---

87 HWB 2/Sp. 142

Flusen (Plur., Sing. *Fluus*). Flausen – allg. Woll- od. Haarbüschel, übertr. Hirngespinste bzw. mehr od. weniger lustige Einfälle; *de hett Flusen in 'n Kopp; sett di man keen Flusen in 'n Pelz* (bring dich bloß nicht in Schwierigkeiten); vgl. →*Grappen*. Verb *flusen* (zerzausen, etwas Lockeres durcheinanderbringen), Adj. *flusich* (unordentlich, zerstreut).

Forke 1. Die *Forke* war und ist eines der wichtigsten Arbeitsgeräte des Bauern. Es handelt sich um eine große Gabel mit in der Regel zwei bis fünf Zinken und hölzernem Stiel *(Forkensteel)* zum Auf- und Abladen sowie zum Verteilen von Heu, Stroh, Garben (*Heugabel*, zwei- od. dreizinkig), Dung (*Messfork* – Mistforke, vier od. fünf Zinken) od. zum Umgraben (→*Graavfork* – Grabgabel). Eine *Rübengabel* hat zehn Zinken mit kugelförmigen Enden, um ein Aufspießen der Rüben zu vermeiden, und eine *Futtergabel* zum Streuen der geschredderten Silage sogar zwölf bis 20 Zinken. Der Stiel der Heugabel ist lang und gebogen, der der Mistforke kürzer und kräftiger, und die Grabgabel hat einen Griff am oberen Stielende.

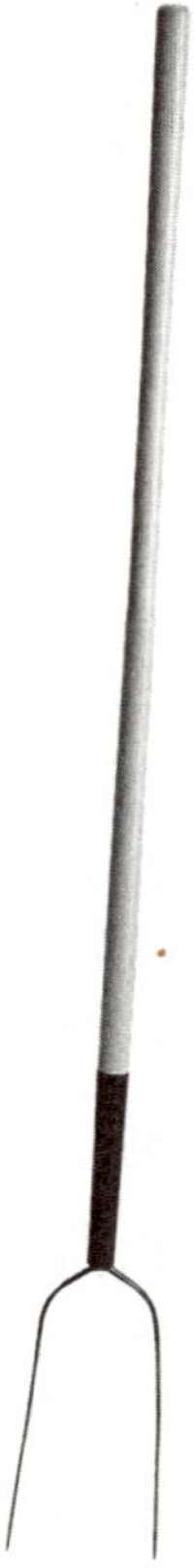

Eine Forke kann viele Formen haben – hier eine Heugabel mit zwei Zinken.

Von lat. *furca*, mnd. *vorke*[88]. Abergl.: Zu Zeiten, als der Bauer weniger dem Tierarzt als der →¹ *Spökenkiekerei* (Geisterglaube) vertraute, musste eine neugekaufte Kuh rückwärts über die Stallschwelle geschoben werden, auf die kreuzweise eine Axt und eine Forke gelegt worden war, die Axt mit der Schneide nach innen. Das sollte vor Hexen, Krankheiten und Fehlgeburten schützen[89]. 2. Ganz, ganz früher nannte man die Gabel als Essgerät ebenfalls *Forke*. Das ist glücklicherweise überholt, denn wer wollte schon mit *Messer und Forke* am Tisch sitzen?

Fremdenblatt Das „Hamburger Fremdenblatt“, das vielen als Qualitätszeitung der Vorkriegszeit im Gedächtnis geblieben ist, wird fälschlicherweise häufig für den Vorläufer des Hamburger Abendblatts gehalten. Das →*Abendblatt* ist eine Neugründung aus dem Jahr 1948, das *Fremdenblatt* geht auf die Liste der ankommenden Fremden in Hamburg (ab 1828) zurück, erschien vom 24. September 1864 an als „Hamburger Fremden-Blatt“, kam 1907 zum Verleger Alfred Broschek, wurde 1936 von den Nationalsozialisten enteignet und 1944 mit anderen zur →*Hamburger Zeitung* zwangsvereinigt. Nach 1945 für die Besatzungsmacht nicht lizenzfähig, unternahmen Broschoks Erben 1954 einen kurzen, erfolglosen Versuch der Wiederbelebung. Danach führte das Abendblatt bis zum 4. April 1992 den Namen *Hamburger Fremdenblatt* in Lizenz als Untertitel, um ihn für Mitbewerber zu sperren.

---

88 schon bei Richey S. 66: Forke: Gabel. Meß-Forke: Mist-Gabel

89 HWB 2/Sp. 163

frische Suppe Suppe aus frischem (Rind-)Fleisch und frischem Gemüse, früher ein Festtagsessen od. gar ein Hochzeitsessen. Dazu kaufte Mutter Kochfleisch (Hochrippe od. Rinderbeinscheiben) und, falls sie das Suppengrün nicht ohnehin im Garten hatte, beim →[1] *Grünhöker* ein Suppenbund, das er aus einer halben Sellerieknolle mit Kraut, Porree, krauser Petersilie, Wurzeln und einer Petersilienwurzel zusammengestellt hatte. An guten Tagen kamen noch *Ballkens* (Fleischklößchen) und *Eierstich* (im Wasserbad gestockte Eiermasse) in die Suppe.

Fuhlentwiete Die *Fuhlentwiete* in der Neustadt weckt Erinnerungen an 30 Jahre Arbeit beim Hamburger Abendblatt. Axel Springers (1912–1985) 1956 eingeweihtes Verlagshaus, das seit 1996 unter Denkmalschutz stehende sogenannte Hochhaus, hat inzwischen die Postadresse Axel-Springer-Platz 1, liegt aber im spitzen Winkel zwischen Kaiser-Wilhelm-Straße und Fuhlentwiete. Jahrzehntelang prägten zwei mittlerweile abgerissene Fußgängerbrücken zum Niedersachsenhaus und zum ehemaligen Zeitschriftenhaus („Hörzu") das Straßenbild. Natürlich hat die Fuhlentwiete schon weitaus schlechtere Zeiten erlebt. Die Bezeichnung *fule Twiete* weist auf eine schmutzige und sumpfige Landstraße vom Graskeller zum Dammtor hin, die sich laut Beckershaus in einem „jämmerlichen" Zustand befunden haben muss. Die Erklärungen unter →*fuul* sprechen für sich. Zitieren wir die anschauliche Beschreibung von Horst Beckershaus: „Die Hamburger Straßen hatten früher eine Breite von fünf bis zehn Metern und waren für den Verkehr kaum nutzbar, denn die Kellereingänge ragten meistens noch in die Straße hinein. Die Handwerker arbeiteten vielfach auf der Straße und nahmen zusätzlich mit ihren Gerätschaften noch Platz von der Straße weg. Bürgersteige gab es nicht, und die Abflüsse lagen in der Mitte der Straße und führten von dort in das nächste →[1] *Fleet*."[90]

So wie dieses Trümmergrundstück, auf dem bis 1943 der →Conventgarten gestanden hatte, sahen weite Teile Hamburgs nach dem Krieg aus. Am 17. Oktober 1950 begannen hier die Erdarbeiten für den Bau der Springer-Druckerei. Der Bagger steht an dem später aufgehobenen Teil der Neustädter Straße, in der Bildmitte die Fuhlentwiete, ganz rechts die Ecke Fuhlentwiete/ Kaiser-Wilhelm-Straße, die jetzt Axel-Springer-Platz heißt. Dort entstand von 1953 bis 1956 das Verlagshochhaus.

---

90 Beckershaus: Straßennamen S. 114 f.

Fuhlsbüttel ist seit 1913 Stadtteil von Hamburg. Der Name dürfte ähnlich wie bei der → *Fuhlentwiete* etwas mit → *fuul* zu tun haben. Es handelte sich also um eine Siedlung *(Büttel)* auf sumpfigem Gelände *(fuul)*. Der Lauf der Alster war noch ungeregelt und führte zu häufigen Überschwemmungen[91]. Heute denkt man eher an die zubetonierten Flächen des Flughafens und an die festen Bauten der Justizvollzugsanstalten Suhrenkamp, Am Hasenberge und Nesselstraße (→ *Santa Fu*), deren Namen Fuhlsbüttel sich zurechnen lassen muss, obwohl sie heute zum Stadtteil → *Ohlsdorf* gehören.

Funzel Lampe mit schwachem und häufig flackerndem Licht.

fuul faul. 1. schmutzig, unrein. 2. morsch, stinkig. 3. träge, arbeitsscheu. Wer *fuulkrank* ist, ist gar nicht krank, sondern tut nur so aus Faulheit – auf Neudeutsch sagt man, er mache blau. Vgl. → *Fuhlentwiete*, → *Fuhlsbüttel*, → *Fuulbrass*.

Fuulbrass 1. seem. Abfalleimer der Schiffskombüse. 2. übertr. Faulpelz.

---

91 Beckershaus: Stadtteile S. 44 f.

Gah mi af! lässt sich nur sinngemäß ins Hochdeutsche übersetzen und bedeutet etwa: lass mich damit in Ruhe!

Gall (*Gallappel*). 1. Gallapfel. 2. Geschwulst am Pferdebein. 3. mit Harz gefüllte Lücke im Holz; *he sehg ut, as wenn em sien Oolsch mit Gallappel middags trakteert harr* (er sah verdrießlich aus).

Galleriewagen (Ausflugswagen) → *Stohlwagen*

Gallizismen (Plur., Sing. *Gallizismus*). Wer sich heute über die Flut der *Anglizismen* (engl. Wörter im Deutschen) aufregt, die angeblich von der „Tagesschau" bis zum → *Abendblatt* aus unserer Muttersprache ein *Denglisch* genanntes Gemisch gemacht haben, übersieht leicht, wie viele *Gallizismen* (aus dem Franz. stammende Ausdrücke) uns täglich begleiten. Nicht nur die →[1] *Franzosenzeit* (1806–1814) hinterließ ihre sprachlichen Spuren, auch die *Gründerjahre* nach dem Krieg gegen Frankreich 1870/71 brachten einen Schub. In der täglichen Umgangssprache breiter Schichten wurden Begriffe wie → *Trottoir* (Bürgersteig), *Billett* (Fahrkarte), *Coupé* (Abteil), *Plafond* (Zimmerdecke), →[1] *Lamperie* (Wandverkleidung), *Chaussee* (Landstraße), *Soupé* (Festessen), → *Kommi* (Handelsgehilfe), *Passepartout* (Bildumrahmung), *Concierge* (Hausmeister) od. *Parterre* (Erdgeschoss) wie selbstverständlich gebraucht. Im Zuge der Propaganda gegen den Kriegsgegner Frankreich begann 1914 die große Welle der Eindeutschungen, die einiges an der Umgangssprache, aber wenig an der Sprache der Diplomatie, Mode, Kunst od. Gastronomie änderte. Und wenn Klein Fritzchen im Schulaufsatz plötzlich den Ausdruck „Geldbörse“ benutzen sollte, so bedeutet das noch lange nicht, dass er so spricht, sondern dass er das Wort *Portemonnaie* nicht schreiben kann. Auch wir *Journalisten* (frz. *le jour* – der Tag) wurden davor bewahrt, nach 1945 unseren *Chefredakteur* weiterhin „Hauptschriftleiter“ nennen zu müssen.

Gatt (Loch) → *Aars*

Gau Unter einem *Gau* (mhd. *gou*) wollen wir im Hinblick auf die sprachliche Zielsetzung dieses Buches nur die Bezeichnung für einen geschlossenen Siedlungsraum der Germanen verstehen, in Nordelbien (→ *Nordalbingien*) also die Gaue Holstein, Dithmarschen und → *Stormarn* (später übertragen auf Landschaften od. Verwaltungseinheiten). Dass nach den Turnern auch die Nationalsozialisten ihre höchste regionale Organisationseinheit als Gau bezeichneten, wobei Hamburg unter dem „Reichsstatthalter“ Karl Kaufmann (1900–1969) sogar ein „Mustergau“ gewesen sein soll, sei hier überschlagen. Nicht zu verw. mit ndd. →[1] *gau* (schnell) od. dem Akronym *GAU* (größter anzunehmender Unfall).

Gedööns Aufheben, Lärm, lästiges Gerede, Geschwätz; *mach nicht so 'n Gedööns* (rede nicht so viel herum); *he maakt 'n Gedööns dorvun* (er bauscht die Angelegenheit unnötig auf); *veel Gedööns* (viel Aufhebens).

Gedröhn Das *Gedröhn* umschreibt 1. einen anhaltenden dumpfen Lärm, aber 2. das lästige, nicht enden wollende Gerede, die permanente Nörgelei; *nu laat man dat olle Gedröhn!* Ein →[1] *Dröhnbüdel* ist ein schwerfälliger Quatschkopf. Vgl. →[1] *dröhnen;* → *Gedööns.*

Geest An der Küste bezeichnet die *Geest* im Gegensatz zur *Marsch* das höher gelegene, sandige und wenig fruchtbare Land. *Geestlüüd* und *Geestbuurn* aus den *Geestdörfern* im Norden der Hansestadt waren arme Bauern, die von den reichen Marschbewohnern als *Geestkeerls* beschimpft wurden. Trieb sich gar ein unbekannter Eckensteher auf den Hamburger Märkten herum, so nannte man ihn (alle Fremden sind verdächtig!) abf. einen *Geestbutscher.* Von mnd. *gêst* (das hohe, trockene Land).

Genöök ist eine abfällige Sammelbezeichnung für Menschen und Sachen; *ool Genöök* (Scheusal); *so 'n lütt Genöök* (z. B. für einen zu klein geratenen Wagen).

Germer, Richard → Biografie S. 134 f.

gernhaben (mögen). Die Hamburger sind im Ausdrücken eigener Gefühle ein wenig zurückhaltend. Wo man anderswo rasch und ungeniert das Wort Liebe ausspricht, umschreibt es der Hamburger gern bildhaft und sagt: *ik heff di to 'n Freten geern!* (ich hab dich zum Fressen gern); *gernhaben* im negativen Sinne, nämlich „du kannst mich mal gernhaben!“, bedeutet allerdings: *klei mi an 'n Moors!* (rutsch mir den Buckel runter!)[92].

---

92 lt. Carl Groth

RICHARD GERMER

war jahrzehntelang einer der populärsten Hamburger Volkssänger mit Basslaute und maritimem Bezug. Besonders in den Fünfziger- und Sechzigerjahren gab es kaum eine Sendung von „Haifischbar" oder „Hafenkonzert", in der er nicht für Stimmung sorgte. Jochen Wiegandt erinnert sich: Germer kannte das Hafenmilieu und hatte eine tiefe innere Beziehung zu Matrosen, Schiffen, Möwen und dem Fernweh. Und so kamen seine Lieder, die er in unnachahmlicher Weise vortrug, auch aus dem Herzen[93].

Am 4. November 1900 in Barmbek geboren, „entfloh" er der kaufmännischen Lehre bei Blohm+Voss und trat schon 1927 als Sänger bei der →*NORAG* im Rundfunk auf. 1935/36 schrieb →*Hans Leip* ihm einige Liedtexte, die er vertonte. Der Schlager „Einmal noch nach Bombay" wurde ein Hit.

Richard Germer starb am 12. September 1993. Das →*Abendblatt* rief ihm nach: Buchstäblich alle Welt sang mit oder schmunzelte, wenn Germer seine Lieder vortrug. Und so entstand der Slogan: „Hamburg wäre ärmer ohne Richard Germer." Jetzt ist es ärmer[94].

Germer war der Stiefvater von Hans-Olaf Henkel (geb. 1940), dem späteren BDI-Präsidenten.

---

93 Wiegandt: Hamburger Liederbuch, Bd. 2, S. 60f.

94 HA 16.9.1993 S. 19

Geschi Kurzf. für *Geschichtenball*. Das war ein Spiel mit dem Ball, der in wechselnder Art an die Wand geworfen und wieder gefangen werden musste. Dabei wurden frei nach „Schnauze" Geschichten erzählt. Wurde der Ball fallen gelassen, durfte der Nächste eine *Geschi* erzählen. Ohne Geschichten hieß das Geschicklichkeitsspiel mit dem Ball *Probe*.

Gest Bier- und Backhefe, in Hamburg als Stadt der Brauer und Bäcker eine wichtige Zutat. Vgl. engl. *yeast* (Hefe) und hd. *Gischt* (Schaum).

gestovte Kantüffeln (Rahmkartoffeln) → *stoven*

Gesundheitsbier → *Ammenbeer*

Gewese (*Gewees*). 1. aufwendiges Tun, übertriebenes Gehabe; *dor maak man nich so 'n Gewees vun!* 2. Anwesen, Grundbesitz; *dat lütt Gewees an de Straat.*

Giftmischer Spottn. für den Apotheker.

Gig schlankes, schnelles Ruderboot für Wanderfahrten und zum Training, meist als Vierer mit Rollensitzen gebaut (engl.). Auf Großseglern ließ sich der Kapitän in einer besonders gepflegten *Gig* an Land rudern.

Gilde (*Gill, Gille*). Eine *Gilde* war der Zusammenschluss zur Verfolgung beruflicher, kirchlicher od. wohltätiger Zwecke[95], eine Gesellschaft od. → *Bruderschaft* bes. der Kaufleute und Handwerker, als *Schippergill* eine der

95 HWB 2/Sp. 334

Seefahrer. Als Versicherung gegen Feuer *(Füürgill)*, Hagelschlag, Sturm, Knochenbruch, Viehseuchen *(Swiensgill)* war sie auch bei den Bauern auf dem Lande verbreitet. Schon mnd. *gilde* (f.) genannt, und zwar *die* Gilde, während *dat gilde* (n.) die Gildeversammlung od. der Gildeschmaus war (mnd. *dat gilde denen* – den Schmaus für die Gilde ausrichten[96]). Früher scheint keine Gelegenheit ausgelassen worden zu sein, aus der Gemeinschaftskasse od. auf Kosten Einzelner (z. B. neuer →*Amtsmeister*), ausgiebig zu schmausen, zu trinken und zu feiern. Dieser Brauch hält sich zäh bis heute. Die Würde eines Schützenkönigs hat mancherorts den geehrten Schützenbruder so arm gemacht, dass er seinen guten Schuss bitter bereut hat, und selbst bei uns auf dem Dorf gehört ein deftiges →*Grünkohlessen* im Anschluss an die Jahreshauptversammlung der Freiwilligen Feuerwehr immer noch dazu, was die Erledigung der Tagesordnung vorweg übrigens erheblich beschleunigt. Bis heute tragen Schützenvereine den Gildenamen. Das kann man südlich der Elbe eindrucksvoll mit Schießen, Feiern und Marschieren an der *Harburger Schützengilde* studieren. In (Bad) Oldesloe heißt die entsprechende Vereinigung *Bürgerschützengilde von 1627*, wobei der Zusatz „Bürger" auf die Entwicklung aus einer gegen die Unterschicht abgegrenzten Bürgerwehr und die Gründungszeit 1627 auf den Dreißigjährigen Krieg hinweisen, als es galt, sich gemeinsam gegen entwurzelte Banden und marodierende Söldner zu wehren. Da das

---

96 Lübben S. 124

Sterben (zumindest für die Hinterbliebenen) schon immer teurer war als das Leben, existierten viele Sterbekassen *(Lieknaamsgillen)* als Gilde. Schon als Junge freute ich mich über den Namen *Hökertotengilde,* den (wiederum Oldesloer) Sterbeverein der →[1] *Höker,* der bis heute sein Gildetreffen am Dienstag nach Pfingsten amtlich bekannt macht, gemeinsam die Kasse zählt und sich pro Person ein Katenschinkenbrot mit Pfeffer, Gurke und Tomate gönnt.

gnurrsch Adj. mürrisch, nörgelig, ärgerlich.

Gnursch (*Gnusch, Gnuss*). Das *Gnursch* bedeutet Knorpel od. Sehnen, *gnurschich* (knorpelig); *dat gnurschich Fleesch; dat Fleesch is hart un gnurschich;* formelh.: *Gnusch un Gnasch* (kein schieres Stück; wenig dran; Knochen und Sehnen).

Gomorrha Sodom und *Gomorrha*[97] hießen zwei Städte im Alten Testament, auf die der Herr einen Regen aus Feuer und Schwefel niedergehen ließ, weil die Bewohner der Sünde anheimgefallen waren. Gott hätte sie verschont, wenn nur zehn Gerechte unten ihnen zu finden gewesen wären. Sie fanden sich nicht. Lediglich Lot, ein Neffe Abrahams, konnte mit seiner Familie Sodom im letzten Augenblick verlassen, aber als sich Lots Frau entgegen dem Gebot der Engel zum brennenden Inferno umdrehte, erstarrte sie zur Salzsäule[98]. *Gomorrha* war in Anlehnung

97 bibl. Gomorra
98 1. Mose 18 u. 19

an diese alttestamentarische Schilderung das damals in Hamburg noch nicht bekannte Codewort, das der britische Luftmarschall Arthur Harris (1892–1984) im Jahr 1943 einer beispiellosen Operation gab, die zum Ziel hatte, die zweitgrößte deutsche Stadt durch ein Flächenbombardement dem Erdboden gleichzumachen. Dabei wurde diesmal gar nicht erst nach Gerechten gesucht. In dem apokalyptischen Feuersturm starb Hamburg und starben mehr als 40 000 Hamburger Zivilisten. 900 000 wurden obdachlos. Die „Operation Gomorrha" vom 25. Juli bis zum 3. August 1943 war das Schlimmste, was eine Großstadt vor Hiroshima (6. August 1945) erleiden musste [99].

Goordampers sind Bratkartoffeln von rohen Kartoffeln, die, in dünne Scheiben geschnitten, mit Speck, Zwiebeln (od. besser Schalotten) in zugedeckter Pfanne auf kleiner Flamme 20 bis 45 Minuten im *Damp* (Dampf) *goor* (gar) gebraten werden. Man sollte sie dabei nicht zu häufig wenden und während der letzten fünf Minuten den Deckel von der Pfanne nehmen, um sie zu bräunen. Syn.: *Smuttkantüffeln.*

Graavfork Grabgabel, eine →*Forke* mit drei bis fünf Zinken und einem Griff am Stielende zum Graben.

Grabbel an de Wand hieß ein →[1] *Marmelspiel,* bei dem eine Kugel an eine Wand gelegt wurde. Wer sie mit einer anderen Marmel traf, bekam alle Marmeln, die nicht getroffen hatten. Syn.: *Tick an de Wand.*

---

99 vgl. Uwe Bahnsen/Kerstin von Stürmer: Die Stadt, die sterben sollte

Grabbelbüdel umschreibt einen Beutel od. eine kleinere Tasche, in der vor allem Frauen überwiegend unnützen *Grabbelkram* mit sich führten, in dem sie im Ernstfall hektisch →*grabbelten,* ohne das, was sie suchten, finden zu können. Wer einmal beobachtet hat, wie Frau Pumeier bei der Fahrscheinkontrolle in ihrer Handtasche herumwühlte, allerlei Müll wie Sicherheitsnadeln, Heftpflaster, Kleingeld, Rabattmarken, abgerissene Schnürsenkel und Bleistiftstummel auf dem Nebensitz ausbreitete und trotzdem ihr *Billjett* (Fahrkarte) nicht fand, der weiß endgültig, was ein *Grabbelbüdel* ist.

grabbeln greifen, mit den Fingern wühlen, suchend herumtasten. Subst. *Grabbel* (f.); *in de Grabbel kamen* (verloren gehen); *in de Grabbel smieten* (etw. in die Menge, bes. unter die bettelnden Kinder werfen – Richey: *wann man Kindern Pfenninge oder Nüsse hinwirfft, daß greiffen möge, wer kann*[100]). Brauchtum: Mit der Schulentlassung und Konfirmation endete die Kinderzeit unwiderruflich. Zum Zeichen des Abschieds wurden deshalb bei der Schulentlassung →[1]*Bontjes* und alle angesammelten →[1]*Marmeln,* mit denen man nun nicht mehr spielte, *in de Grabbel,* also unter die jüngeren Kinder, geworfen *(Konfirmannenbontjes, Grabbelbontjes)*. Ein Zollbeamter am Freihafen, der an den →[1]*Schauerleuten* und in deren →[1]*Zampelbüdels herumgrabbelte,* um Schmuggelware zu entdecken, wurde als *Grabbelviez* verspottet.
Vgl. →*Grabbelbüdel;* →*Grabbel an de Wand.*

100 Richey: Idioticon S. 79

grall →*krall*

Grandi seem. 1. Nichtseemann, Zivilist, Landratte. 2. Werftarbeiter.

Grappen (Plur.) Grillen, →*Flusen,* sonderbare, närrische od. spaßige Einfälle, Possen, Streiche; *nix as Grappen in 'n Kopp hebben* (nur dummes Zeug machen). Ein *Grappenbook* ist ein Witzbuch, ein *Grappenmaker* ein Possenreißer.

Graumann Hierbei handelt es sich um einen Handlanger im Hafen.

Gresen (Plur.) Grauen, Angstschauder; *se kriegt de Gresen; kole Gresen* (Schüttelfrost). Verb *gresen* (grausen, vor Angst od. Kälte schaudern). Von mnd. *grese* (Schauder, Grauen) [101]. Vgl. →*gresich.*

gresich (*gräsig*) Adj. 1. grässlich, grauenhaft, kalt; *'n gresigen Wind; dat weer slecht Wedder, düster un koolt un gresich.* 2. gewaltig, groß; *dat deit gresich weh.* Subst. →*Gresen.*

grienen schmunzeln, lächeln, still lachen; *se grient, as wenn ehr dat bannig veel Spaaß maakt.* Syn.: →*smuustern, smuustergrienen.*

gries heißt 1. grau, aber mehr als die einfache Farbbezeichnung enthält *gries* den Beigeschmack von Alter, Sorgen, Einfachheit und Armut; *de griese Hund* ist ein einsamer

101 Lübben S. 128

Wolf, *de griese Elv* muss früher schon ab und zu so ausgesehen haben wie das Elbwasser vor der Wiedervereinigung, *griese Arfen* sind die einfachen, grauen Felderbsen, *griese Sneehümpels* schmutzige Schneereste im Frühjahr, und *'n grieser Novemberdag* ist ein nebliger Tag im Spätherbst. Altersjahre sind *griese Johren,* eben *gries un grimmelich.* Opa wird zum *Grieskopp* (Graukopf, Greis) od. zum *Griesbaart* (Graubart, alter Mann). Ra.: *de Buur ward gries, aver nich wies* (alt, aber nicht weise, weil der Bauer das Wetter nicht beeinflussen kann). Übrigens: *'n groten Griesen* ist etwas Farbloses im kleinen Glas, nämlich ein doppelter Korn. 2. *gries* steht jedoch auch für gewitzt, durchtrieben, hinterlistig; *he dünkt sik gries; he is 'n ganzen Griesen* (ein großes Schlitzohr); *enen för 'n Griesen hebben* (jmd. zum Narren halten). Vgl. →*griesgrimmelich.*

Griesgraam Der Griesgram ist nur um drei Ecken mit dem Adj. →*gries* (grau) verwandt, der Begriff kommt vielmehr von *grisgramen* (mürrisch sein, mit den Zähnen knirschen) [102]. Ein mhd. *grisgram* war wörtl. ein mit den Zähnen Knirschender. Nur gut, dass so ein grämlicher Mensch nicht auf Hamburg beschränkt ist.

griesgrimmelich schmutzig grau, bedrückend, freudlos. Intensivbildung aus →*gries* (grau) und *grimmelich* (schmutzig); *griesgrimmelige Tieden* (freudlose Zeiten). Nicht zu verw. mit *griesgrammich* (griesgrämig).

---

102 Richey: Idioticon S. 81: *grysegrammen* (heimlich murren)

Griffelkasten Ein hölzerner, mit einem (meist klemmenden) Schiebedeckel versehener Behälter zur Aufbewahrung der *Griffel,* der Schreibstifte für die Schiefertafel – ein typisches Utensil für die Schulanfänger früherer Jahre.

Grillenscheucher Wer im übertr. Sinne Grillen fängt, der bläst Trübsal und hängt missmutigen Gedanken nach, wer Grillen im Kopf hat, der macht sich unnötige Sorgen, aber wer Grillen verscheucht, der schafft gute Laune und Zuversicht. Das erreichte der Heimatdichter *Daniel Bartels* mit seinen hamb. Gedichten, Texten und Parodien, die er unter dem Titel „Grillenscheucher" publizierte. Bartels wurde am 18. November 1818 in Lübeck geboren, arbeitete in Hamburg erst als Malermeister und dann ab 1854 als Bürochef eines Rechtsanwalts und starb hier am 13. Juni 1889. Der architektonisch bedeutende Daniel-Bartels-Hof (1928) am Alten Teichweg und der Daniel-Bartels-Weg (1933) in Horn tragen noch heute seinen Namen.

„Der Grillenscheucher" – eine Gedichtsammlung von Daniel Bartels, die die Grillen verscheuchen, also gute Laune schaffen soll.

Grimme, Adolf →*NWDR*

grimmeln Diesen Ausdruck benutzte Großmutter für einen Vorgang, den Michael Richey ausführlich beschrieb: *schmutzig werden, schimmeln, die Farbe verlieren. ingrimmelig: angelauffen, falbe*[103]*. ingrimmeln: wann der Schmutz schon fest sitzet, und die Farbe verschossen ist.*[104] Besonders die Wäsche konnte früher *grimmelich* (schmutzig grau) sein, als es noch keine dieser von strahlenden Hausfrauen in den Werbeblöcken des Fernsehens präsentierten Waschmittel gab, die die Stücke angeblich wie von allein nicht nur sauber, sondern rein und weiß machen. Auch der Hals bei *de lütt Deern* sah nach der Katzenwäsche *noch wat grimmelich ut.* Eine alte Frau, die ihren letzten Tagen entgegenging, schaute →*gries un grimmelich, se harr keen Farv mehr.*

grölen laut schreien, laut und hässlich singen, „mit der Stimme laut sein"; *de Dunen*[105] *gröölt op de Straat; sien Grölen kunn dat ganze Dörp hören.* Von mnd. *gralen* (lärmen) zu mnd. *gral* (Krach, lärmende Festlichkeit im Freien mit Spiel und Tanz)[106]. Vgl. →*bölken.*

grönen Aal Frische, noch nicht verarbeitete Exemplare werden grüner Aal *(gröön Aal)* genannt. Ruf der Fischhändler in den Straßen: *wöllt ji gröne Aal?* Echo der

103 falb: ein fahles Gelb aufweisend
104 Richey: Idioticon S. 80
105 die Betrunkenen
106 Lübben S. 129 f.

Straßenjungen: *de Trepp hendal!* Früher war *grönen Aal* ein weit verbreitetes Hamburger Gericht, als die Elbfischer die lebenden Aale zahlreich auf den Märkten der Stadt anboten. Dafür gibt es mehrere Rezepte, zum Beispiel: Leicht gesalzenes Wasser mit trockenem Weißwein, Lorbeerblatt, Pfefferkörnern, Zitronenscheibe und einer klein geschnittenen Zwiebel kräftig durchkochen, den Aal abziehen und, in vier Zentimeter lange Stücke geschnitten, 15 Minuten in dem Sud garen lassen. Herausnehmen, warm stellen, die Flüssigkeit mit Sahne und Eigelb legieren, mit Stärke binden und mit reichlich frischen Dillspitzen noch einmal auf- und einkochen, mit Salz, Pfeffer und Zitronensaft abschmecken und über die Aalstücke geben. Dazu reicht man Salzkartoffeln und Gurkensalat.

Gröner Heini → *Birnen, Bohnen, Speck*

LESERBRIEF

He gröönt dörch

„Sprechen Sie Hamburgisch?“ ist für mich so etwas von wunderbar, denn mir kam meine Kindheit wieder in Erinnerung. Und mit dem Platt und Hamburgisch verbinden sich gute Erinnerungen, weil es zwischen Großeltern od. Eltern und uns nur gesprochen wurde, als der Krieg und die schlimmste Zeit vorbei waren und wir wieder Muße hatten, uns miteinander zu beschäftigen. Mir fiel noch folgende Redensart ein: *he gröönt wedder dörch* (wenn es jemandem nach einer Krankheit wieder besser geht, wenn er übertr. wie ein verdorrter Baum wieder grüne Triebe zeigt).

Waltraud Langer, Wedel

Der Hopfenmarkt und die alte Nikolaikirche beim großen Hamburger Brand im Mai 1842. Die Kirche war nicht zu retten und brannte nieder. Sie wurde mit dem dritthöchsten deutschen Steinkirchturm wieder aufgebaut.

Großer Brand In der Nacht zum 5. Mai 1842 entwickelte sich ein Speicherbrand in der Deichstraße 38 zur schlimmsten Feuerkatastrophe, die Hamburg vor der Operation → *Gomorrha* (1943) erlebt hat. Die Flammen fraßen sich in der eng bebauten Stadt, begünstigt durch vorangegangene Trockenheit und ungünstige Winde, durch das alte Hamburg, bis sie am 8. Mai nach 83 Stunden an den Wallanlagen zum Erlöschen kamen. Die Straße an dieser Stelle heißt deshalb seit 1843 *Brandsende*. Man hatte versucht, durch die Sprengung des alten Rathauses an der Trostbrücke eine Schneise zu schaffen, konnte den Feuersturm dadurch jedoch nicht stoppen. Der *Große Brand* forderte 51 Tote und 130 Verletzte. 1750 Häuser wurden zerstört, 20000 Menschen waren obdachlos. Die für den 7. Mai 1842 geplante feierliche Eröffnung der ersten →*Eisenbahn* nach Bergedorf fiel aus. Statt der Ehrengäste mussten Flüchtlinge transportiert werden.

Groth, Klaus →*Quickborn*

Grünkohl (*Gröönkohl*). Der *Grünkohl* gehört zu Norddeutschland, und es interessiert uns im Norden überhaupt nicht, wenn Leute südlich des Mains uns deshalb unterstellen, in unseren Essgewohnheiten noch nicht über die Zeit der Landsknechte und Fuhrleute hinausgekommen zu sein. Grünkohl ist ein deftiges Gericht im kalten Winter. Vor dem Ernten muss er Frost bekommen haben, um einen leicht süßlichen Geschmack anzunehmen. Er wird je nach Region anders zubereitet, in Holstein anders als in Bremen, in Bremen anders als in Oldenburg, und er darf um Himmels willen nicht mit den wässrigen Fladen verwechselt werden, die unwissende Kantinenköche offensichtlich nach dem Rezept von gehacktem Spinat gekocht und das Ganze dann als Grünkohl und Delikatesse angepriesen haben. In Hamburg wurde er früher mit *Swienskopp un söte Röstkantüffeln* gegessen, vor allem als →*Fastnachtsgericht; wer den Gröönkohl nich mag, kriegt ook nicks vun 'n Swienskopp af!*, hieß es. Bei der Holsteiner Version, die sich hier durchgesetzt hat, streift man den Grünkohl nur grob von den Stielen ab und lässt ihn „lang". In einem großen Topf wird eine gehackte Zwiebel in Schweine- od. Gänseschmalz angeschwitzt und darin der Grünkohl angeschmort, bevor er, mit Brühe aufgegossen, zusammen mit einer großen geräucherten Schweinebacke wenigstens zwei Stunden kochen muss. Dazu kommt ein Kilo Kasseler od. noch besser Nackenkasseler im Stück. Man legt Kohlwürste auf den Kohl, die man zum Schluss im Topf anstechen sollte, damit sie beim Anschneiden am Tisch ihr Fett nicht in einer Fontäne über den Tellerrand sprühen. Der Grünkohl muss glänzen, darf aber nicht schwimmen. Er wird vor dem Servieren auf einer Schaumkelle ausgedrückt. Dazu reicht man „süße Kartoffeln“, das sind kleine gepellte Kartoffeln, die in der Pfanne in Fett goldbraun gebraten, mit Zucker bestreut und karamellisiert werden. Es gibt Gäste, die schlägt allein der Ausdruck „süße“ Kartoffeln in die Flucht, aber glauben Sie mir: Wer einmal in Hamburg od. im Umland Grünkohl so gegessen hat, wie Grünkohl sein sollte, der wird sein Leben lang nicht mehr vom Grünkohl lassen.

Grützwurst → *Himmel und Erde*

Gummel steht für eine bes. große und nicht gerade schöne Nase; *de hett 'n bannigen Gummel.*

gute Stube Wohnzimmer, das nur bei besonderen Gelegenheiten od. am Sonntag benutzt wurde, angeblich „bessere Möbel“ enthielt, die aber teilweise ererbt und somit eine Ausgeburt von Ungemütlichkeit waren. Vgl. → *Stuuv;* → *Döns;* → *Pesel* [2].

Haas [spr.: ho:s] ist der Hase und braucht hier nicht näher erklärt zu werden; *lopen as 'n Haas* (schnell weglaufen); *weten, wo de Haas löppt* (Bescheid wissen); *dor leggt de Haas in' n Peper* (das ist die Ursache des Problems). Der Hase war Namensgeber für allerlei Sinnübertragungen. 1. Wenn Großmutter einen *Falschen Hasen* servierte, handelte es sich nicht etwa um einen Hasenbraten, sondern um einen mit altem Weißbrot od. →¹ *Rundstücken* vom Vortag gestreckten Hackbraten. 2. Ein *Hasenfoot* ist ein ängstlicher Mensch, eben ein Hasenfuß. 3. *Hasenpeper* (Hasenpfeffer) bezeichnet ein Fleischgericht, bei dem Innereien des Hasen in Sauer und mit viel Pfeffer gekocht werden. 3. Ein *Hasennicker* ist ein kurzer, unruhiger Schlaf, aus dem man so leicht hochschreckt wie ein Hase, der ja angeblich mit *Hasenogen,* mit offenen Augen, schläft. 4. Eine *Hasenscharte*[107], eine gespaltene Oberlippe, heißt hamb. *Hasenlipp.* 5. *Hasensocken* sind kurze Strümpfe (→ *Strumpfsocken*), und ein *Hasenkeerl* ist der Hausierer, der sie verkauft. Richey: *up Hasen-Sökken gahn: auf den blossen Strümpffen, ohne Schue oder Pantoffeln gehen*[108]. Vgl. → *Hasenbrot;* →¹ *Hasenmoor.*

Hacke Die *Hack* in der Bedeutung „Hacke, Ferse" hatte einige schöne Komposita: *Hackenafdreiher* (Marmelloch, mit

107 „Hasenscharte" wird von den Betroffenen heutzutage als abwertend empfunden und soll im Sinne der Pol. Corr. durch „Lippenspalte" ersetzt werden.

108 Richey: Idioticon S. 89

dem Absatz in die Erde gedreht); *Hackenpietscher* („Hackenpeitscher“, Gehrock mit langen Schößen); *Hackendeef* („Hackendieb“, Loch in der Strumpfferse); *Hackenpedder* (kleines Kind, das ständig an den Füßen der Mutter klebt); *Hackenputzer* (Lakai, Offiziersbursche) od. *Hackenbieter* („Fersenbeißer“, kleiner, heimtückischer Hund).

hacker! * (Interj.) Warnruf beim Glitschen od. Rodeln, lautm. von *hackern* (dem Vordermann beim Glitschen in die Hacken fahren); *hacker de Glitsch!* (Platz frei auf der Glitsche). 1. Das Verb *hackern* weist auf das Subst. *Hack* (Hacke) hin. Beim Kinderspiel *Hack op Hack* ging es darum, in dichter Folge auf Eis od. Schnee zu glitschen. 2. *hackern* kann auch bedeuten, auf einem Fuß od. Schlittschuh zu gleiten und sich mit der Hacke des anderen Fußes abzustoßen. Vgl. →[1] *Glitsche;* →[1] *Hengilidoor!*

hackern (glitschen) → *hacker!*

Hafentaxe war die Umschreibung für den Rettungswagen. Das ging so: Zu Beginn der Schicht leicht mit dem Hammer auf den Daumen hauen, Schwerverletzten markieren, ab ins Hafenkrankenhaus, vorher reichlich unverzollten Schnaps und Zigaretten im →[1] *Zampelbüdel* bunkern – und dann mit Blaulicht unkontrolliert durch den Zoll. Die Schicht wurde selbstverständlich bezahlt. Eine solche nicht gerade vorbildliche Arbeitsmoral soll bei unständigen[109] Hafenarbeitern häufiger zu beobachten gewesen sein[110].

109 nicht fest angestellten
110 lt. Jan Kömm

Hagebutte ist die Frucht der Heckenrose, hamb. auch *Hunnenbeer* genannt. Die vitaminreichen Früchte, die im Winter auch eine wertvolle Nahrung für die Standvögel bilden, waren ein wichtiger Bestandteil für Großmutters Hausmittelchen und sind noch heute Grundlage für überteuerte Früchtetees aus dem Reformhaus. So ein Aufguss schmeckt abschreckend. Großvater bekam ihn gegen seine Arthrose (kann sogar gewirkt haben). Wir Kinder hatten etwas anderes vor und pulten die widerhakenbestückten Samenkerne aus dem Inneren der Frucht, trockneten sie und bekamen ein äußerst wirkungsvolles Juckpulver. In der Grundschule war es für uns Jungen ein schlimmer Pausenspaß, uns den Mädchen auf dem Schulhof von hinten zu nähern, die geflochtenen Zöpfe hochzuhalten und schnell das Juckpulver in den Kragen zu schütten. Die Mädchen heulten und zeterten, die Jungen lachten, und die aufsichtsführende Lehrerin im langen Rock mit schwarzen Schnürstiefeln, grauem Haarknoten und Nickelbrille kam drohend und schimpfend angehumpelt, sodass es angezeigt schien, schnell in der Knabentoilette zu verschwinden.

Hagen eingefriedeter, umhegter Ort. Die *Hagenau* in Eilbek od. der *Hagendeel* in Lokstedt haben also nichts mit dem Bösewicht aus dem Nibelungenlied zu tun, sondern beziehen sich auf eine früher abgetrennte Fläche.

Hagenbeck [spr.: hagenbe:k]. Hagenbeck ist in Hamburg kein Name, Hagenbeck ist eine Institution. Wenn die Hamburger sagen od. singen: *Geh'n wir mal zu Hagenbeck*[111], so

---

111 Text und Melodie in Wiegandt: Hamburger Liederbuch, Bd. 1, S. 75 f.

Gruppenfoto der Honoratioren und Ehrengäste bei der feierlichen Eröffnung von Hagenbecks Tierpark am 7. Mai 1907 in Stellingen.

kündigen sie einen Besuch im Tierpark an. Der einzige in Privatbesitz befindliche Großzoo Deutschlands, den Carl Hagenbeck (1844–1913) am 7. Mai 1907 im damals noch preußischen Stellingen eröffnete, wird heute in sechster Generation von der Familie Hagenbeck geführt. Auf einem 27 Hektar großen Gelände präsentiert der Tierpark rund 1850 Tiere größtenteils in Freigehegen und noch einmal ca. 14 300 Tiere im Tropen-Aquarium. Das Ganze begann 1848 mit dem Vater *Gottfried* Claes Carl Hagenbeck (1810–1887), einem Fischhändler auf St. Pauli, dem Fischer sechs Seehunde überlassen hatten, die er in einem Bottich gegen Geld zur Besichtigung feilbot. Daraus entwickelte sich eine →*Menagerie* am Spielbudenplatz 19 samt Tierhandel und 1863 die Firma *Carl Hagenbeck's Handels-Menagerie,* die sein ältester Sohn *Carl* Gottfried Wilhelm Heinrich Hagenbeck 1866 übernahm und zur größten Tierhandlung der Welt ausbaute. Er eröffnete ein größeres Geschäft am Pferdemarkt 13 und nannte es bereits *Hagenbeck's Thierpark*. Seit 1875 veranstalte er Völkerschauen. 1887 kam ein Zirkus dazu. 1896 ließ er sich eine gitterlose Zooanlage patentieren, in der die Tiere in einer weitgehend artgerechten Umgebung, von den Besuchern durch Gräben getrennt, gezeigt werden konnten. Nach diesem Konzept baute er seinen Tierpark in Stellingen, der 1907 mit Freigehegen und künstlichen Felsen eine Weltsensation darstellte. Auch Kaiser Wilhelm II. kam zu Besuch. Der *Zoologische Garten Hamburg* bestand unabhängig von Hagenbeck von 1863 bis 1930 auf dem jetzigen Gelände von →*Planten un Blomen.*

Hahnrei Das ndd. Wort *Hahnrei* bezeichnete urspr. einen kastrierten Hahn (→ *Kapuun*), dem man die Sporen abgeschnitten und in den Kamm eingepflanzt hatte, wo sie wie Hörner festwuchsen. Das verlockte dazu, einen Ehemann, der keinen Geschlechtsverkehr mit seiner Frau hatte oder haben konnte, weil er wie der beschnittene Hahn impotent war, ebenfalls als Hahnrei zu verspotten. Wenn die Frau ihm dann „Hörner aufsetzte" wie dem Kapaun, ihn also betrog, war der Ärmste ein *Hahnrei*, ein „gehörnter" Ehemann. In den Vierlanden sang man bei der Feldarbeit: *Dat weet ein jeder ganz gewiss,/ dat mien Mann Hahnrei worden is,/ dat freuet mi vun Harten./ Juchhei, Hahnrei, Höhnerdreger,/ Schornsteinfeger wirst du kriegen/ und musst fremde Kinder wiegen*[112].

Hahnrieder „Hahnreiter". Es sind häufig die niveaulosesten Darbietungen, die im Gedächtnis bleiben und zum geflügelten Wort werden – nicht nur heute im Fernsehen, sondern auch damals am Spielbudenplatz. Bei → *Mattler* im Marionettentheater war einmal sein Ausrufer *Jakob Meier Abraham* (1783–1851), auch *Jakob Pijatz* (Possenreißer) genannt, auf einem Automaten geritten, der einen Hahn darstellen sollte. Ganz Hamburg sprach daraufhin jahrzehntelang von *Mattler sien Hahnrieder* und übertrug diese Bezeichnung sogar auf Mattlers Nachfolger, den Herrn Direktor → *Dannenberg*, obwohl der nie etwas mit Hühnern und Hähnen zu schaffen gehabt hatte, sondern meistens im Ritterkostüm herumlief[113]. Vgl. → *Pajatz*.

112 HWB 2/Sp. 455 f.

113 Kopal: Mattler sin Hahnrieder S. 41 ff.

Hahntrapp So kurz der *Hahntrapp* zwischen →*Hopfenmarkt* und →[1] *Großem Burstah* (Altstadt) ist, der 1372 zuerst als *Nicolai-Stegel* (Zugang) erwähnt wurde, so lang ist die Liste der Erklärungsversuche seines Namens. Der Volksmund macht es sich am einfachsten: Die Gasse sei so kurz wie der *Trapp* (Tritt) eines Hahns. Da auch die Bezeichnung *Hanenspar* überliefert ist, meinen einige, der Name deute auf die Spuren *(spar/spor)* hin, die das Federvieh an Markttagen hinterlassen habe, weil die *Höhnerplückers* (Geflügelhändler) dort ihre Stände hatten. Von einer hohen Treppe zum →[1] *Burstah* (*han* – hoch; vgl. *Hannover* – „hohes Ufer") über *by de Handdrapers* (holl. Tuchmacher) bis zum Weg zum →*Hagen* (Nikolaifriedhof; mhd. *hagen* – eingefriedeter, umhegter Ort) gibt es weitere Deutungen.

halven Slach (umgekrempelte Hose) →*Slach*

Hamburger Abendblatt →*Abendblatt*

Hamburger Anzeiger →*Anzeiger*

Hamburger Fremdenblatt →*Fremdenblatt*

Hamburger Sie →*Du*

Hamburger Speck ist ein bei Kindern und auf dem →*Dom* beliebtes Schaumnaschwerk aus Zucker in den Landesfarben Rot und Weiß. Es heißt so, weil es in der Schichtung Rot-Weiß-Rot an durchwachsenen Speck erinnert. Sollten Ihnen einmal Stücke begegnen, bei denen die Farbe Rot durch Grün ersetzt worden ist, so handelt es sich um *Helgoländer Speck*.

Hamburger Tageblatt Das NS-Kampforgan *Hamburger Tageblatt* erschien zuerst am 1. Januar 1931. Es entstand aus der Fusion der entsprechend eingefärbten Zeitungen „Hamburger Volksblatt“ und „Hansische Warte“. Das Tageblatt-Motto: „Den Staat zerstört man nicht, man erobert ihn.“ Als die Nationalsozialisten bald danach tatsächlich die Macht im Staat ergriffen hatten, wurde aus dem Kampfblatt ein Gaublatt. Für wie wichtig im „Dritten Reich“ solche Zeitungen von den braunen Machthabern angesehen wurden, zeigt die Teilnahme von Reichspropagandaminister Joseph Goebbels an der Grundsteinlegung des *Pressehauses* am Speersort am 22. Oktober 1938: „Die Presse ist die geistige Waffe im Kampf um Deutschlands Weltgeltung.“ Das Pressehaus konnte am 1. Juli 1939 bezogen werden. Im August 1944 musste das Tageblatt mit den verbliebenen Zeitungen →*Fremdenblatt* und →*Anzeiger* eine Kriegsarbeitsgemeinschaft bilden. Vom 1. September 1944 bis zum 30. April 1945 erschienen sie gemeinsam unter dem Titel →*Hamburger Zeitung*. Nach dem Krieg wickelte die britische Besatzungsmacht das Tageblatt ab.

Hamburger Tee Wer sich unter dieser Bezeichnung etwas Besonderes vorstellte und eine spezielle Mischung erwartete, die der Teekoster in der alten Speicherstadt zusammengestellt hatte, konnte böse hereinfallen: *Hamburger Tee* war ein Abführmittel. Danach bekam man die *Schieteree* (Durchfall).

Hamburger Zeitung Die *Hamburger Zeitung* erschien vom 1. September 1944 bis zum 30. April 1945 als Kriegsarbeitsgemeinschaft der drei verbliebenen Titel → *Hamburger Tageblatt,* → *Hamburger Fremdenblatt* und → *Hamburger Anzeiger.*

Hamen Der *Hamen* war die Nachgeburt bei Kühen und Pferden. Abergl.: Der Hamen wurde in einen Baum gehängt, auf dass das Kalb od. das Fohlen gut gedeihe. Bei Pferden sollte dieser Brauch auch bewirken, dass das Fohlen lange Läufe bekommt und den Kopf hübsch hoch trägt. Es soll auch vorgekommen sein, dass der Bauer, wenn er sich verletzt hatte, etwas von der Nachgeburt auf seine Wunde legte [114].

Hamlet Diese Figur von Shakespeare hatten die alten Hamburger zwar nicht von Maximilian Schell verkörpert im Schauspielhaus gesehen, aber wahrscheinlich als Marionettenspiel bei → *Mattler* am Spielbudenplatz. Dabei beeindruckte die große Zahl der „tot“ ausscheidenden Puppen sowie die beklagenswerte Gestalt des Dänenprinzen; *utsehn as Hamlet* (bleich, krank, elend aussehen).

Hammer-Hü hieß das *Fastelavendlopen* zu → *Fastnacht* in einigen Teilen der Vierlande, bei dem die Kinder mit einem Holzhammer *(Hamer),* den ihr Vater ihnen aus zwei Holzstückchen gebastelt hatte, an die Türen der Häuser klopften und um kleine Gaben wie →[1] *Snoopkram* baten.

---

114 HWB 2/Sp. 489

Die Größeren untermalten ihren Auftritt mit dem Gebrumm eines →[1] *Rummelpotts.* Dabei sangen sie zum Beispiel: *Hamer, Hamer, heda,/ Hamer, Hamer, Fastelavend!/ Geevt de lütten Kinner wat,/ giff mi ook wat./ Laat mi nich so lang stahn,/ ik mutt noch een Huus wieder gahn.* Ernst Finder (1885–1940) beschreibt den Brauch: „Die ganze Fastnachtswoche zogen Vierländer Kinder in Trupps von zehn und mehr, von den kaum gehfähigen bis zu den konfirmationspflichtigen, und nicht nur die der minderbemittelten Eltern, mit Hammer oder Rummelpott ausgestattet, durch das Land. Am Montag wurde Bergedorf, am Dienstag Neuengamme, am Mittwoch Curslack und Altengamme, am Donnerstag Kirchwerder-Norderseite und am Freitag Kirchwerder-Süderseite besucht. Einzelne dehnten ihre Rummelgänge auch auf die Winsener Marsch aus.“ [115]

Hammonia ist die Hamburger „Stadtmutter“ und Schutzpatronin, eine ganz und gar weltliche und überaus friedliche Person, die meist mit Merkurstab, Mauerkrone und Freiheitshut auf der Stange abgebildet wird. Da es sich um keine historische, sondern um eine allegorische Figur handelt, waren der Fantasie wilhelminischer Bildhauer keine Grenzen gesetzt. Manchmal fragt man sich bei der Betrachtung solcher Statuen, ob sie nun *Hammonia* oder doch Germania, Genovefa oder Elsa von Brabant darstellen sollen. Vgl. → *Hammonia-Lied.*

---

115 Ernst Finder: Fastnachtsbräuche in Vierlanden. In: De Latücht. Zeitschrift des Vierländer Kultur- und Heimatvereins. Nr. 67 (März 2007) S. 13 f. (→[1] *Schreibweisen* im Zitat angeglichen)

Hammonia-Lied heißt die inoffizielle „Nationalhymne" Hamburgs, benannt nach der Schutzpatronin →*Hammonia.* Sie wurde am 19. April 1828 beim Stiftungsfest der Liedertafel uraufgeführt und zur 300-Jahr-Feier der Reformation am 29. September 1828 als Schluss eines Schauspiels im Stadt-Theater einem größeren Publikum vorgestellt. Die Melodie stammt vom Hamburger Komponisten Albert Methfessel (1785–1869). Der Text umfasste ursprünglich sieben Strophen und musste im Laufe der Jahre mehrmals redigiert und gekürzt werden. Bei den heutigen vier Strophen schaffen es die meisten Hamburger allerdings nur bis zur Eingangszeile „Stadt Hamburg an der Elbe Auen". Das macht aber nichts. Wenn das Polizeiorchester am Neujahrsmorgen auf dem Rathausmarkt laut und würdig die Hymne anstimmt, kommt es auf den Text nun auch nicht mehr an, zumal es sich dabei um alles andere als um ein sprachliches Kunstwerk handelt: *Stadt Hamburg an der Elbe Auen,/ wie bist du stattlich anzuschauen/ mit deiner Türme Hochgestalt/ und deiner Schiffe Mastenwald./ Heil über dir! Heil über dir/ Hammonia, Hammonia!/ O, wie so herrlich stehst du da!*[116]

Handsteinperle ist kein eingetragenes Warenzeichen, sondern steht spöttisch für das „Mineralwasser des kleines Mannes", das man aus dem Ausguss mit Wasserhahn, dem →[1]*Handstein,* ins Glas laufen ließ. Um es noch einmal ganz deutlich zu sagen: Es handelt sich schlicht um Leitungswasser.

116 vgl. Wiegandt: Hamburger Liederbuch, Bd. 2, S. 161

Hangelbangelkram sagt man zu einer Sache, die nichts Halbes und nichts Ganzes ist.

Hannemann 1. In Hamburg Spottn. für einen od. für alle Dänen, ansonsten 2. der Kosename von *Johannes; kiek, dor kümmt Herr Hannemann!; Hannemann, gah du voran! Du hest de gröttsten Steveln an!*[117]

Hanse Das Attribut „Freie" hat Hamburg zeitweise verloren (etwa von 1937 bis 1952), aber die Bezeichnung „Hansestadt" führt die Stadt unverrückbar im Namen und sogar im Autokennzeichen. Die *Hanse* war bekanntlich ein Kaufmanns- und Städtebund im späten Mittelalter, dessen Bedeutung zurückging, als die Ost- und Nordsee nach der Entdeckung neuer Erdteile zu Randmeeren wurden. Zur Blütezeit galt →*Lübeck* als „Vorort" der nur locker verbundenen Städte. Auch Hamburg spielte während der Spätzeit eine wichtige Rolle. Sein Hauptexportartikel war das →*Bier.* Ein hansischer Spruch charakterisiert die Zuteilung: *Lübeck ein Kaufhaus,/ Lüneburg ein Salzhaus,/ Danzig ein Kornhaus,/ Köln ein Weinhaus,/ Hamburg ein Bierhaus.* Als die Hanse verfiel, wurde Hamburg 1629 zusammen mit Lübeck und →[1]*Bremen* von den verbliebenen Hansestädten beauftragt, die letzten gemeinsamen Interessen wahrzunehmen (heute würde man so etwas als

---

117 Bei dieser Redensart handelt es sich offensichtlich um die hamburgische Adaption des Schwanks von den „Sieben Schwaben", in dem der kleine Hannemann angesichts eines „furchterregenden" Tieres nach vorn geschickt wird. Das angeblich gefährliche Tier war übrigens nur ein harmloser Hase.

Insolvenzverwaltung bezeichnen). Der letzte historische Hansetag fand 1669 in Lübeck statt, obwohl die Hanse offiziell nie aufgelöst worden ist. Hamburg konnte danach im Gegensatz zu Lübeck seine Position als führende Handelsstadt behaupten und zum „Tor der Welt" ausbauen[118].

LESERBRIEF

Harburg oder Hamburg?

Sehr geehrte Damen und Herren, beim „in die Stadt fahren" ist mir eingefallen, dass die meisten Harburger *nach Hamburg* fahren, wenn sie die Hamburger Innenstadt meinen. Wenn sie in die Stadt fahren, meinen sie die Harburger Innenstadt. Ich glaube, das stammt noch aus der Zeit vor der „Eingemeindung" von Harburg vor über sieben Jahrzehnten. Mit freundlichen Grüßen

Karl Scholle, Hamburg-Harburg

Anm.: Offenbar fühlen sich viele Harburger auch heute noch durch das →[1] *Groß-Hamburg-Gesetz* von 1937 zwangseingemeindet. Manche Fahrgäste räumen erst nach Passieren der Elbbrücken Richtung Norden ein, in Hamburg zu sein, manche warten damit sogar, bis die S 3 die Spaldingstraße überquert und zum Hauptbahnhof einbiegt … Vgl. → *Über die Brücken* S. 396

Hasenbrot Frühstücksbrote, die Vater von der Schicht (nicht nur in Hamburg, aber gerade im Hamburg der Hafen- und Werftarbeiter) oder Klein Bubi von der Schule

---

118 vgl. Hamburg-Lexikon S. 223

wieder mit nach Hause brachte – die geklappten Schnitten nicht mehr frisch, angetrocknet oder, falls die flache Brotdose aus Blech auch noch in der Sonne gelegen hatte, warm und →[1] *durchgesapst*. Die Kinder, damals bekanntlich keineswegs verwöhnt und permanent hungrig, hofften auf einen Extrahappen und empfingen den heimkehrenden Vater: *Vadder, hest Hasenbroot?* Was hat altes Brot nun mit dem Hasen zu tun? Das ist ungeklärt. Eventuell versuchte man Mutter, die die Schnitten morgens mit wenig Zutaten, aber viel Liebe geschmiert hatte und die nun ihre Mühe nicht gewürdigt sah, mit dem Scherz abzulenken, man habe das Brot nicht essen können, weil ein Hase daran geleckt oder genascht habe. August Heinrich Hoffmann von Fallersleben (1798–1874), der Texter des → *Deutschlandliedes*, schrieb das Gedicht „Hasenbrot", das von einem Vater handelt, der in die Stadt geht und der, obwohl er kein Geld hat, seinen Kindern etwas mitbringen will: *Er bringt mir immer Etwas,/ Sollt's trocken Brot auch sein./ Das trockne Brot, das schmeckt gar gut,/ Denn wie mein Vater sagt,/ So hat er's auf dem Felde/ Dem Hasen abgejagt.* Eventuell hat der Vater dem Hasen Salz auf den Schwanz gestreut …

Hasenklever Sauerklee, lat. *Oxalis acetosella; hamb.* fälschlich auch als *Hasenklee* bezeichnet. Syn.: *Suurklever.*

Hassel (*Hasselbusch*). Botan. Hasel, Haselstrauch. Erw.: *Hasselnutt* (Haselnuss). Straßenn.: *Hasselbrookstraße* in Eilbek (1866, Flurname: mit Haselbüschen bewachsene Niederung); *Hasselwisch* in Wohldorf-Ohlstedt (1929, „Haselnusswiese"). Syn.: *Klöterbusch* („Klapperstrauch"), *Nöötboom* (Nussbaum).

Hechtsuppe Nicht nur in Hamburg *zieht es wie Hechtsuppe,* wenn es hier wegen der windigen norddeutschen Witterung auch häufiger ziehen mag als anderswo. Und mit einem Fischgericht hat das Ganze erst recht nichts zu tun, zumal der Hecht als Edelfisch für eine banale Suppe eigentlich zu schade wäre. Die Leseranfrage, ob dieser Ausdruck hamburgisch sei, kann mit einem klaren Nein beantwortet werden: Er ist berlin. mit rotw. Herkunft und offenbart sich als sinnlose Eindeutschung des jidd. *hech supha* („wie Sturmwind") [119].

Heck [1] (Plur. *Hecken*) n., 1. Pforte zur Weide od. zum Hofplatz; Syn.: → *Schütt* [2]. 2. Umzäunung, meist aus Latten.

Heck [2] (Plur. *Hecks*) n., der hinterste Teil des Schiffes.

Heck [3] (Plur. *Hecken*) f., die Hecke als „lebender Zaun". Syn.: *Heckentuun; 'n Heckentuun vun Hagebutten* (Wildrosenhecke).

heel 1. Adj. heil, unbeschädigt; *mit hele Huut dor vun afkamen* (etwas unbeschädigt überstehen); *wat heel maken* (reparieren). Sprichw.: *wenn 't Hart man goot is un*

119 Wolf: Rotwelsch S. 134

de Steveln man heel, denn kann 't an nix fehlen. 2. Adv. ganz, sehr; *heel un deel* (ganz und gar); *de Kark weer heel ganz mit afbrennt; se is heel krank* (sehr krank*); wi harrn dat heel hild* (sehr eilig); *se is mi heel gewogen* (sie liebt mich innig) [120].

Heia Kinderspr. für Wiege od. Bett, ahmt die sinnfreie Lautmalerei in Wiegenliedern wie *Eia popeia* nach; *Heia machen* (schlafen gehen). Schon als Zweijähriger fand ich es ziemlich albern, wenn meine Mutter abends verkündete: „Peter muss jetzt Pipi machen und dann *Heia* machen." Ich hielt weder die Sprache noch die Ankündigung für angemessen und krabbelte unters Sofa. Mutter zog mich sanft am Fuß wieder hervor.

Heid (Plur. *Heiden*) h.: die Heide, eine unbebaute, unfruchtbare, meist mit Heidekraut *(Erica)* bewachsene Fläche. Ein Bewohner dieser kargen Gegend hieß *Heidjer.* Aus Hamburger Sicht häufig eingegrenzt auf die Lüneburger Heide: *de Heiden von Lünborg bet Bremervör* (Gorch Fock) [121]. Raa.: *dat de Heid wackelt* (sich wild gebärden); *över de Heid gahn* (durchgehen); *över Heid un Weid lopen* (weite Wege zurücklegen). Vgl. → *Heidsnuckenlüüd.*

Heidenkampswech Straßenn. Heidenkampsweg in Hammerbrook und Rothenburgsort, früher von den Kindern viel als Abzählvers beim → *Afmelen* gebraucht: *Hei-den-kamps-wech* (*wech* gleich *weg*). Übrigens hat der *Heidenkamps-*

---

120 HWB 2/Sp. 557 ff.

121 nach: HWB 2/Sp. 565

weg nichts mit der Heide zu tun, sondern wurde um 1775 nach dem Gehöft des Johann Hinrich Heidenkamp so benannt[122].

Heidschnucken (Plur.) sind eine höchst genügsame Schafsrasse, die in der Lüneburger od. Fischbeker Heide anzutreffen ist und heute vor allem der Landschaftspflege od. als nostalgisches Fotomotiv für den Tourismus dient.

Gerade für Großstädter symbolisiert eine wandernde Schafherde einen letzten Rest von Nomadentum und Freiheit in der Natur. Den Ausflüglern wird gern erzählt, die *Heidschnucke* sei ein Schaf, das am Heidekraut *schnuckt* (nascht; nordd. nicht gebr. *schnucken* – lecken, Naschwerk verzehren, schnalzen mit der Zunge), aber es gehört schon viel Fantasie dazu, das harte Gestrüpp als Naschwerk zu bezeichnen. Eher von ndd. →*snucken* (schluchzen, Laut geben) – also wäre eine Heidschnucke eine →*Snuck* (Schnucke), die auf der Heide (vor Hunger) blökt[123]. Vgl. →*Heidsnuckenlüüd.*

Heidsnuckenlüüd (Plur.) war der verächtliche Ausdruck für das einfache, grobe Volk, wenn es sich aus der →*Heide* in die Hamburger Region traute, bezogen auf die ganz armen Bauern, die sich von der Zucht der →*Heidschnucken* kärglich ernähren mussten und von dem Wohlstand in den Marschgebieten nur träumen konnten.

---

122 Beckershaus: Straßennamen S. 149
123 Kluge S. 364

Heißwecke Wenn ein Bäckermeister in einem abgelegenen Stadtteil heutzutage seine nostalgische halbe Stunde hat, bietet er schon mal „Heißwecken“ an, aber was er liefert, sind meistens einfache Rosinenbrötchen. Alte Hamburger wissen es besser: Ein *Heetweck* (Plur. *Heetwecken*) war ein oft nicht ganz gar gebackenes kleines, rundes Brötchen aus Weizenmehl unter bevorzugter Beimengung von Kardamom[124], → *Kaneel*, Korinthen (vgl. → *Krinten*) od. Rosinen[125]. Je nach Zubereitung und Aussehen unterschied man *Botter-, Broot-, Rundstück-, Zuckerheetweck, Büchsenknoop,* → *Ossenoog* od. *Timpenstuten*. Damit die „Heiß“wecken warm blieben, deckte man sie mit einem Kissen zu. Wer am Fastnachtsmorgen als Letzter aus den Federn kam und sich unter seinem Kissen heißgeschlafen hatte, wurde aus dem Bett geprügelt *(Heetweck afpitschen)*. Die Heißwecken sind seit dem 15. Jahrhundert als Fastnachtsgebäck bezeugt. Kinder, die zu → *Fastnacht* herumzogen, riefen: *Fastelavendfliegen, kann ik nich ’n lütten Heetweck kriegen?*

Helgoland → *Börte*

Herbertstraße Die *Herbertstraße* auf St. Pauli hieß bis 1922 Heinrichstraße und hatte einen denkbar schlechten Ruf. Deshalb musste sie in Herbertstraße umgetauft werden, was den Ruf allerdings nicht besserte. Im Gegenteil, der wurde noch schlechter. Die Herbertstraße besteht nämlich

---

124 Ingwergewächs, dessen Samen gemahlen als Lebkuchengewürz gebraucht werden

125 HWB 2/Sp. 563

ausschließlich aus Bordellen, in denen rund 200 Prostituierte schichtweise „Dienst" tun. Praktischerweise für den, der's nötig hat, sitzen die Damen mehr od. weniger bekleidet im Erdgeschoss hinter den *Koberfenstern,* also wie im Schaufenster quasi zum Aussuchen aufgereiht. In einem Anflug von „deutscher" Moral ließ die NS-Gauleitung 1933 die Eingänge der Straße mit Eisentoren und Sichtblenden versehen. Prostitution war nicht erlaubt, aber wenn man sie schon nicht ganz unterbinden konnte, sollte man sie wenigstens nicht von außen sehen. Das lockte und lockt erst recht Touristen an. Schon immer waren dort mehr Sehleute als Seeleute zu finden. Der Durchgang ist nur Männern über 18 gestattet, Frauen gar nicht. In den Siebzigerjahren glaubte die Polizei, mit entsprechenden Verbotsschildern die öffentliche Ordnung aufrechterhalten zu können. Wir wollen hier nicht erörtern, ob ein solches Verbot im Zeichen der Gleichberechtigung in Karlsruhe Bestand hätte, sondern neugierige MitbürgerInnen lediglich zur Vorsicht ermahnen, falls sie sich hinterher kein gut gezieltes Ei aus ihrer Frisur waschen wollen. Als ortskundige Studenten mussten wir immer den Fremdenführer für neu hinzukommende Kommilitonen von außerhalb spielen. Da ging doch so ein flaumbärtiger Noch-nicht-mal-Quiddje aus einem Dorf im Zonenrandgebiet vor mir mit großen Augen durch die Herbertstraße und pikte aus Übermut einer kräftigen Freudendame, die ihr nacktes Oberteil über das Fensterbrett hängen ließ, mit dem Finger in den Busen. Die holte aus, er duckte sich weg, und ich bekam die volle Ladung auf die Nase, sodass ich mich tagelang nicht ins

Die Herbertstraße um 1900, als sie noch Heinrichstraße hieß.

Seminar traute (zumal sich schnell herumsprach, woher ich die Verletzung hatte). Weshalb heißt die Herbertstraße eigentlich Herbertstraße? War Herbert ein besonders zahlungskräftiger und gern gesehener Freier? Nein, in dem Viertel wurden die Straßennamen früher alphabetisch nach männlichen Vornamen vergeben, und bei der Freudengasse war eben das H wie Heinrich od. Herbert an der Reihe.

Heringsbändiger (*Heringsbenniger*) wurden die Hamburger Kaufleute geschimpft, und zwar nicht nur die kleinen, die →[1] *Krämer*, sondern auch die Großkaufleute, die seit Zeiten der → *Hanse* mit der Transitware „Hering" reich geworden waren. Gefangen wurde der Hering in Skandinavien und später von den Niederländern in der Nordsee, aber vermarktet von den Hamburgern. Am (Alten) Fischmarkt stand ein Heringshaus, in dem die Fische eingelegt, gesalzen od. geräuchert werden konnten, um dann in großen Fässern ins Inland verschickt zu werden. Hamburg beanspruchte geradezu ein Monopol für den Heringshandel, das mehrmals zu Auseinandersetzungen und Konflikten führte. Frischfisch, an der Küste ein tägliches Gericht, ließ sich bei den damaligen Kühl- und Konservierungsmöglichkeiten nämlich schlecht über Land verkaufen. Mein Urgroßvater weigerte sich in seinem Stormarner Dorf sein Leben lang, Fisch zu essen. Wenn der *Fischhöker* mit seinem Hundekarren die Glocke schwang, lästerte er: *dor sünd de Brummers ja al achterup!*

Herrgottspfuscher war der Spitzname für den Gaslaternenanzünder. Er pfuschte dem lieben Gott ins Handwerk, weil er das in der Schöpfung vorgegebene Dunkel der Nacht durch die Straßenbeleuchtung taghell machte (na ja, nicht so hell wie heute, aber doch ein wenig heller, als es im „dunklen Mittelalter“ in den Gassen war).

LESERBRIEF

Hest em bi di?

Freunde, Kegel- oder Stammtischbrüder ließen sich oft etwas einfallen, um Geld in ihre Kasse zu bekommen. So musste jeder von ihnen einen kleinen Gegenstand, etwa eine Medaille, stets bei sich tragen. Wenn er auf die Frage *Hest em bi di?* (Hast du ihn bei dir?) diesen nicht vorzeigen konnte, musste er eine Mark für die Gemeinschaftskasse opfern. Daran erinnert sich *Gerhard von Harscher,* der recht herzlich grüßt.

Heuberg (*Heubarch*). Der *Heuberg*, von alters her eine Verbindung zwischen den Großen und Hohen Bleichen in der Neustadt, hat auf jeden Fall etwas mit dem *Heu* zu tun, dem gemähten Gras, während der „Berg“ entweder auf die Anhöhe an dieser Stelle zurückgeht, die für Hamburger Verhältnisse schon einen respektablen Berg darstellt[126], wahrscheinlich aber auf → *Barch* [2], einen großen Heuschober, in dem das Heu der Bleichenwiesen zusammengetragen wurde. Um die Fläche zum Bleichen nutzen zu können, musste das Gras kurz gehalten werden. Zeitweise bleichten dort sowohl die Anwohner ihre Wäsche als auch Weber, Färber und →[1] *Kattundrucker* ihr Leinen und ihre Stoffe.

Heugabel → *Forke*

Heuke Der *Heuke* od. *Heuken* war ein mantelartiges Kleidungsstück ohne Ärmel, das in früheren Jahrhunderten von Männern wie von Frauen getragen wurde. Erhalten geblieben ist die Bezeichnung noch in dem Begriff *Heukendreger* für Schmeichler, Opportunist, in den Vierlanden auch für Verleumder.

Heven Himmel; *de Heven steiht vull Flammen* (es blitzt); *de Scheper höddt sien Schaap an 'n Heven* (Schäfchenwolken am Himmel); *holl di an 'n Tuun, de Heven is hooch* (Rat an Betrunkene); *Heven un Höll!* (Ausr. des Entsetzens).

126 vgl. Pabel: Alte Hamburger Straßennamen S. 113

Himmel un Höll Hüpfspiel für Kinder, ähnlich →[1] *Hinkebock*, bei dem die äußersten Felder einer auf die Erde gezeichneten Felderkette als Himmel und Hölle bezeichnet werden. Nacheinander wird in jedes Feld ein Gegenstand geworfen, der im ersten Durchgang durch Hüpfen, beim zweiten Mal durch Hinken, dann durch Hüpfen mit Drehen auf einem Bein und schließlich durch Hüpfen mit verbundenen Augen wiedergeholt werden muss. Wer auf einen Strich wirft oder tritt, ist →[1] *fau*. Wer in die Hölle statt in den Himmel trifft, muss von vorn anfangen.

Himmel und Erde In der Nachkriegszeit gab es häufig *Himmel und Erde* als Mittagessen. Das war Kartoffel- mit Apfelmus. Als die Zeiten besser wurden, reichte Mutter ab und zu Grützwürste dazu, am liebsten solche mit Rosinen, die der →[1] *Schlachter* mit einem roten Bändchen abgebunden und gekennzeichnet hatte. Meine Schwester mochte keine süßen Innereien; sie bekam eine Grützwurst mit grauem Bändchen – ohne Rosinen. Nicht nur *Himmel und Erde* ist aus den Speiseplänen verschwunden, auch die typische Hamburger Grützwurst scheint heutzutage Hausverbot in den Supermärkten zu haben.

Himten (Hohlmaß) → *Scheffel*

Hin-und-her-Büdel liest sich schon wie die Gebrauchsanweisung für eine Einkaufstasche: leer hin zum Einholen beim →[1] *Krämer*, zurück gefüllt mit den Waren, die Mutter zum Kochen der nächsten Mahlzeit brauchte.

Hochbahn In Hamburg heißt die U-Bahn *Hochbahn*, denn sie fährt nicht nur im Untergrund, sondern schwingt sich aus der Tiefe ans Licht, um ihre Fahrt oberirdisch und teilweise auf Stelzen über der Straße fortzusetzen. Die Betreibergesellschaft heißt dementsprechend *Hamburger Hochbahn AG (HHA)*, die am 27. Mai 1911 als Konsortium der Firmen Siemens & Halske und AEG gegründet wurde, sich heute aber im Eigentum der Stadt Hamburg befindet. Seit Jahren waren immer wieder Pläne vorgelegt worden, um die Straßenbahn (→ *Elektrische*) auf längeren Strecken zu entlasten und die entstehenden Wohngebiete in den

Ein alter U-Bahn-Wagen aus dem Jahr 1920 wurde anlässlich des 60-jährigen Bestehens der Hamburger Hochbahn am 25. Februar 1972 noch einmal mit Schaffner zur Jubiläumsfahrt auf die Schienen geschickt. Über den Fahrgästen Werbeschilder für Bullrich-Salz und Peek & Cloppenburg.

Vororten sowie den Zentralfriedhof → *Ohlsdorf* an die City und den Hafen anzubinden. 1912 bekam Hamburg als zweite deutsche Stadt nach Berlin eine kombinierte Untergrund-/Hochbahn, damals auch *Ringbahn* genannt. Die Strecke zwischen Rathausmarkt und Barmbek wurde als erste freigegeben. Zwei Wochen lang wurden nur Ehrengäste befördert. Die Hamburger waren über die neue Bahn und die kühnen Bauten im Straßenbild je nach Einstellung entweder begeistert od. entsetzt. Eine Zeitung schwärmte über den Abschnitt am Rödingsmarkt, bei dem die Hochbahnstrecke aus Richtung → *Baumwall* im Untergrund verschwindet: *In gewaltiger Anspannung legt sich der gleißende Leib der Hochbahnschienen über Hamburgs Straßen und Wasser, drängt sich hinunter mit wühlenden Kräften in der Erde Dunkelheiten, ausgereckt zu fossiler Größe wie ein Nachkomme der Midgardschlange*[127]. Ohne Mythologie (diesmal ausnahmsweise keine griechische, sondern altnordische) ließ sich damals die moderne Technik offensichtlich nicht erklären. Wenn wir Journalisten heute so schreiben würden, würde der Chefredakteur sehr ärgerlich werden.

Hochtiet (Hochzeit) → *Köst (3)*

Hoffmann von Fallersleben, August Heinrich → *Deutschlandlied*

127 Die *Midgardschlange* lag im Weltmeer rings um die als Scheibe gedachte bewohnte Welt. Sie wurde von Thor getötet. Zitiert nach Oppens S. 23 f.

Höhnergloov Aberglaube; *dat weer wedder nix as Höhnergloven, dor glööv keen Minsch mehr an; dat is Höhnergloven, wo de Hohn nix afweet.*

Höhnergriepen Hühnergreifen – einer der zahlreichen Hochzeitsbräuche. Stand, vor allem im Süderelberaum, eine Bauernhochzeit bevor, schwärmten alle Männer des Dorfes aus und griffen sich auf jedem Hof die frei laufenden Hühner, drehten ihnen sofort den Hals um, banden sie in der Reihe an eine lange, geschulterte Stange und lieferten sie im Hochzeitshaus ab.

Höhnerplücker (Geflügelhändler) → *Hahntrapp*

Holzmiete (aufgeschichtetes Brennholz) → *Miete*

Holzteller (Frühstücksbrett) → *Bricken*

Hoorbüdel wäre wörtl. übertragen ein Haarbeutel, aber wenn man sagt, *he hett 'n ficksen Hoorbüdel,* meint man, er sei →[1] *duun,* also stockbetrunken. Kenner dieses Zustands erinnern sich bestimmt an das ziehende und einengende Gefühl um den Kopf, das damit einhergeht.

Hoppenmarkslööv ist ein Gelegenheitsarbeiter auf dem → *Hoppenmarkt* (Hopfenmarkt), der sich für wenig Geld zum Transport und dem Ab- und Umräumen der Waren verdingte. Die *Hoppenmarktslöven* waren vor dem Ersten Weltkrieg ein auffälliger Teil des Marktgeschehens, weil sie zerlumpt und meistens total betrunken daherkamen; *supen as 'n Hoppenmarkslööv.* Es muss sich wohl um sehr derbe und wild aussehende Gesellen gehandelt haben. Ihr Äußeres diente als mahnender Vergleich für nachlässige Bekleidung: *du sühst ut as 'n Hoppenmarkslööv,* schimpfte der Vater, wenn der Sohn nicht korrekt gekleidet war. Vgl. → *Lööv*[2].

Hoppenmarkt (Hopfenmarkt). Der Hopfenmarkt an der Nikolaikirche ist nach dem heute recht trostlosen Fischmarkt in der Altstadt, der seit 1949 zur Unterscheidung

vom Fischmarkt in Altona „Alter Fischmarkt" heißt, der älteste Hamburger Markt und war bis 1911 der quirligste und geschäftigste Platz der Hansestadt; bis 1346 *nige market* (Neuer Markt), dann *hoppenmarket*. Dort befand sich u. a. der *Hoppensaal*, der Lager- und Verkaufsraum für Hopfen, der von den im 14. Jh. rund 500 kleinen und größeren Brauereien dringend benötigt wurde. Seit 1609 waren hier auch die Verkaufsstände der Schlachter. Später war der Hopfenmarkt bis 1911, bis zur Verlagerung auf den Deichtorplatz, ein wichtiger Markt für Gemüse und Obst, hauptsächlich aus den Vierlanden. 1907 wurden mehr als 900 Verkaufsstände gezählt. Jetzt beherbergt er immerhin noch einen kleinen Wochenmarkt[128]; *dat gellt bi Pein op 'n Hoppenmarkt* (das ist Trödel zum Wegwerfen); *gah na 'n Hoppenmarkt* (hau ab, verzieh dich!). Vgl. → *Hoppenmarkslööv*.

128 HWB 2/Sp. 718; Hamburg-Lexikon S. 246; Beckershaus: Straßennamen S. 169

Reges Marktgeschehen auf dem Hopfenmarkt im Jahre 1910. Im Hintergrund die nach dem → Großen Brand wieder aufgebaute Nikolaikirche.

Hoppop Was ist das?, fragt eine Leserin. Anzubieten hätten wir höchstens den Ausdruck *Hoppop* aus der Kindersprache für einen Eimer.

hucheln Großmutter sagte zur Enkelin, wenn diese herumgekichert hatte: *du alte Huchel-Liese!* Offenbar benutzte man in einigen Stadtteilen das Wort *hucheln* für kichern.

hulterdipulter Adv. holterdipolter, Hals über Kopf. Richey: *hulterpulter: über Hals und Kopff, in unordentlicher Eile* [129].

Humpelrock hieß ein sich zu den Knöcheln hin stark verjüngender Damenrock, der den Schritt so sehr einengte, dass man damit nur *humpeln* (hinken) konnte.

Hungerbeen Obstrest, Kerngehäuse von Äpfeln. Richey kannte die *Hunckbuncke (ein mageres Thier, dem die Knochen hervor ragen, insonderheit ein Ochse)* und den *Hunknust (das Kern-Gehäuse in Aepffeln oder Birnen)* [130]. Später nannte man das Kerngehäuse im Obst, bes. beim Apfel, jedoch ein *Hungerbeen*.

Hunkknust (Kerngehäuse) → *Knust (4)*

Hunnenbeer → *Hagebutte*

Hutten (*Huttjen*) war ein leichter Schlag od. ein leichter Windstoß.

---

129 Richey: Idioticon S. 100
130 Richey: Idioticon S. 28 u. 100

Iesbahn In früherer Zeit griffen Kälte, Frost, Schnee und Eis weitaus bedrohlicher in das Leben der Hamburger ein als in unserer heutigen zentralbeheizten Umgebung. Umso freudiger wurde dem Winter im Freien mit kleinen Vergnügungen begegnet und ungeduldig erwartet, dass sich die Gewässer der Stadt endlich in eine *Iesbahn* (Eisbahn, spr.: *-bo:n)* verwandelten; *de Bahn steiht* – hoffentlich hält sie auch ... Michael Richey warnte 1755 in seinem Mundartwörterbuch: *dat Ys is verrethlick – dem Eise ist nicht zu trauen*[131]. Um die →[1] *Glitsche* (Gleitbahn auf dem Eis) freizubekommen, hörte man vielfache Warnrufe: *Platz op de Bahn, morgen gifft 't Lebbertran!* Bekannt auch aus unserem 1. Band: →[1] *Hengilidoor, de Klüten sünd goor!*

Iesbeen Eisbein, nordd. für Teil des Hinterbeins vom Schwein. Frisch, gepökelt od. geräuchert und drei Stunden gekocht, mit Sauerkraut und Erbspüree gereicht, gilt es im Ausland (nicht ohne einen Anflug von Abscheu) als das Nationalgericht der Deutschen, wird im Inland aber häufiger zitiert als gegessen. In Hamburg sprach man von *Iesbeen un Suurkohl.* Der Name „Eisbein" geht nicht darauf zurück, dass man die deftige Mahlzeit besonders bei eisigem Winterwetter angeboten bekam, sondern darauf, dass bereits die Germanen aus den gespaltenen Röhrenknochen (den *Beinen*) Knochenschlittschuhe zum Laufen auf dem *Eis* herstellten.

---

131 Richey: Idioticon S. 323

Ieskeller Der Eiskeller war zu Zeiten, als die Lebensmittel noch nicht elektrisch tiefgekühlt bei – 18 °C konserviert werden konnten, ein mit Natureis kalt gehaltener Keller od. Raum in Schlachtereien und Brauereien, auf den Gütern der Umgebung od. als Gemeinschaftseinrichtung eines Dorfes, z. B. in Jersbek (Kreis Stormarn). Die Eisschicht der Teiche wurde im Winter aufgebrochen und mit einer Säge *(Iessaag)* in Blöcke *(Iesblöck)* zerteilt. Man hoffte, damit kühl über die heißen Sommertage zu kommen, bevor das Eis wieder zu Wasser geworden war. Ältere Fischereifahrzeuge besaßen einen *Iesruum* (Kühlraum), in dem die gefangenen Fische auf Natureis lagerten. Man sortierte sie an Bord nach Sorte und Größe in *Ieskisten,* in mit Eis gefüllte Kisten, die an Land an die Händler versteigert werden konnten.

inschütten Tiere od. auch Menschen einsperren *(→ verschütten).* Vgl. *→ Schütt*[2].

Insten (Plur.). Ganz am Ende der dörflichen Hierarchie standen, vor allem in den Geest- und Gutsdörfern, die *Insten* (mnd. *insâte, inste* – „Eingesessener, Häusler"), die weder Haus noch Land besaßen und sich als Tagelöhner verdingen mussten. Eine Beschreibung aus dem Jahre 1789 besagt: *Insten sind Miethlinge der Hüfner*[132]*, wohnen in einer Kathe fremden Eigenthums, und müssen ihren Miethsherren contractmäßige Hofdienste leisten*[133]. Noch heute sieht man auf den Gütern die

132 Vollbauern
133 HWB 2/Sp. 829

niedrigen Instenhäuser, die sich, getrennt vom Herrenhaus, um den Gutshof gruppieren. Meistens waren die Insten →*Deputatarbeiter,* die statt Lohn Wohnung und Nahrungsmittel erhielten. Vgl. →*Kätner.*

Is was? ist die Kurzform für „Was ist hier los?“ od. „Willst du dich etwa mit mir anlegen?“

J

jackeln 1. mit etw. wackeln od. an etw. rütteln; *he jackelt an de Döör.* Wenn das Kind mit dem Stuhl wippte, schimpfte Mutter: *laat dat Jackeln na!* 2. sich unsicher fortbewegen; *he jackelt lang de Straat.* Syn.: *juckeln* (langsam und schaukelnd fahren).

Jakobsleiter Eine *Jakobsleiter* ist seem. heute an der Küste und in der Seefahrt die Strickleiter mit Holzsprossen, auf der der Lotse am Schiffsrumpf hochklettert; ursprünglich die Himmelsleiter, ein biblisches Traumsymbol (1. Mose 28,12). Maritime Vorstufe ist das →*Fallreep*[134].

Jan Rapp un sien Maat steht für gemeine Matrosen, für das derbe Volk, für den Pöbel, der die Hafenkneipen unsicher macht; von →*rapp (2).* Überhaupt wird *Jan* als Kurzform von *Johann(es)* od. *Jehann* für allerlei Personifizierungen gebraucht: *Jan Ballhoorn* (Dummkopf), *Jan Bass* (kräftiger Kerl), *Jan Blaff* (Flegel), *Jan Blank* (Wellen, Flut, Hochwas-

134 lt. Carl Groth

ser), *Jan Brattje* (derber Kerl), *Jan Dattel* (Gernegroß), *Jan Fummel* (Nichtsnutz), *Jan Kack* (Schimpfw., das nicht näher erläutert werden soll), *Jan Kabelgaarn* od. *Jan Klatter in de Mast* (Spottn. für einen Matrosen), *Jan* (od. →[1] *Hein*) → *Klapperbeen* (der Tod), *Jan Klook* (Schlauberger), *Jan Maat* (Seemann auf großer Fahrt), *Jan Quast* (Einfaltspinsel), *Jan Rasmus* (die See bei Sturm) od. *Jan Tünn* (Straßenmusikant) [135].

Jieper Gier, Verlangen; *wat heff ik wedder för 'n Jieper op 'n Glimmstengel* (Zigarette).

jiffeln (*jiffen*) bedeutet hamb. „mit hohem Ton bellen od. kläffen"; *de* → *Köter jifft jümmers egalweg. Jiffel* od. *Jiffer* war ein gebräuchlicher Ausdruck für einen kleinen, kläffenden Hund. In aller Vorsicht sei angemerkt, dass von einer Frau, die pausenlos mit schriller Stimme ihren Mann ankeifte, ebenfalls gesagt wurde: *se jifft*. Auch ein Kind, das nervte und bettelte, fing sich diese Bezeichnung ein.

Jimp (Plur. *Jimpen*) – auf Finkenwerder die Bezeichnung für den Gemeinen Stichling; *Jimpen pöddern för de Höhner.* Vgl. → *Stickel*.

Johannistrieb nennt man den zweiten Blattaustrieb der Laubbäume um *Johanni* (24. Juni), mit dem die Natur die Dürre- und Fraßschäden des Frühjahres kompensiert. Diesen Ausdruck übertrug der Volksmund spöttisch auf

---

135 HWB 2/Sp. 856

alte Männer, die unvermittelt eine scheinbar jugendliche Manneskraft in sich fühlten und anfingen, jungen Mädchen nachzusteigen – obwohl sie ihre Familien- und Ehepflichten eigentlich längst erfüllt hatten.

jöken jucken. Raa.: *em jöökt dat Fell* (er ist übermütig); *mi jöökt dat in de Finger* (ich bin ungeduldig). Abergl.: Wem das linke Auge juckt, der wird bald Grund zum Weinen haben, juckt das rechte Auge, gibt es etwas zum Lachen[136].

jööksch Adj. kribbelig, unruhig vor Verlangen, und das durchaus im erotischen Sinne. Als unsere Großmütter junge Mädchen waren, wurden sie streng ermahnt, nicht zu viele Hühnereier zu essen, um nicht *jööksch* zu werden. Wer jööksch war, war angeblich anfällig für sexuelle Avancen. Nach heutigen Erkenntnissen kommt es dabei aber auf die Hühnereier wirklich nicht an… Verb: →*jöken*. Vgl. →*Jieper* (Gier, Verlangen).

juckeln (langsam und schaukelnd fahren) →*jackeln*

Juuchhei (*Juuchhee*) bezeichnet eine ausgelassene und (zu) laute Festlichkeit od. ein lärmendes Feiern. Michael Richey merkt tadelnd an: *Juch hey: Fröhlichkeit mit pöbelhaftem Gelaut*[137]. Das *Juuchheiwater* ist der Sammelbegriff für alkoholische Getränke, bei denen es nicht mehr auf den Geschmack, sondern auf die möglichst schnelle benebelnde sowie Stimme und Benehmen lösende Neben-

136 HWB 2/Sp. 875 f.
137 Richey: Idioticon S. 104

wirkung ankam; *'n Buddel Juuchheiwater; dat klöterige Juuchheiwater*, hieß es für das dünne Bier, das der Wirt mit Wasser gestreckt hatte, wenn zu fortgeschrittener Stunde die Wahrnehmungsfähigkeit seiner Kundschaft stark eingeschränkt war. Vgl. →*juuchheien;* →*Klöter.*

juuchheien Das Wort *juuchheien* (jubeln) drückte die Missbilligung eines übermütigen, leichtsinnigen Handelns aus, *verjuuchheien* (verjubeln) dann die Verschwendung größeren Besitzes und Gutes.

K

Kabel, Heidi →Biografie S. 190 ff.

Kabelgaarn (Hanffaden) →*Reepschläger*

Kabelgatt seem. Raum im Vorschiff zur Aufbewahrung und Tauwerk und Ketten.

Kabutz steht in den Elborten bis in die erste Hälfte des 20. Jahrhunderts für den →*Alkoven,* eine in die Wand eingebaute Schlafstätte. Danach verschwand mit der Einrichtung auch der Begriff[138].

Kackstelzen (Plur.). Meine Eltern benutzten diesen Ausdruck nicht, aber allem Vernehmen nach soll er den Leuten als Schimpfwort häufiger um die Ohren geflogen

---

138 HWB 2/Sp. 906

sein: „Nimm deine *Kackstelzen* aus dem Weg!“ Es dürfte klar sein, dass mit den Stelzen die Beine gemeint sind, und zwar vornehmlich lange, dünne und hässliche Beine, und dass die Erweiterung zu Kackstelzen aus der übel riechenden Soldatensprache stammt. Man unterstellte, dass die Stelzenbeine auf der Latrine nur die Aufgabe hatten, den Oberkörper beim K…, na, Sie wissen schon, zu stützen – schenken wir uns eine nähere Beschreibung!

Kai seem. mit Mauern befestigte Uferstrecke als Anlegestelle für Schiffe; *de Damper liggt an de Kai.* Raa.: *enen an de Kai schicken* (jmdn. abschieben od. entlassen); *gah an de Kai!* (hau ab).

kakeln [spr.: ko·ugln]. 1. gackern. Hühner gackern oft, Gänse seltener. Ra.: *de 'n Ei ünnern Steert hett, hett goot kakeln.* Wetterregel: *wenn de Höhner so veel kakelt, ward 't regen.* 2. übertr. plappern, auch schelten, schimpfen, weitertragen; *de Oolsch kakelt dat vun Huus to Huus.* Wenn eine Angelegenheit in allen Einzelheiten und von vorn und hinten beredet werden musste, so *bekakelte* man sie.

Kalvertähn sind hier keine Zähne von Kälbern, sie sehen nur so aus. Gemeint sind große Graupen.

Kanaster → *Knast*[2]

Kaneel ist Zimt. Dieses Gewürz war teuer, deshalb galt als sparsame Hausfrau, wer *bannig op 'n Kaneel* aufpasste; *dicken Ries mit Zucker un Kaneel* war ein vollwertiges Gericht (Milchreis mit Zimt und Zucker); dagegen bedeutete *Schiet un Kaneel* so viel wie unbrauchbares Zeug. Ein *Kaneelpuper*, also ein „Zimtscheißer", bezeichnete als Kosename ein kleines Kind, aber auch den Geliebten od. die Geliebte; *mien lütt Kaneel*. Wurde jedoch ein Erwachsener als *Kaneelpuper* bezeichnet, so war aus dem Kosenamen ein Schimpfwort geworden, das ausdrücken sollte, der andere benehme od. äußere sich nicht seinem Alter gemäß – obwohl er den zimtfarbenen Säuglingsstuhlgang doch eigentlich schon überwunden haben sollte.

Zimtstangen, in Hamburg Kaneel genannt, fehlten nicht in Großmutters Küche.

Kanthaken bedeutet 1. Kopf od. Nacken in der Redensart: *enen bi 'n Kanthaken kriegen* (jmd. am Kragen packen). 2. Eigentl. ist der *Kanthaken* ein eiserner Haken mit quer angebrachtem hölzernem Griff zum Kanten und Fortbewegen von Lasten wie Kisten, Balken od. Baumstämmen.

Kantstein (*Kantsteen*) heißt bei uns im Norden der Randstein des Bürgersteigs, auch →*Rinnstein* od. auf Hamb. *Rönnsteen* genannt. Und dann gibt es noch die Bezeichnung *Bordstein*, der in dem Ausdruck *Bordsteinschwal-*

ben überliefert ist. Dabei geht es übrigens nicht um Vögel, sondern um gewisse Damen, die, aufgereiht am Bordstein, in gewissen Straßen gewisser Stadtteile gewisse Dienste anbieten. Bei solchen Schwalben handelt es sich eher um Stand- als um Zugvögel, es sei denn, sie zogen mit gewissen Herren los, stundenweise und gegen Bezahlung, versteht sich. Vgl. →[1] *Mietje.*

Kantüffel ist die Kartoffel, und die dürfte allgemein so bekannt sein, dass wir uns hier jede Erklärung sparen können. Kartoffeln wurden in Hamburg als Gartenfrucht zuerst um 1750 angebaut, als Feldfrucht großflächig rund 40 Jahre später.

Kantüffelferien (Kartoffelferien) wurden auf dem Lande die Herbstferien genannt, die urspr. gar keine Ferien waren (denn das Wort „Ferien" kommt vom lat. *feriae* und bedeutet „Festtage"), sondern schulfreie Tage im Oktober für die Dorfkinder, damit sie bei der Kartoffelernte helfen konnten. Überhaupt ruhte damals faktisch die Schulpflicht, wenn die Jahreszeiten einen Ernteeinsatz der Landjugend erforderten. Kinderarbeit war nicht nur üblich, sondern überlebensnotwendig, und zwar sowohl für die Familien der Landarbeiter und Tagelöhner als auch für den Bauern selbst. Und fand einmal Unterricht statt, schickte der →[1] *Schoolmeester,* seinerzeit ohne GEW[139] und Beamtenstatus ums tägliche Brot kämpfend, seine Schüler häufig tagelang zur Arbeit in den eigenen Garten und auf das Land, das er von Amts wegen statt eines Gehalts

139 Gewerkschaft Erziehung und Wissenschaft

nutzen durfte, wie meine Mutter und meine Großmutter übereinstimmend aus eigenem Erleben berichteten. Für das Sammeln der Kartoffeln war (und ist) Handarbeit angesagt, selbst wenn sie zuvor hochgepflügt oder -geschleudert werden[140]. Die Frauen und die Kinder des Dorfes gingen frühmorgens aufs Feld und rutschten auf den Knien die Furchen entlang. Das gelbe Kartoffelkraut taten sie beiseite und kratzten mit einer Handhacke die Knollen aus der Erde, die sie in einen Korb warfen. Von Zeit zu Zeit wurden die Körbe in Säcke geleert, die der Bauer auf einem Pferdewagen verstaute und möglichst bald zum Einkellern in Hamburg verkaufte. Teilweise überwinterten die Kartoffeln auch in einer →*Miete* am Feldrand. Die Frauen und Kinder bekamen als Lohn einen Vorrat an Winterkartoffeln und weitere →*Deputate*, möglichst, wenn alle zusammenlegten, sogar ein Ferkel, das, übers Jahr im Verschlag gemästet, im November endlich geschlachtet werden konnte. Mittags trugen die Kinder das Kraut zusammen und entzündeten ein *Kartoffelfeuer*, an dem die durchgefrorenen und nicht selten durchnässten Erntehelfer ihre klammen Glieder wärmen konnten. Wem einmal der typische Geruch eines solchen Feuers in die Nase gezogen ist, der vergisst ihn sein Leben lang nicht mehr. Häufig warfen wir auch ein paar frische Kartoffeln in die Glut, die, schwarz von Asche, zwar nicht so gut aussahen wie heute eine Grillkartoffel in Alufolie, die aber weitaus besser schmeckten (die Erinnerung verklärt manches ...).

140 mit einem Schleuderrad- od. einem Schwingsiebroder

Kanuut (Plur. *Kanuten*). *Kanuten* sind nicht etwa Kanufahrer aus dem Ruderclub, wie eine Leserin meinte, sondern Kameraden, Genossen, Spießgesellen im Sinne von Rüpeln od. Flegeln; *he speelt buten mit sien Kanuten; sien Kanuten maken em* →[1] *duun* (betrunken). Der hamb. *Kanuut* ist natürlich die *Kanaille* (Schurke, Schuft), die wiederum auf das frz. *canaille* (Hundepack, Gesindel) zurückgeht. In allem steckt als Kern das lat. *canis* (Hund).

Kapittelmütz Hier haben wir es mit der guten, alten deutschen Zipfelmütze zu tun, wie sie bes. in den Vierlanden als Haus- od. Schlafmütze getragen wurde. Es handelt sich bei der *Kapittelmütz* um eine blaubunt geringelte Wollmütze mit Troddel, deren Zipfel rund 70 Zentimeter herunterhing. Allerdings war eine solche Mütze auch andernorts weit verbreitet. Der deutsche Michel, die Symbolfigur für den weltfremden, unpolitischen, schlafmützigen Deutschen, wurde in Karikatur und Literatur stets mit einer Zipfelmütze dargestellt.

Kapphahn (Kapaun) → *Kapuun*

Kapuun ist ein kastrierter Masthahn, ein Kapaun od. ein sogenannter *Kapphahn*. Vgl. → *Hahnrei.*

karbonieren Am 6. Januar wurde in den meisten Hamburger Familien der Tannenbaum *abkarboniert* (abgeschmückt), abgebaut und zu Feuerholz zerhackt, eben *karboniert*. Zu lat. *carbo* (Holzkohle).

Hoch in 't Öller, in ehr sössunnegentigst Levensjohr, is Heidi Kabel an 'n 15. Juni 2010 in Freden inslapen. Man för uns all jümmers noch veel to fröh. Höört man den Namen Hamborg, denn denkt de Minschen an de Alster, an den Michel un an Heidi Kabel. So weer dat un so ward dat ook blieven. […] Leve Heidi Kabel, slaap in Freden – wi warrt di nie nich vergeten.

Christa Heise-Batt[141]

---

141 Nachruf im → „Quickborn"-Heft 3/2010 S. 11 f.

Heidi Kabel

GANZ HAMBURG SAGT IHR TSCHÜS

Niemand war hamburgischer als *Heidi Kabel,* niemand hat das Hamburgische so überzeugend in die Welt getragen wie die Schauspielerin und Sängerin, die 66 Jahre lang auf der Bühne des →[1] *Ohnsorg-Theaters* stand. Selbst wenn sie im Fernsehen nicht plattdeutsch sprach, nicht sprechen durfte, weil man sie sonst südlich des Mains nicht verstanden hätte, verkörperte sie die typisch norddeutsche Frau aus dem Volke, die sich nicht unterkriegen ließ. Ganz Deutschland spürte es: Wo Heidi Kabel war, war Hamburg.

Am 15. Juni 2010 hat sie uns verlassen. Sie starb im 96. Lebensjahr an Altersschwäche. Hamburg sagte ihr Tschüs. Die Trauerfeier im →[1] *Michel* wurde im NDR übertragen. Ihre letzte Ruhestätte fand sie auf dem Nienstedtener Friedhof an der Seite ihres 1970 gestorbenen Mannes → *Hans Mahler.*

Heidi Kabel wurde am 27. August 1914 im Haus Nr. 30 der Großen Bleichen geboren, das direkt gegenüber dem derzeitigen Domizil des Ohnsorg-Theaters liegt. Ihr Vater war der Druckereibesitzer und Verleger Ernst Kabel (1879–1955), der lange als Vorsitzender des →[1] *Vereins geborener Hamburger* amtierte. Heidi sollte Konzertpianistin werden, landete aber 1932 bei der Niederdeutschen Bühne, als sie eine Freundin zum Vorsprechen begleitete und →[1] *Dr. Richard Ohnsorg* sie vom Fleck weg engagierte.

1937 heiratete sie ihren Kollegen Hans Mahler, mit dem sie drei Kinder hatte, darunter die 1944 geborene Heidi

Mahler, die als Ohnsorg-Schauspielerin in die Fußstapfen ihrer Mutter getreten ist.

Heidi Kabel hat in mehr als 250 plattdeutschen Stücken mitgewirkt, darunter in ernsten Stücken wie „Mudder Mews“, aber meist in heiteren Aufführungen. Die erfolgreichste Komödie, die jemals im Fernsehen gesendet wurde, sahen die Zuschauer am Silvesterabend 1966. Heidi Kabel spielte die Rolle ihres Lebens in „Tratsch im Treppenhaus“[142].

Am 14. September 1968 übertraf sie sich selbst als „Kartenlegerin“ Wilhelmine Lührs bei der Auftaktsendung zur Fernsehlotterie, die die ARD bundesweit ausstrahlte. In dieser hochdeutschen Sondersendung traten auch Gaststars wie Willy Millowitsch und Freddy Quinn auf. Heidi Kabel spielte den Rest des Ensembles derart an die Wand, dass Millowitsch als Amtsrichter und Karl-Heinz Kreienbaum (1915–2002) als *schappiger* Staatsanwalt alle Mühe hatten, ihre ernsten Mienen beizubehalten, was nicht immer gelang.

Hamburg braucht Heidi Kabel kein Denkmal zu setzen. Das tat sie selbst.

142 vgl. Spiekermann: 100 Jahre Ohnsorg S. 85

Karpen (*Karp*). Karpfen; *Karpen fangen* od. *slachten*; *küne Karpen* (schwache, verendete Karpfen, die billiger verkauft werden); *Karpen blau mit Meerrettich un Botter* (mit Essig übergossen, im Sud gegart und mit frisch geriebenem Meerrettich und zerlassener Butter gereicht). Karpfen aß man vorwiegend im Dezember und Januar. Sie waren im 19. Jahrhundert auch in Hamburg das typ. Gericht zu Heiligabend und Silvester.

Kassbeer (Plur. *Kassberen*) ist die ältere Bezeichnung für die Kirsche; *dicke, swatte Kassberen, all sööt un gesund!* (Ausruf); *mit em is nich goot Kassberen eten* (mit ihm ist nicht zu spaßen). Von mnd. *kasbere* (Kirsche). Syn.: → *Morell, Kirsch.*

Kätner (*Kötner*). 1. Ein *Kätner* ist, ganz einfach ausgedrückt, ein Landarbeiter, der in einer Kate wohnt, die zu einem Bauernhof gehört (vgl. → *Insten*). 2. In den Marschgebieten und der nordwestlichen → *Geest* verstand man unter einem Kätner jedoch den Besitzer einer kleinen Bauernstelle, der zumindest ein Pferd, Ziegen, Schafe, Schweine, Hühner, Gänse und Enten besaß und auch ein kleines Stück Land bebaute. Wenn es sich um „abgeteilte" Bauernkinder handelte, lagen die Katen am Rande eines Hofes, sonst außerhalb des Dorfes; *de lütten Buurn hebbt se fröher Kötter nennt.* Als mit der Verkoppelung das Gemeineigentum des Dorfes, die → *Allmende,* aufgeteilt wurde, gingen die Kätner leer aus.

Kattrepel Der Name der Straße in der Altstadt ist seit 1278 belegt, und fast so lange streiten sich Sprachforscher und Historiker über die Herkunft der Bezeichnung *Kattrepel,* die keine →[1] *Hamburgensie* ist, sondern auch in anderen norddeutschen Orten vorkommt. Wahrscheinlich handelte es sich um eine schmutzige, ungepflegte und vielleicht auch etwas unheimliche Örtlichkeit außerhalb des → *Doms* und der ältesten Stadtmauer. Die Wörter Kot, Katze, Kate und Reep (Seil als Maß der Breite eines Katengrundstücks) sind schon zur Erklärung herangezogen worden, sodass es einleuchtend wäre, Kattrepel als Gegend zu bezeichnen, in der Katzen sich raufen (mnd. *Katte* – Katze, *repeln* – balgen).

Hamburg historisch: Kehrwieder im 19. Jahrhundert

Kehrwieder Eine der schönen Legenden aus dem Heimatkundeunterricht besagt, an der in die Norderelbe hineinragenden *Kehrwiederspitze* hätten sich früher die Frauen der Seeleute versammelt und ihren Männern auf den auslaufenden Schiffen ein „Kehr wieder!" nachgerufen. Das mag vereinzelt zu Zeiten, als die Matrosen auf großer Fahrt noch deutsch und die Großsegler und Überseedampfer noch hamburgisch waren, tatsächlich geschehen sein, denn die Familien wären in große Not geraten, wären die Männer nicht wiedergekehrt, aber das hat der Insel nicht den Namen gegeben. Ein *Keerwedder* (von ndl. *keerweer*) ist eine „Straße ohne Ausgang"[143], eine Sackgasse, die in unserem Fall am Wasser endet und bis ca. 1900 nur einseitig bebaut war. Das führte zu der Redensart: *op 'n Keerwedder backt se de Pannkoken man op een Siet.*

143 HWB 2/Sp. 1000

Kellerhals Zugang zum Keller von außen. Der Niedergang war teils überdacht, teils offen, teils mit Geländer versehen. Bei unbewohnten Kellern konnte der Zugang nach unten, besonders an der Straßenseite, auch mit einer Klappe *(Kellerluuk)* verdeckt sein, über die auf dem Bürgersteig die Fußgänger liefen. Sie wurde aufgeklappt, wenn der Kohlenhändler Koks und Briketts oder ein Bauer mit Pferd und Wagen die Einkellerungskartoffeln für den Winter lieferte.

Kerbholz (Schulden) → *Tallymann*

Ketelflicker Kesselflicker, ein Schimpfw. für einen Blechschmied od. Klempner. Diese Tätigkeit hatte ein äußerst geringes soziales Prestige. Die von Dorf zu Dorf umherziehenden Kesselflicker und Scherenschleifer waren zumeist → *Zigeuner* und galten als grob und dreist [144]; *'n Muul an 'n Kopp hebben as 'n Ketelflicker;* → *grölen as 'n Ketelflicker.* Verb *ketelflicken* (ständig streiten). Ein Schluderweib war ugs. eine *Ketelflickersch.*

Kiek maal wedder in hieß die plattdeutsche Formel in Hamburg, wenn der Besuch an der Haustür od. Gartenpforte verabschiedet wurde („schau mal wieder vorbei!").

Kieker kommt von *kieken* (gucken), wer jemanden *auf dem Kieker hat,* der beobachtet ihn genau und misstrauisch.

Kiek-in-de-Büx war der Riss in der Hose, und ein *Kiek-in-de-Köök* war ein Topfgucker, der in der Küche neugierig

---

144 Küpper S. 408

und kontrollierend die Topfdeckel anhob – nach Richey: *ein Mann, der immer Acht giebt, was beym Heerde und in der Küche vorgehet*[145]. Ein *Kiek-in-de-Welt* war ein vorwitziger junger Mann, der nicht einsehen wollte, dass er noch gar nicht trocken hinter den Ohren war. Schließlich umschrieb *Kiek-in-'n-Busch* (in Harburg auch *Kiek-an-'n-Tuun*) die Kapuzinerkresse.

Kiemer Ein *Kiemer* ist ein →*Böttjer* für große Behälter, für Braukufen, Lohgruben und Elbtonnen. Böttjer, →*Küper* und Kiemer waren bis Mitte des 19. Jahrhunderts in einem →*Amt* vereinigt. Die Böttjer lieferten vor allem Fässer mittlerer Größe für Bier, Wein, Heringe, Tran und Öl, die Kiemer große Bottiche, die Küper hingegen kleine Behältnisse wie Eimer, →[1] *Baljen* od. Butterfässer[146].

Kirchspiel Die ursprünglich vier *Kirchspiele* Hamburgs waren erst kirchliche, dann gleichzeitig bis zur Verfassung 1860 städtische Verwaltungsbezirke, die jeweils einer der *Hauptkirchen* zugeordnet waren: *St. Petri* (1195 belegt) Urkirchspiel für die bischöfliche →[1] *Altstadt*, St. Nikolai (1195) für die gräfliche Neustadt, *St. Katharinen* (1251) für die Marschinseln →*Cremon* und Grimm und St. Jacobi (1255) für die Erweiterung entlang der Steinstraße. 1647 wurde *St. Michaelis* als fünftes Kirchspiel von St. Nikolai abgetrennt. Die soziale Struktur wird in einem alten Spruch charakterisiert: *St. Petri de Rieken* (Reichen),

---

145 Richey: Idioticon S. 114

146 HWB 1/Sp. 436

St. Nikolai desglieken (desgleichen), *St. Katharinen de Sturen* (Vornehmen), *St. Jacobi de Buren* (Bauern), *St. Michaelis de Armen, dat mag Gott woll erbarmen.*

Klabatsch[1] Die *Klabatsch* (Plur. *Klabatschen)* ist ein Kahn mit flachem, vorn stark hochgezogenem Boden[147]. Sie hat keinen →*Steven* und wird besonders von Flussfischern benutzt; *gegen Avend güngen se mit ehr Klabatsch los to 'n Fischen.*

Klabatsch[2] (a.: tschech. *Krabatsch*) „Karbatsche", dicke Riemenpeitsche[148]. Vor allem wurde die große Peitsche, die man als Kutscher auf dem Bock eines Vierspänners benötigte, so bezeichnet. Übertr. für einen Grobian od. Schlägertyp: *he is so 'n Hans Klabatsch*. Verb: *klabatschen* (mit der Peitsche schlagen, prügeln).

Klabauts! Ausr. beim Sturz eines Menschen.

Klackerbüdel ist ein Kind, das beim Essen kleckert. Ein *Klackerbuuschen* ist ein Lätzchen, das dem Klackerbüdel umgebunden wird, und *Klackerkram* bezeichnet den →*Krempel,* den unbrauchbaren Kleinkram. Von →*klackern.*

Klackerklüten sind kleine ungeformte Klöße, die mit Mehl, Flüssigkeit und Ei angerührt und in die kochende Suppe „gekleckert" werden; von →*klackern* und →[1]*Klüten.* Wenn sie gar sind, schwimmen (*swemmen*) sie nach oben, deshalb werden sie auch →*Schwemmklöße* genannt.

---

147 HWB 2/Sp. 1050

148 Mensing 3/Sp. 128

klackern (*klacken*) kleckern. 1. Kleckse machen. 2. Klümpchen fallen lassen; *af un an klackt mi wat op 'n Kopp* (Spatzendreck). Vgl. →*Klackerbüdel.*

Klacks h.: ein Nichts; *dat is 'n Klacks* (das ist eine Kleinigkeit).

Klaffer Denunziant, Petzer, Anschwärzer. Ein Schüler, der seinen Banknachbarn beim Lehrer verpetzte, war eine *Klafferbüx* (männl.), eine Schülerin eine *Klaffertasch* od. *Klaffertriene* (weibl.). Verb: *klaffern* (petzen, anschwärzen, klatschen); *tööv man, nu klaffer ik dat an Grootmudder* (warte nur, das sag ich der Großmutter!).

Klafter →*Faden*

Klammerbüdel Der *Klammerbüdel* ist ein weiterer →[1]*Büdel,* nämlich ein Beutel für Wäscheklammern, übertr. allerdings jemand, der als verrückt angesehen wird; *den hebbt se woll mit 'n Klammerbüdel pudert* (wer sich mit dem Klammerbeutel pudern lässt, der hat nicht mehr alle beisammen).

Klapperbeen Ein Klapperbeen bezeichnet ein sehr dürres Bein. *Jan Klapperbeen* ist die Personifizierung für den Tod; *Jan Klapperbeen wull em noch nich hebben* (er erholte sich von einer schweren Krankheit).

Klapperjass ist ein Kartenspiel, das dem Schafkopf ähnelt und früher viel auf den Schulhöfen gespielt wurde.

Klapperlatschen Kurz vor Kriegsende und kurz danach, als es kein ordentliches Schuhwerk gab, trugen die Kinder häufig *Klapperlatschen.* Das waren Sandalen mit einer Holzsohle. Die Sohle war im Ballenbereich quer geteilt und mit einem „Gelenk" in Form eines mit Nägeln befestigten Lederstreifens versehen. Beim Gehen klapperte das immer[149].

klareen (*klaren, kloormaken*) seem. 1. etwas klarmachen, einsatzbereit machen; *dat mutt klaart warrn; klar bei, klar zu* (bereit!); *klar* zum Anlegen!, *klar* zum Wenden!, *klar* zum Ankerlichten! od. gar: *klar* zum Entern! 2. ins Reine bringen, reinigen; *klar Schiff machen; se klaart de Finster un maakt allens schier un glatt.* 3. *klarieren:* Formalitäten beim Ein- und Auslaufen eines Schiffes mit den Hafenbehörden regeln, an- od. abmelden; *einklarieren, ausklarieren* (Schiff und Güter bei der Einfahrt bzw. Ausfahrt verzollen).

Kleckerbuschen (Lätzchen) → *Klackerbüdel;* → *Böten*

klentern verschwenden, Geld für überflüssige und unnütze Dinge ausgeben; *mien Oolsch hett bannig klentert,* schimpfte der Großvater, wenn Großmutter voll bepackt aus der Stadt zurückkam.

Klipp Schlagholz für das Schlagball- od. hamb. → *Klippball*-Spiel. Die Schlagfläche des Holzes war mit Leder überzogen. Heutzutage benutzt man Baseballschläger – das heißt, man benutzt sie meistens leider nicht zu sportlichen Zwecken, sondern bei kriminellen Tätigkeiten.

---

149 lt. Ernst A. Steffenhagen (Bargteheide)

Wenn es so viele Baseballspieler wie Baseballschläger in Hamburg gäbe, müsste Baseball Volkssport sein.

Klippball ist der ältere Name für das Schlagballspiel *(Slachball)*, das auf der Straße od. beim Turnunterricht in der Schule gespielt wurde. Vgl. → *Klipp*.

Klipper (engl. *Clipper*). Der *Klipper* war ein Schnellsegler, meist ein dreimastiges Vollschiff mit scharf geschnittenem Rumpf und hervorspringendem Vordersteven.

Klippfisch bezeichnet aufgeschnittenen, gesalzenen und anschließend getrockneten Kabeljau; *dröge Klippfisch in de → Back*[1] *hebben* (essen). Von norw. *klippa* (schneiden).

Klippschool Früher die ugs. Bezeichnung für eine wenig angesehene private Einrichtung irgendwo im Hinterhof od. Winkel (Syn. *Winkelschool*), in der Kinder der Unterschicht beim *Klippschoolmeester* ein bisschen lesen und schreiben lernen konnten, später abw. für die Volksschule gebraucht.

Klockenschooster Ein *Schooster* (Schuster) repariert Schuhe und gilt nicht viel, ein Uhrmacher repariert Uhren *(Klocken)* und muss doch viel feinere Arbeit leisten. Trotzdem wurde er im Volksmund scherzh. *Klockenschooster* genannt.

Klötenköm umschreibt scherzh. ein klebriges, dickflüssiges, gelbes Gesöff, das kein richtiger →[1] *Köm* ist, sondern ein Gemisch von Eigelb und Rum samt Gewürzen, das „richtige“ Männer meiden und das höchstens für die *Froons-*

lüüd zum Kaffeeklatsch geeignet ist oder als Mitbringsel für die verwitwete Tante Frieda zum 70. Geburtstag, damit sie die einsamen Abende und das Fernsehprogramm leichter ertragen kann. Sie merken es: Wir reden von einem Getränk, das beschönigend unter dem Namen *Eierlikör* vertrieben wird. Die Bezeichnung hat nichts mit Klumpen, Klüten od. Klößen zu tun, weil Oma beim Ansetzen nicht sorgfältig genug mit dem Schneebesen gearbeitet hat, sondern stammt von → *Klöter* (fades Getränk). Es gibt Leute, die reden von „Klütenköm" und weisen auf die Nebenbedeutung von →[1] *Klüüt* als Hoden hin, der vulg. bekanntlich auch so bezeichnet wird wie ein Hühnerprodukt mit zwei Buchstaben, aber das dürfte weder zutreffend noch stubenrein sein und riecht ein wenig nach einem lauten Stammtisch in der Eckkneipe kurz vor der Polizeistunde. Der Eierlikör eignet sich wirklich nicht zum männlichen Potenzgehabe – ganz im Gegenteil!

Klöter Der *Klöter* ist ein fades Getränk od. eine wässrige Suppe, eben →[1] *Plöör* (dünn und gepantscht); *so 'n Klöter un nix dorto* (nur eine Wassersuppe); *Klöter un keen* → *Punsch*. Adj. *klöterich* (flau, dünn, armselig, krank); *klöterich tomoot wesen* (sich krank fühlen). Das Bestimmungswort *Klöter-*, *Klöten-* od. *Klüten-* (*Klüten* ist eine ndd. Lautvariante zu *Klöten*) führt in Zusammensetzungen zur Abwertung: → *Klötenköm* (Eierlikör nur für Frauen), *Klöterjüüch* (fader Schnaps od. Dünnbier), *klöteriges* → *Juuchheiwater* (vom Wirt mit Wasser gepantschtes Bier), *Klöterkram* (Kleinkram, Unwichtiges, Plunder). Die *Klöteree* (Krempel) ist der Sammelbegriff für allerlei Kleinigkeiten ohne Wert. Ein *Klütenewer* umschreibt wenig nett, aber deutlich einen Elbkahn kurz vor dem Absaufen, und ein *Klütenschipper* ist ein Binnenschiffer fern der großen Meere (mehr so in Richtung Oberelbe, Bille und Bergedorf unterwegs).

Klüten (Klumpen, Klöße) → *Klöter*

Klüteneis Das waren Eisstangen, die man zur Kühlung brauchte und die von Eisträgern mit ledernem Schulterschutz und einem Eishaken in die Gastwirtschaften und auch in Privathaushalte mit Eistruhen gebracht wurden.

Knacken (*Knaggen*). 1. großes Stück vom Brot, Kuchen, Käse od. der Wurst (vgl. → *Knust*); *een Knagge Brodt. He hett all eenen goden Knaggen to Lyve: er hat schon ein gutes Stück verzehret* (Richey) [150]; *wat hest du dor för 'n dicken Knacken Broot.* 2. weiter Richey: *ein höltzerner Wirbel an Thüren und Flügeln* [151]. 3. oberstes Stockwerk eines kleinen Hauses; *he wohnt op 'n Knacken* (er haust in einer winzigen Wohnung unterm Dach); vgl. → *Saal* [1].

Knacker 1. alter Mann – spielt vulg. auf das Skelett an, dessen Knochen man knacken hört, und deshalb ist das Wort auch kaum ohne das Adjektiv *oolt* zu hören; *so 'n olen Knacker* od. *griesen Knacker; 'n utverschaamten*

150 Richey: Idioticon S. 127

151 Richey; ebd.

Knacker schimpfte man zu Beginn der Gewerkschaftsbewegung einen nicht organisierten Arbeiter, der keinen Beitrag bezahlte, sich nicht solidarisch erklärte und als Streikbrecher auftrat [152]. 2. eine dicke →*Knackwurst.*

Knackwurst (auf Platt *Knackwust* ohne *r*) war eine Wurst, die knackte, wenn man sie durchbrach. Schon Richey (1755) kannte sie: *Knapp-Wust, besser Knack-Wurst: eine dünne und harte Mett-Wurst, die im brechen knacket* [153]. Später jede Brühwurst, die vor allem auf Märkten, auf den Straßen und bei Massenvergnügungen im Freien angeboten wurde („heiße Würstchen!"). Selbst die Wirtin in der Eckkneipe, die mit dem Ausschenken von Bier und →[1]*Köm* ausgelastet war, hatte außer →[1]*Frikadellen* als Grundlage vor der nächsten Runde wenigstens *Knackwust mit Kantüffelsalat* anzubieten. Der Kessel, in dem die Knackwürste auf dem Markt heiß gemacht wurden, war der *Knackwustketel,* und der Verkäufer war der *Knackwustkeerl.* Häufig stand auch dessen Eheweib am Kessel – vulgär, dick, breit, stämmig mit prallen *Knackwustfingern,* die in der Form nicht von den Knackwürsten zu unterscheiden waren, und mit *Knackwustarms,* also mit Oberarmen, die einen Umfang hatten wie weiland die Oberschenkel von Gerd Müller. Es ist anzunehmen, dass die Würste nicht nur in Hamburg knackten, aber der Begriff war doch so eng mit der Kind-

152 HWB 2/Sp. 1126
153 Richey: Idioticon S. 128

heit an der Alster verbunden, dass ich staunte, als jetzt ein Lehrmädchen hinter der Fleischtheke im Supermarkt auf meinen Wunsch nach fünf Knackwürsten erst seine Augen hilflos über die rund 30 Wurstsorten aus aller Herren Länder schweifen ließ, mich schüchtern ansah und „Die haben wir nicht" sagte.

Knallköm scherzh. für Sekt. Es knallt so schön, wenn der Korken wie ein Geschoss aus der Flasche springt. Für manche Leute scheint das Knallen, Schäumen und Duschen wichtiger zu sein als das Trinken (nicht nur bei der Siegerehrung nach einem Formel-1-Rennen). Schade drum!

knasch (*knarsch*) Adj. 1. hart, fest, knackig; *de Gröönkohl weer al knasch froren* (hat schon Frost bekommen); *Fleesch knasch koken* (auf höchster Stufe kochen). 2. kurz angebunden; *knasch spreken*. 3. fest, eng, nahe bei; *man nich to knasch* (nicht zu nahe); *knasch an mi vörbi* (direkt an mir vorbei).

Knast[1] (Plur. *Knassens*). 1. Astwurzel, „die Stelle im Holze, wo ein Ast seinen Anfang genommen"[154]. Raa.: *he is al an 'n Knast* od. *he is op 'n Knast stöten* (er schnarcht so laut wie eine Säge, die auf eine Astwurzel trifft); *bannig to Knast gahn* (viel Lärm machen); *sik 'n Knast lachen* (ausgelassen lachen); *smiet noch 'n Knast ünner!* (leg Feuerholz nach). 2. übertr. und abw.: widerlicher Mann; *'n olen Knast* (ein alter harter Kerl). 3. Kopf, Beule, Nase, Buckel; *he hett enen vör 'n Knast kregen* (er hat einen

154 Christoph Walther: Idiotikon (1890)

Schlag abbekommen); *se nimmt enen mit 'n Knast* (sie heiratet einen buckligen Mann).

Knast [2] 1. Gefängnis; *in Fuhlsbüttel in 'n Knast sitten.* 2. Strafe; *he hett twee Johr Knast opbrummt kregen* (zu zwei Jahren Gefängnis verurteilt worden sein). Rotw. aus jidd. *knas* (Geldstrafe), Verb: *verknacken.*

Knaster ist die abfällige Bezeichnung für billigen, stinkenden Tabak, meist in der Pfeife geraucht. Während der schlechten Zeit baute Opa ihn, erlaubt oder nicht, im Schrebergarten an. Die Tabakblätter wurden im Schuppen getrocknet, klein geschnitten, mit abenteuerlichen Aromastoffen gewürzt (z. B. Rosenblättern) und mit Todesverachtung geraucht – ein lebensgefährlicher Genuss; *Knaster för sien lange Piep. Knaster* ist ein Beispiel für die Abwertung eines Begriffs im Laufe der Zeit, denn ursprünglich verstand man darunter nur edle und würzige Tabaksorten aus Süd- und Mittelamerika, die, um sie frisch zu halten, in einem geflochtenen, mit Bleifolie ausgefütterten Versandkorb über den Atlantik kamen. Ein solcher Korb zum Transport von Gewürzen, Tabak, Tee etc. war der *Kanaster* (von span. *canasto* – Tragekorb); *1 Canaster Caneel* (Zimt); *Thee in Canastern; Tobak een Canaster – Canastertobak – Knaster.*

Kneipe für sechs Mann → Leserbrief S. 208

Knickerbocker (Plur.) sind weite Überfallhosen mit Bündchen unter dem Knie. Sie waren bei den Holländern verbreitet, die sie auch bei der Gründung von Neu-Amsterdam (dem späteren New York) trugen, und galten in Hamburg als affig. Man sah sie ab und zu bei Oberstudienräten für Deutsch und Latein od. beim Primus [155] der Oberprima [156], der sich das auf Geheiß seines Vaters antun musste. Die Hamburger Mitschüler verspotteten die Hose als →*Appelklauerbüx* od. →[1] *Kötelbüx*. Von engl. *knickerbockers* nach dem fiktiven holländischen Gelehrten Diedrich Knickerbocker im Roman „A History of New York" von Washington Irving (1783–1859).

Wochenendausflug 1927, zünftig und bequem mit Knickerbockern, Kniestrümpfen und Halbschuhen.

155 Klassenerster
156 früher letzte Klasse eines Gymnasiums vor dem Abitur

LESERBRIEF

Kneipe für sechs Mann

Bei Eckkneipe fällt mir immer Thea Dorn ein. Die betagte Frau hatte ein kleines schlauchförmiges Lokal (nicht größer als mein Schlafzimmer) in der Nähe von → *Santa Fu*, in dem maximal sechs bis acht Leute Platz an der Theke fanden. Für Tische war kein Raum. Sie schaffte es immerhin, sich eine Stammkundschaft zuzulegen, die aus von der Arbeit kommenden (Ehe-)Männern bestand, die noch mal einen →[1] *Lütt un Lütt* zum Mutantrinken brauchten, bevor sie nach Hause gingen, um mit der Ehefrau Krach anzufangen, und später dann wieder ausflogen, um in der komplett verräucherten Bude von Thea ihren Frust totzutrinken. Das ist inzwischen fast 50 Jahre her. Die „Old Lady" musste sich von uns Lausejungs recht viel gefallen lassen. Wir gingen nachmittags, wenn sie beim Saubermachen war, hinein, um nach Kaugummi, Bontjes oder einen Liter Milch zu fragen. Natürlich kannte sie ihre Pappenheimer. Den Besen zum Wegscheuchen hatte sie schon in der Hand oder zumindest in Reichweite. Bemerkenswert ist, dass sich Thea Dorn mit ihrer winzigen Kneipe bis zu ihrem Tod über Wasser halten konnte.

Nick Eggers, Caracas

Knicks 1. heute im antiautoritären Zeitalter undenkbar, damals ein Zeichen für die gute Erziehung der Kinder und deren Respekt vor Erwachsenen: der *Knicks*, die Verneigung mit eingebogenen Knien. Mädchen im Schul- und Konfirmationsalter grüßten so. Die Jungen machten einen *Diener,* eine tiefe Verbeugung. Verb: *knicksen* (einen Knicks machen). 2. Bruch, Sprung im Glas; *de* →[1] *Buddel kriggt 'n Knicks.* Syn.: *Knacks.*

Knust (*Knuust*). 1. Jeder Brotlaib hat einen Anfang und ein Ende, *Knust* geheißen, der, schneidet man ihn ab, eine mehr oder weniger → *krosche* Rinde auf seiner Rückseite hat. Kann man beim frischen Anfangsknust noch lachen, so ist der Endknust, wenn die Familie sich bis dahin vorgearbeitet od. „vorgegessen" hat, hart, zäh und ausgetrocknet, schlicht gesagt: zum Weinen. Deshalb wurden Anfang und Ende des Brotes auch *Lach- und Weinknust* genannt (wobei nach mehreren empörten Leserbriefen nicht unerwähnt bleiben soll, dass bei einigen Leuten zum Schluss nicht nur geweint, sondern sogar geheult worden ist, weshalb das letzte Ende dazu passend als *Heulknust* bezeichnet werden muss). Als Kinder rissen wir uns lachend um die Knüste, aber jetzt im Alter bilden sie doch zunehmend eine Gefahr für die dritten Zähne; deshalb sei endlich die einzig wahre hamb. und zudem seniorengerechte Bezeichnung hervorgeholt: *Lach- un Brummknuust.* Der *Knust* bedeutet auch: 2. eine Beule; *he hett Knüüst op 'n Kopp hatt.* 3. ein knorriges Stück Holz, ein knotiger Auswuchs; *de Ekenboom weer vull Knüüst.* 4. das Kerngehäuse vom Apfel od. der Birne (*Hunkknuust*; vgl. →[1] *Appelgriepsch*). 5. der Haarknoten der Frauen; vgl. →[1] *Dutt (3).*

Koben (Schweinestall) → *Swienskaven*

Was wäre ein Rotlicht-Lokal ohne Gäste, die man ausnehmen kann? Der Koberer sorgt für Nachschub.

Koberer sind die Portiers und Anmacher auf dem →¹ *Kiez,* die sich den vergnügungsbereiten Touristen, vornehmlich denen aus der Provinz und aus Skandinavien, in den Weg stellen, sie schon mal am Arm od. Revers packen (obwohl das nicht erlaubt ist) und sie mit abenteuerlichen Versprechungen über und unter der Gürtellinie und mit falsch gemurmelten Preisangaben in ihr Etablissement zu locken versuchen. Ein *Koberfenster* zeigt die dienstbereiten professionellen Damen aufgereiht in der → *Herbertstraße.* Von rotw. *Kober* (Wirt, Zuhälter), *Koberin* (Kupplerin), *kobern* (koitieren, als Dirne arbeiten), *ankobern* (Kunden ansprechen) [157].

157 Wolf: Rotwelsch S. 176

kodderich Adj. 1. körperlich übel, ein Gefühl kurz vor dem Erbrechen; *mi is ganz kodderich tomoot.* 2. frech, unverschämt; *holl dien kodderigen Sabbel!* – womit wir schon dicht an der berlin. →*Kodderschnauze* sind. Vgl. →*köddern.*

köddern heißt plaudern od. schnattern, wurde allerdings schon 1755 von Michael Richey als nicht typisch hamburgisch zurückgewiesen: *schwatzen, sprechen, ist Braunschweigisch; die Lüneburger machen daraus kören, und in Hamburg heisst es snakken.* Richey bringt in diesem Zusammenhang allerdings auch das inzwischen ausgestorbene Subst. *Ködder* für 1. den Hautlappen unter dem Schnabel des Hahns, aber wichtiger 2. für einen Kropf od. ein stark ausgeprägtes Doppelkinn: *wann iemand mit zurück gezogenen steiffen Halse und verdoppelten Kinne hochmüthig redet, das nennen wir över den Ködder spreken*[158]. Vgl. →*Kodderschnauze.*

Kodderschnauze Den Berlinern traut man allerlei zu, Gutes wie Schlechtes, vor allem ein loses Mundwerk, das sie *Kodderschnauze* nennen und auf das sie auch noch stolz sind. In Hamburg wurde der Begriff *Kodderschnuut* vereinzelt als Schimpfwort übernommen. Ob er nun auf ndd. →*kodderich* (übel, unverschämt), →*köddern* (plaudern) od. gar auf den ostpreuß. *Kodder* (Lappen, Lumpen) zurückgeht, sei dahingestellt[159].

---

158 Richey: Idioticon S. 133
159 vgl. Küpper S. 441

Kogge 1. Die *Kogge* war ein robustes Handels- und Kriegsschiff der →*Hanse* im 12. bis 16. Jh. *(Hansekogge),* das durch seine erhöhten Aufbauten Schutz gegen Piratenüberfälle bot. Bei der Kogge handelte es sich nicht gerade um einen wendigen Schnellsegler, aber das bis zu 20 Meter lange Schiff konnte max. 400 Tonnen Handelsware transportieren und war dort, wo es schiffbare Wasserwege gab, der unsicheren und langwierigen Beförderung mit Fuhrwerken über Land weit überlegen. Seinen Namen soll es wegen seiner bauchigen, runden Gestalt vom Wortstamm der Kugel bekommen haben; mnd. *kogge,* ahd. *kocho,* afrz. *coque* (Schiff), frz. *coque* (Rumpf). 2. Auch eine →[1] *Marmel* hat eine Kugelform, weshalb eine bestimmte Marmelsorte ebenfalls *Kogge* hieß.

Koh Eine *Koh* ist eine Kuh, ein weibliches Rind, nachdem es das erste Mal gekalbt hat[160], und kommt mannigfach in hamb. Redenarten vor; *de Koh ward dörch dat Muul molken* (sollte gut gefüttert werden); *de Koh is buukt* (hat sich überfressen); →[1] *Melkmann sien Koh* (Wasserpumpe); *klook as Kösters Koh wesen* (sich überaus klug vorkommen); *de Koh dat Kalf afsnacken* (auf lästige Art überreden*); laat dat 'n Koh kosten!* (koste es, was es wolle); *wo kann 't angahn, dat en swatte Koh witte Melk gifft!* (Ausruf des Erstaunens); *dat Kalf is klöker as de Koh* (sagt man zu einem naseweisen Kind). Sprichw.:

160 Vor dem Kalben wird das weibl. Rind *Färse,* →[1] *Queen* od. →[1] *Starke* genannt.

de Koh vergitt, dat se en Kalf wesen is (die Alten vergessen, dass sie auch einmal jung waren); *dat is nich allens Melk, wat vun de Koh kümmt, sä de Düvel, dor harr he in 'n Kohschiet pedd.* Erw.: *Kohkackel* (Kuhfladen); *Bruutkoh* („Brautkuh"; am Sonntag nach der Hochzeit besuchten die Frischvermählten die Eltern des Ehemannes, um sich aus deren Viehbestand das zweitbeste Pferd und die zweitbeste Kuh auszusuchen). Frage: *wat is achter de Koh?* Antwort: *de Steert!* [161]

Köhlbrand Der *Köhlbrand,* die mehr als 300 Meter breite Fahrrinne zwischen Süder- und Norderelbe, entstand im Laufe des 14. und 15. Jahrhunderts, als schwere Sturmfluten die Elbinsel Gorieswerder in zwei Teile getrennt hatten. Der Name rührt daher, dass an seinen Ufern Köhler Holzkohle brannten und an die Schiffer verkauften. Bis ins 19. Jahrhundert war der Köhlbrand ein Werftenstandort. Nach dem 3. Köhlbrandvertrag zwischen Preußen und Hamburg von 1908 wurde der Elbarm vom heutigen Kohlenschiffhafen 600 Meter westlich verlegt und auf damals 8,40 Meter vertieft. Die Landzunge Köhlbrandhöft mit dem 1961 errichteten Klärwerk trennt die alte von der neuen Durchfahrt, die nicht zu verfehlen ist: Ein Wahrzeichen Hamburgs, die *Köhlbrandbrücke,* überspannt weit sichtbar den Elbarm.

Kohldampf Wer großen Hunger hat, *schiebt Kohldampf.* Während und nach den beiden Weltkriegen gehörte „Kohl-

---

161 HWB 2/Sp. 1164 ff.

dampf schieben“ auch an Elbe und Alster zur täglichen Klage. Der Ausdruck *Kohldampf* stammt aus der Gaunersprache (Rotwelsch), und beide Bestandteile bedeuten Hunger: rotw. *Kohler* (Hunger) und rotw. *Dampf* (Hunger). Auch *schieben* weist auf die Gaunersprache hin (rotw. *schefften* – machen, tun).

Kombinatioon od. eine *Kombineeschen* trug Vater nicht nur im Winter: eine Hemdhose mit langem Bein. Sie reichte vom Hals bis zum Knöchel und war von oben durchgeknöpft bis zum Beinabsatz[162].

Kommi (Plur. *Kommis*). Der *Kommi* war ein Handelsgehilfe, ein kaufm. Angestellter, Verkäufer, Kontorist od. Ladendiener. Von frz. *commis* (Schreiber, Beamter).

Kontor Ein richtiger Hamburger Kaufmann hatte kein Büro, wie man heute sagt, sondern ein *Kontor.* So nannte er seinen Schreib- und Geschäftsraum. Im alten Bürgerhaus befanden sich Kontor und Wohnung noch unter einem Dach, bevor mit dem →*Kontorhaus* ein rein geschäftlicher Bürohaustyp entstand. Ra.: *dat is ’n Slach in ’t Kontor* (ein geschäftlicher Fehlschlag). Syn.: *Schriefkamer* (Schreibkammer). Von frz. *comptoir* (Theke, Verkaufstisch).

Kontorhaus Nach amerikanischen Vorbild entstanden vor und nach dem Ersten Weltkrieg zahlreiche Kontorhäuser als reine Bürogebäude, die den Bedürfnissen Hamburgs als modernes Handels- und Geschäftszentrum Raum

162 lt. Claus Günther

gaben. Den Standard setzte 1885/86 der Architekt Martin Haller (1835–1925) mit dem *Dovenhof* Ecke Dovenfleet/Brandstwiete, der 1967 abgerissen werden musste. Das Gebäude enthielt → *Paternoster*, Hauspost, Zentralheizung und gemeinsame Sanitäranlagen. In den Zwanzigerjahren wuchs nach Sanierung des →[1] *Gängeviertels* in der Altstadt ein das Stadtbild in der City bis heute auszeichnendes *Kontorhausviertel* zwischen Steinstraße und Meßberg um den Burchardplatz empor. Die Fassaden sind durch das dunkle Rot des Backsteins geprägt. Am bekanntesten ist das *Chilehaus* (1922/24) von Fritz Höger (1877–1949). Das *Pressehaus* am Speersort wurde 1939 als letztes Bauwerk dieser Reihe eingeweiht[163].

Korinthenkacker (Kleinlichkeitskrämer) → *Krinten*

Kornknüppel (Kerbholz beim Dreschen) → *döschen*

Köst 1. Kost, Speise, Essen. 2. Verpflegung; *för de Köst arbeiten*. 3. Hochzeitsfeier, bekanntermaßen auch *Hochtiet* genannt. Natürlich kommt *Köst* von beköstigen und nicht von Geld kosten, aber das eine bedingt das andere. Teilweise wurde so lange und ausschweifend gefeiert, dass die Obrigkeit im Laufe der Jahrhunderte mehrmals mäßigend eingreifen musste. Je nach Gästezahl unterschied man *lütte Köst* und *grote Köst*, auch die *halve Köst* mit bis zu 80 Gästepaaren und die *ganze Köst* mit 120 Paaren. Kein Wunder, dass die Brautleute es manchmal mit der *stillen Hochtiet* im Hause versuchten, zu der nur

163 Hamburg-Lexikon S. 283f.

enge Verwandte und beste Freunde eingeladen waren. Das war allerdings verpönt, sodass man sich im letzten Augenblick doch noch zur *Frünnenhochtiet* im weiteren Verwandten- und Freundeskreis od. gar zur *lustigen Hochtiet* mit allen Dorfbewohnern im größten Saal der Gastwirtschaft entschied. Die Einladungen überbrachte der →*Köstenbidder.* Vier Gänge waren beim Festessen ein Muss: *Höhnersupp* od. →*frische Supp* (klare Gemüsesuppe) mit *Fleeschklüten* (Fleischklößen), *Ossen-* und *Swiensbraden, Brootpudding* (→*Mehlbüdel*) und *achterup* noch Brot und Käse, Milchreis mit Zimt und Zucker, →*rode Grütt* od. Ähnliches. Dazu wurde reichlich getrunken und getanzt [164].

Köstenbidder Hochzeitsbitter, Einladender zur Hochzeitsfeier. Der *Köstenbidder* musste ledig sein und war meist ein enger Verwandter der Brautleute. Als Zeichen seiner Würde trug er einen langen, geschmückten Stab (Spieß), den *Köstenbidderspeet.* Seine Einladung brachte er als *Köstenbidderleed* in Reimform vor. Dabei wurde er sehr ausführlich und betete die zu erwartende Speisefolge herunter. Kostprobe: *twintig Höhner sünd slacht för de Supp, teihndusend Fleeschklüten sünd rullt, 'n Ossen un 'n Swien sünd slacht för den Braden, ook gifft dat Ries mit Zucker un Kaneel överstreut, dat sik dat Herz im Leibe freut; ook lustige Musik speelt dorto ...* [165] Von →*Köst (3).* Vgl. →*anseggen.*

---

164 HWB 2/Sp. 654
165 HWB 2/Sp. 1234 f.

Kostkind Pflegekind, das bei Pflegeeltern aufwächst, die dafür ein *Kostgeld* bekommen. Kostgeld bezahlte auch ein *Kostgänger*, ein Essensgast, der regelmäßig gegen Entgelt bei anderen Leuten aß. Ein Untermieter mit Vollpension wurde *in Kost und Logis* genommen.

Köter (abw. für Hund) → *kötern*

kötern Ein *Köter* ist ein Hund, oder etwas abfälliger ausgedrückt: ein Hund „gemeiner Art", eben ein Köter – oder noch abfälliger: ein Straßenköter. Zu Zeiten, als es weder Leinenzwang noch Hundeführerschein gab und die Futtermittelindustrie noch keine Milliarden mit Trocken- und Saftmenüs für die ganz jungen, jungen, ausgewachsenen und älteren Vierbeiner kleiner, mittlerer und größerer Gestalt umsetzte, *köterten* die oft herrenlose Hunde durch die Stadt und versuchten, hier und da einen Bissen aus dem Abfall oder einen abgenagten Knochen zu ergattern. Raa.: *dor ward de Köter in de Pann verrückt!* (Ausruf des Erstaunens); *as 'n lahmen Köter op dree Been lopen* (langsam und unbeholfen gehen). Übrigens gibt es den Köter auch in weiblicher Form, genannt *de Kötersch*. Allerdings müssen wir dazu das Tierreich verlassen und ganz vorsichtig und zurückhaltend erklären, dass damit in Hamburg laut Wörterbuch ein „sich herumtreibendes, bissiges und klatschhaftes Frauenzimmer" bzw. ein „gemeines Weibsbild" gemeint war[166].

Kötersch (gemeines Frauenzimmer) → *kötern*

166 HWB 2/Sp. 1239

Krakeel Lärm, Streit, Zank; *Krakeel maken* (Lärm machen); *denn güng bi em to Huus de Krakeel los; den Hoot op Krakeel hebben* (streitlustig sein). Verb: *krakelen* (lärmend streiten). Syn.: →*Krambool.*

krall (in der Marsch und auf den Elbinseln vorwiegend *grall* gespr.). 1. munter, vergnügt; *munter un krall; em weer ganz krall to Sinn* (er war vergnügt); →[1]*Hermann Claudius: so krall un →kregel as 'n Ulenspegel* (Eulenspiegel). 2. gesund (bei Jüngeren), rüstig (bei Älteren); *'n lütt Deern vun teihn Johr, krall un stramm; de Oolsch weer 'n oolt krall Minsch.* 3. drall; *'n lütt dicken, krallen un puusbackigen Jung.* 4. hell scheinend; *krall vun 'n Heven lücht de Sünn.* 5. straff gespannt od. gewickelt; *dat Tau is krall.*

Krambool Lärm, Geschrei. Syn.: →*Krakeel.*

Krauter Spottn. für einen kleinen →[1]*Krämer.*

Kraveel Karavelle, im 15. und 16. Jh. gebauter schmaler Schiffstyp mit drei Masten, der im Gegensatz zur bauchigen →*Kogge* keine überlappenden, sondern aneinanderstoßende Planken hatte; *twee Kravelen seilt de Elv rop.*

Kreek [2] (Plur. *Kreken*). Die Krieche, *Kricke,* Kriechpflaume, Rosinenpflaume, lat. *Prunus insititia,* ist eine verwilderte Zuchtpflaume, eine etwa kirschgroße, runde, geschmacklich der Zwetsche ähnliche, gelb bis violette Frucht. Wenn man jemanden *malle Kreke* schimpfte, bedeutete das hd. etwa: ... du bist vielleicht 'ne Pflaume!

In Haus- und Bauerngärten fanden sich früher zahlreiche *Krickenbäume,* und die reichlich sprießenden Ableger (die allerdings den Rasen zerstörten und die Terrassenplatten anhoben) wurden in der Nachbarschaft weitergereicht. Da man nichts umkommen ließ, was der Garten bot, kochte Mutter eine Suppe aus den Früchten – nicht entkernt, denn die Steine sind schwer vom Fruchtfleisch zu trennen. Die Familie wagte kaum zu schlucken und war weniger mit dem Essen als mit dem Ausspucken der Kerne beschäftigt. Deshalb nannten wir eine solche Suppe auch → *Spucksuppe.* Nicht zu verw. mit →[1] *Kreek*[1] (Kinderschlitten).

kregel Adj. 1. lebhaft, rege; *he is kregel as 'n Swiensteert.* 2. gesund; *ganz kregel wesen* (sich wieder gut fühlen).

Krempel 1. unnütze und wertlose Gegenstände; *de ganze Krempel* (das ganze Gerümpel). 2. lästige Angelegenheit; *nu geiht de ganze Krempel wedder vun vörn los.* Vgl. → *Klöter.*

kriegen * Der Hamburger bekommt nichts, erhält nichts, schafft und beschafft sich nichts, gebärt nichts, erreicht nichts, fängt nichts, ergreift nichts, packt nichts – der Hamburger *kriegt* etwas. So und nicht anders. Das mag stilistisch ein wenig eintönig sein, ist in der Umgangssprache aber äußerst praktisch. Nur der Deutschlehrer malte im Aufsatz immer ein rotes „A" an den Rand als Aufforderung, sich sofort einen Ausdruck aus der Hochsprache zu suchen. Zur Entspannung ein Kinderreim:

Wullt mi hebben,/ kannst man seggen,/ magst mi lieden,/ kannst mi kriegen.

Krimsche 1. Kriminalbeamter; *he weer maal Krimsche west bi de Kriminalpolizei.* Syn.: *Kriminaal.* 2. Kriminalroman od. Kriminalfilm; *as ik den Krimsche leest heff.*

Krinten (Plur., Sing. *Krint*). 1. Korinthen, kleine getrocknete Rosinen, die in keiner Hamburger Küche od. Backstube fehlen durften; *mien Krinten kann jedeen sehn, sä de Becker, dor harr he Krinten op 'n Stuten*[167] *backt, aver keen binnen in.* 2. kleine Kotbällchen vom Schaf; *dat fallt em to as den Schäper de Krinten* (ohne Zutun Glück haben). Erw.: Ein *Krintenball* ist ein Tanzvergnügen für Kinder od. ein Ball für Erwachsene in ärmlichem Ambiente. Eine *Krintenhüll* war scherzh. eine Schlafmütze, wie sie alte Männer nachts im Bett auf dem Kopf hatten (vgl. →*Kapittelmütz*), während die *Krintenjack* eine weiße Leinenjacke war, die die →[1]*Krämer* stolz in ihrem Lebensmittelgeschäft trugen, selbst wenn sie von ihrer Kundschaft abfällig *Krintenpuler* od. *Krintenpuper* genannt wurden. Ein →[1]*Stift* od. Kaufmannslehrling wurde als *Krintenjung* verspottet und jemand mit pockennarbigem Antlitz als *Krintenklövengesicht. Krintenklüten* sind Mehlklöße mit Rosinen. Was aber bedeutet der Ausdruck *Krintenkacker* od. *Korinthenkacker?* Das war das Schimpfw. für einen unerträglich kleinlichen Menschen, für einen Kleinlichkeitskrämer.

167 Rosinenbrot

krosch (*kross*), heute deutschlandweit gebraucht und den Zuschauern in jeder nervigen Fernsehkochshow im Minutentakt um die Ohren geschlagen, ist norddeutschen Ursprungs und bedeutet: 1. knusprig (von Gebackenem und Gebratenem). 2. spröde, leicht brechend (von Holz; Zweige vom *krossen* Himbeerbusch). 3. kräftig, hart; *'n kroschen Ball* beim Schlagballspiel. 4. prahlend, großspurig; *nu man to, sä he kross.*

Kruke (*Kruuk*). 1. Gefäß aus Ton, Keramik od. Porzellan, häufig mit Deckel, für Esswaren, Zutaten, Gewürze od. Flüssigkeiten. Ein *Krukenbord* war ein offenes Regal an der Küchenwand mit meist drei Brettern, auf denen mehrere weiße *Kruken* aufgereiht standen für den schnellen Zugriff auf Zucker, Mehl, Grieß, Salz, Gewürze etc. beim Kochen. 2. seltsames Geschöpf, Kauz; *du ole Kruuk!* 3. *Anno Kruuk* (zu einer lang zurückliegenden Zeit); *dat is vun Anno Kruuk, as de Buurn noch op 'n Ossen to de Kark rieden doon* (das ist längst veraltet). Von mnd. *krûke* (Krug) [168].

krupen kriechen, sich geduckt (Mensch und Tier) od. auf allen vieren (Mensch) fortbewegen; *as 'n Aal, de ut de Rüüs* [169] *krüppt; de Hund krüppt ünner de Bank; wat krupen laten* (etw. auf sich beruhen lassen); *to Krüüz krupen* (klein beigeben); *in 't Muuslock krupen* (Angst haben); *eerst krupen, denn gahn* (immer der Reihe nach); *mi ward dat bilütten krupen* (ich werde langsam nervös) [170].

---

168 Lübben S. 191
169 Reuse
170 HWB 2/Sp. 1304 f.

kruse Dellen bezeichnet die Dauerwelle, die 1906 von dem Deutschamerikaner Karl Nessler (1872–1951) erfundene Methode, das Damenhaar mit allerlei Chemikalien (Wasserstoffperoxid) zu malträtieren und zu verunstalten. Glücklicherweise ist die Dauerwelle heute etwas aus der Mode gekommen, aber in den Fünfzigerjahren kämpften die Frauen aller Schichten geradezu um die Friseurtermine, um ihre Frisur in *kruse Dellen* legen zu lassen. Da saßen sie nun mit rotem Kopf und straff angezogenen Lockenwicklern in der Reihe unter den riesigen Wärmehauben, lasen die „Mappe“ [171] od. versuchten ein Gespräch mit der Nebenfrau, was wegen der Föhngeräusche aber sehr mühsam war. Meine Mutter war nach so einem Friseurbesuch immer tagelang wie erschlagen, sodass in der Familie eine gelinde Panik ausbrach, wenn sie verkündete, dringend eine neue Dauerwelle zu benötigen.

kucken *kucken, nordd. für gucken,* so steht es seit Jahrzehnten im Duden. Und tatsächlich kennt der Hamburger das Wort *gucken* gar nicht. Er sagt (und schreibt) *kucken* (schauen), *Kuckfenster, Kuckloch* (Spion), *Topfkucker* (Neugieriger in der Küche), *Kuckkasten* (Bildbetrachter), *Auskuck* (Ausblick) und *Hinkucker* (Blickfang) [172].

171 mehr od. weniger aktuelle Zeitschriften, damals mit einem mappenähnlichen Zusatzumschlag aus braunem Packpapier versehen, die Friseursalons und Arztpraxen wochenweise mieten konnten

172 lt. Gerhard von Harscher

1947 revolutioniert die Kaltwelle von Schwarzkopf den Markt. Sie ermöglicht es den Frauen erstmals, ihr Haar in Dauerwellen zu legen, ohne es auf 100 Grad erhitzen zu müssen. Nach den kargen Kriegsjahren und dem Kopftuch der Trümmerfrauen wollten die Damen in Deutschland jetzt auch Frisuren haben, wie die Hollywoodstars sie trugen.

Kuddel Daddeldu ist der Spottn. für einen Seemann. Joachim Ringelnatz (1883–1934) nennt seine entsprechende Figur *Kuttel Daddeldu*. Vgl. → *daddeldu.*

Kuddelmuddel für Durcheinander, Wirrwarr ist ein Berliner Ausdruck, der nach 1900 auch die Hamburger Umgangssprache erreicht hat. Es handelt sich um eine Wortdoppelung aus ndd. *koddeln* (nicht sauber waschen) und ndd. *modder* (Dreck, Schlamm).

Kuff (Plur. *Kuffen*). 1. Frachtsegler mit Groß- und → *Besanmast,* breitem Vorschiff und geringem Tiefgang für die Nord- und Ostsee[173]. 2. Im Hafen abf. Bezeichnung für ein älteres und recht rundliches Mädchen; *'n paar verdammt rundboote Kuffen sünd ji!*

Kujambel* Zu →[1] *Kujambelwasser* sei noch angemerkt: Mit *Kujambels* oder *Kujampels* wurden in der Handelsschifffahrt auch exotische Währungen bezeichnet, jedenfalls in den Fünfziger- und Sechzigerjahren. Typische Frage damals: Wie viele Kujambels kostet das?

Kummerlüüd (Karrensträflinge) → *Kummerwagen*

Kummerwagen Im 19. Jahrhundert amtliche Bezeichnung für den Müllwagen, mit dem Abfälle, Schmutz und Fäkalien aus der Stadt transportiert wurden. Ursprünglich zogen den Wagen keine Pferde, sondern Sträflinge, die von einem Wärter begleitet wurden, der den armen Männern vor dem *Wagen* mit seinem Stock *Kummer* bereitete.

---

173 HWB 2/Sp. 1321

Einer dieser *zur Karre* verurteilten Sträflinge *(Kummerlüüd)* war Michael Schott, der nach seiner Entlassung diesem Gewerbe treu blieb und der →[1] *Schottschen Karre* den Namen gegeben haben soll[174].

Küper 1. wie → *Böttjer* etc. 2. Warenkontrolleur im Hafen.

LESERBRIEF

Ein Küper aus Boizenburg

Liebes Abendblatt, zu den Hamburger Ausdrücken gehört sicher auch noch der *Küper*. Vielfach wird gesagt, der Küper sei so eine Art → *Tallymann* gewesen, ich kenne diesen Begriff nur für den Fassmacher, andernorts auch *Böttcher* (→ *Böttjer*) genannt. Mein Großvater, geboren 1885 im mecklenburgischen Boizenburg, hat diesen Beruf dort erlernt, und da gab es keinen großen Hafen. Mein Opa hat zwar oft im Hamburger Hafen gearbeitet, aber stets als Küper, der Fässer herstellte oder reparierte. Später tat er dann lange Jahre genau das Gleiche für einen Hamburger Weinhändler. Er wird auch in allen Papieren als Küper bezeichnet. In England heißt dieser Beruf *cooper,* in Süddeutschland ist er der Küfer oder Fassbinder. Als mein Großvater nach Hamburg kam (wie damals so viele Mecklenburger), war er ein →[1] *staatscher* (stattlicher) Kerl, erzählte mir meine Oma. Mit freundlichen Grüßen
Ingrid Herron

küün (*küüm*) matt, schwach.

---

174 lt. Tilgner: Kleines Lexikon S. 132. Das HWB weist den Namen allerdings dem Adj. *schottsch* (schottisch) zu (HWB 4/Sp. 148).

laat Adv. spät; *wo laat is dat?* (wie spät ist es?), Komp. *later* (später); *Vadder kümmt later; je later an 'n Avend, je schöner de Gäst,* begrüßte man späten od. unverhofften Besuch.

Land ist der Teil der Erdoberfläche, der nicht mit Wasser bedeckt ist. Bevor der geneigte Leser den Autor nun der Banalität bezichtigt, sei gesagt, dass es sich hierbei um die Erklärung in einem seriösen Lexikon handelt[175]. Schenken wir uns weitere Zitate bis auf eine Redensart, die nichts mit Erde od. Wasser zu tun hat: *laat mi an Land!* bedeutet: das interessiert mich nicht!

Langsaamgahn umschreibt das Langsamgehen, und dazu gibt es eine alte Redensart, die vermuten lässt, dass die Null-Bock-Mentalität der Schulabgänger nicht unbedingt eine Erfindung vergangener Jahre sein muss: *he geiht al in de letzte School, he lehrt al dat Langsaamgahn.*

Langschefters (Plur.) sind die Stiefel mit langem Schaft, auch *Langscheftige* od. *Langstevels* genannt. Jahrhundertelang fertigte man sie aus Leder, erst in der ersten Hälfte des 20. Jahrhunderts *ut Gummi.* Die wasserdichten Gummistiefel wurden dann auch in Europa massenhaft produziert, etwa von der *Harburger Gummiwarenfabrik Phoenix AG.*

langssiet längsseits, außen an der Längsseite des Schiffes; *he liggt bi uns langssiet; langssiet kamen.* Übertr. *mien*

---

175 HWB 3/Sp. 16

lütt Enkelsöhn is langssiet bi mi ünner de Slaapdeek kropen.

langstielich waren nicht nur Blumen mit langen Stielen, sondern auch Zeitgenossen mit „langer Leitung“.

Lappen Brannte in der Hafenkneipe die Luft, war die letzte Heuer immer noch nicht versoffen und wurde eine Runde nach der anderen geschmissen, konnte der Wirt nicht jedes Kornglas einzeln und sorgfältig füllen. Er stellte die kleinen Gläser in einer langen Reihe auf einem feuchten →[1] *Fatuch* auf und fuhr mit der Schnapsflasche die Reihe in bemerkenswerter Geschwindigkeit ab. Ein gut Teil des Korns landete dabei im Lappen. Wer kein Geld mehr hatte, konnte ihn sich → *auswringen* lassen. Er bestellte dann *enen ut ’n Lappen*, dazu vielleicht noch ein → *Leckbier.*

Latücht Laterne. Kontam. aus *Lateern* und → *Lücht*. Ra.: *em geiht ’n Latücht op* (ihm geht ein Licht auf).

Leckbier Das Zapfen eines guten Pils dauert sieben Minuten, wie mir ein Gastwirt der alten Schule nachdrücklich erklärte, als ich als junger Student drängelte. Aber selbst standesbewusste Wirte geraten bei großem Andrang schon einmal in die Versuchung, den Zapfhahn zu weit aufzudrehen od. den Schaum vom Glas abzustreifen. Das Übergeschäumte und Abgestreifte sammelt sich in der Wanne unter der Zapfanlage. In der Eckkneipe wurde diese Leckage häufig an finanziell Minderbemittelte verkauft. „Gib mir mal ’n *Leckbier!*“, hieß es dann, wenn Hein od. Jan seine letzten Pfennige zusammenklaubte.

Hans Leip

SEHNSUCHT NACH LILI UND MARLEEN

Wenn der Name *Hans Leip* fällt, ist alle Welt versucht, „Vor der Kaserne, vor dem großen Tor" zu summen, die Eingangszeile aus seinem Abschiedslied →[1] *Lili Marleen*, das er 1915 als Gardefüsilier vor dem Einsatz an der Ostfront für seine Freundinnen Lili und Marleen geschrieben hat. Seit 1941 ist es, gesungen von →[1] *Lale Andersen*, das bekannteste Soldatenlied aller Zeiten.

Hans Leip, geboren am 22. September 1893 als Sohn eines Hamburger Hafenarbeiters, wuchs in St. Georg auf. Nach Volksschule, Seminar und Präparandenanstalt[176] unterrichtete er ab Ostern 1914 in Rothenburgsort die Fächer Sport und Religion.

1915 wurde er zum Kriegsdienst eingezogen und 1917 verwundet wieder entlassen. Leip kehrte zunächst in den Lehrerberuf zurück, betätigte sich daneben aber als Schriftsteller, Journalist, Grafiker, Zeichner und Bildhauer. Seinen Durchbruch schaffte er 1925 mit dem Seeräuberroman „Godekes Knecht" aus der Zeit der Vitalienbrüder. Sein Roman „Jan Himp und die kleine Brise" (1934) über die Jugendliebe eines Bootsjungen zu einer Reederstochter spielt in Övelgönne, wo er lange gewohnt hat. Er unterhielt ein enges Verhältnis zu den Pfadfindern, denen er das Gedicht „Und irgendwo die Steppe" widmete, das zum Bundeslied der Pfadfinderschaft avancierte.

Nach 1940 kehrte Hans Leip nur noch selten in seine Heimatstadt zurück. Der Hamburger Senat verlieh ihm die Medaille für Kunst und Wissenschaft, den Professorentitel und die Biermann-Ratjen-Medaille.

Hans Leip starb am 6. Juni 1983 in Fruthwilen/Schweiz. Er hinterließ ein umfangreiches und vielfältiges Werk, aber weltbekannt machte ihn ein einziges Gedicht: seine sehnsuchtsvollen Verse an Lili und Marleen.

---

176 früher Schule zur Ausbildung von Volksschullehrern

Leesch Schilf, Schilfgras, Bezeichnung für alle am Elbufer beheimateten Arten. Als abgestorbenes Treibgut bildeten sie zusammen mit anderen Wasserpflanzen das → *Feek*. Darin schwammen früher häufig Erdnüsse, die beim Entladen od. Reinigen der Schiffe über Bord gefallen waren. Die Kinder auf Finkenwerder nannten diese durchweichten Erdnüsse *Leeseier*.

Leeseier → *Leesch*

leicht zu *Dat is leicht zu!* bedeutet in Hamburg: Das kann schnell passieren!

leifich (*geleifich*) Adj. 1. schnell, flink, gelenkig; *so 'n leifige Finger heff ik eenfach nich mehr; leifich as 'n* →[1] *Katteker* (flink wie ein Eichhörnchen); *leifich mit de Tung wesen* (schnell und viel reden). 2. problemlos; *twölf Koken hett se ganz leifich vermöbelt* (ohne Schwierigkeiten vertilgt). 3. freundlich; *'n netten leifigen Minschen*. 4. hübsch; *se weer jung, adrett, leifich un smuck*. Subst. *Leifigkeit* (Geschicklichkeit, Beweglichkeit)[177].

Leip, Hans → Biografie S. 228 f.

Leuwagenkarbonade Wenn die *Gören* es damals wieder einmal zu bunt trieben, „versprachen“ ihnen die Eltern eine *Leuwagenkarbonade* (Prügel). Dann konnte es etwas mit dem →[1] *Leuwagen* (Schrubber) auf die →[1] *Karbonade* (Hintern) geben. Na ja, meistens blieb es bei dem Versprechen ...[178]

---

177 HWB 3/Sp. 76 f.
178 lt. Ulrich Banze

Libertatem Freiheit auf Latein: *Libertatem quam peperere*[179] *maiores digne studeat servare posteritas*. Dieses Motto steht eingemeißelt, mit Goldfarbe ausgelegt und gekrönt vom Stadtwappen, über dem Eingangsportal des Hamburger Rathauses und hat sich seit Generationen nicht nur als Schrecken der Schüler lokalpatriotischer Lateinlehrer erwiesen, sondern zeigt auch das Selbstbewusstsein eines reichsunmittelbaren Stadtstaates, der jedwede Fürstenherrschaft abgestreift hat. Auf Deutsch besagt die Aufforderung sinngemäß: *Die Freiheit, die die Vorfahren errungen haben, möge die Nachwelt stets würdig zu bewahren wissen*. Eigentlich sollten am neuen Rathaus nur Inschriften in deutscher Sprache zu lesen sein, aber da der Spruch bereits am Deichtor, Millerntor und im Alten Rathaus an der Trostbrücke gestanden hatte, wurde er schließlich als →[1] *Hamburgensie* in Latein akzeptiert.

Liebestöter (Damenunterhose) → *Schinkenbüdel*

Liekedeeler waren „Gleichteiler", aber was sie zu gleichen Teilen in der Gruppe aufteilten, war nicht etwa ehrlich erworbenes Gut, sondern als Piraten geraubte Ware von Handelsschiffen, meist der → *Hanse*. Es handelte sich schlicht um Seeräuber, die keinerlei soziales Anliegen hatten. 1389 bis 1392 versorgten sie das von der dänischen Königin Margarete (der Ersten, nicht der heutigen) belagerte Stockholm mit Lebensmitteln *(Vitalien)* und hießen deshalb auch *Vitalienbrüder*. 1398 wurden sie vom Deutschen Orden von ihren Stützpunkten auf Gotland

179 lat. *parere (pario, peperi, partus):* erwerben, gewinnen, gebären

vertrieben und verlegten ihre Kaperfahrten in die Nordsee. Die Hanse besiegte die Freibeuter 1400/01 unter der Führung Hamburgs. Die Anführer →*Klaus Störtebeker* und Godeke Michels wurden 1401 mit ihren Kumpanen auf dem Grasbrook in Hamburg hingerichtet. Von *lieken* (gleich sein).

liekers Adv. ebenso, in gleicher Weise, trotzdem, dennoch. *Vadder in Swatt, Mudder un de Göörn liekers* (ebenso); *liekers em de Deern leed dä* (obwohl).

lingelang Adv. sehr lang, der ganzen Länge nach; *de Büx is lingelang tweireten; he fallt lingelang op de Nees* (er fällt der Länge nach hin).

link Adj. auf der linken Seite befindlich; *linker Hand* (zur Linken); *mit dat linke Oog in de rechte Westentasch kieken* (schielen). Ra.: *linke Hand geiht vun Harten* (die Linke kommt vom Herzen – Entschuldigung, wenn beim Gruß die linke Hand gereicht wird). Abergl.: Wer morgens mit dem linken Bein zuerst aus dem Bett sprang, der hatte während des gesamten Tages Pech. Syn.: →*lucht*.

Linkerpoot bezeichnet einen Linkshänder. Es fiel immer sofort auf, wenn jemand mit links schrieb. Das war früher die Ausnahme, da Linkshänder strikt dazu angehalten wurden, mit der rechten Hand zu schreiben. *Linkerpoot haut den Düvel doot*, hieß es. Vgl. →*link*.

Lohmühle eine Mühle, in der Eichenrinde zu Gerberlohe zermahlen wird. Eine solche Wassermühle am Reesendamm

(→[1] *Jungfernstieg*) wurde 1642 aufgegeben und durch eine entsprechende Windmühle in Höhe der heutigen *Lohmühlenstraße* (St. Georg) ersetzt, die bis 1854 in Betrieb war.

Lolli Lutschbonbon am Stiel. Von engl. *lollipop* (Lutscher).

Lombard Bis 1813 der Name eines öffentlichen Leihhauses an der Dammtorseite der danach benannten Lombardsbrücke, 1615 errichtet und 1827 abgerissen. Der Rat hatte die gute Absicht, die Bürger, die „in Nothfällen" ihre Güter verpfänden mussten, „aus den Händen gewissenloser Wucherer" zu retten. Der Name stammt aus der Lombardei, wo es zuerst entsprechende Einrichtungen gegeben hat. *Lombarden* waren im Mittelalter italienische Kaufleute, die berechtigt waren, gegen Zinsen od. Pfand Geld zu verleihen[180].

Lööv[1] f., die Laube. 1. Rathauslaube im alten Rathaus, 24 Meter langer, aber nur vier Meter breiter Raum für Empfänge. 2. hölzerner Vorbau an der Wasserseite von älteren Wohngebäuden, die an →[1] *Fleeten* lagen. 3. Gartenlaube.

Lööv[2] m., 1. Gelegenheitsarbeiter, der sich vor allem auf Märkten aufhielt und gegen Trinkgeld kleine Hilfsdienste leistete, das Entgelt aber in der Regel sofort in Alkohol umsetzte. Urspr. auf dem Hopfenmarkt beheimatet; vgl. → *Hoppenmarkslööv*. 2. Übertr. für Säufer, Lungerer, Tagedieb; *Löven un anstännige Minschen; dröög as de Kehl vun en Lööv* (iron.).

Lööv[3] m., der Löwe.

---

180 Vgl. auch Beckershaus: Straßennamen S. 229

Lorbass Der Ausdruck *Lorbass* für Lümmel od. Schlingel ist eigentlich ein typisch ostpreußischer Begriff. Er mag nach 1945 zurückgewandert sein. Davor ist er in Hamburg nur vereinzelt als Schimpfwort für einen dickfelligen Menschen belegt: *he will nich mehr, de Lorbass!*

Lübeck Die Stadt an der Trave war jahrhundertelang das Oberhaupt der →*Hanse* und das Tor zur Ostsee, wie Hamburg das Tor zur Nordsee und dann, jedenfalls nach eigener Einschätzung, das Tor zur Welt war. Eine gewisse Rivalität trennte die beiden Hansestädte zeitweise, während gemeinsame Interessen ein Zusammengehen erforderten wie 1420 gegen den Herzog von Lauenburg, was zur →*beiderstädtischen* Verwaltung von Bergedorf und Geesthacht führte. Nach der Entdeckung neuer Erdteile (1492) geriet *Lübeck*[181] ein wenig an den Rand des Weltgeschehens. Eine Redensart bringt das zum Ausdruck, wobei man wissen muss, dass Westwinde in unseren Breiten häufiger als Ostwinde zu verzeichnen sind: *West*[182] *is de Hamborger ehr Best, Oost*[183] *is de Lübecker ehr Troost.* Das →[1] *Groß-Hamburg-Gesetz* vom 1. April 1937 hatte für die beiden Städte ganz unterschiedliche Folgen. Hamburg war so sehr mit dem eigenen Wachsen beschäftigt, dass zum Teil bis heute an der Elbe nicht bewusst geworden ist, wie sehr die andere

---

181 Spr. -be:k mit langem e. Das c in *-beck* ist in diesen Fällen stets ein Dehnungszeichen für das vorangehende e.

182 Westwind, zum Segeln auf der Elbe nach Hamburg erforderlich

183 Ostwind, notwendig, um auf der Trave Lübeck zu erreichen

Hansestadt an der Trave die Zeche zu zahlen hatte. Das Gesetz über Groß-Hamburg lautete weiter ... *und andere Gebietsbereinigungen*, und diese „Bereinigungen" trafen vor allem Lübeck. Als Entschädigung für das an Hamburg abgetretene →[1] *Altona* kam Lübeck zu Preußen. Über Nacht wurde aus der Freien und Hansestadt eine einfache Kreisstadt in der preußischen Provinz Schleswig-Holstein. Lübeck verlor nach 711 Jahren die Reichsfreiheit, die Kaiser Friedrich II. der Stadt 1226 verliehen hatte. Als Glück im Unglück erwies sich nach der deutschen Teilung, dass Bestrebungen, die Stadt 1937 nach Mecklenburg zu geben, nicht verwirklicht worden waren. Die Zonenrandlage direkt am *Eisernen Vorhang* eröffnete nach 1945 allerdings keine Chance, Hauptstadt des neuen Bundeslandes Schleswig-Holstein zu werden.

Lübeck-Büchener Eisenbahn Wenn die Hamburger vor 1938 sagten, sie wollten mit der „Lübeck-Büchener" fahren, so wollten sie nicht etwa nach Büchen reisen, sondern nach → *Lübeck* od. Travemünde. Jahrhundertelang hatten Lübeck als Tor zur Ostsee und Hamburg als Tor zur Nordsee versucht, einen sicheren und effektiven Transportweg zwischen den beiden Hansestädten zu schaffen. Der Landweg mit Fuhrwerken über nicht befestigte Wege, von Räubern und Raubrittern bedroht, war unsicher und gefährlich, der lange Schifffahrtsweg durch das Skagerrak[184] war nicht weniger gefährlich, wurde von Stürmen begleitet und vom erheblichen dänischen *Sundzoll* verteuert. Alle

184 Teil der Nordsee nördlich von Jütland

Kanalbauten wie der Alster-Trave-Kanal (1529–1550), der Stecknitzkanal zwischen Lübeck und Lauenburg oder der Eiderkanal zwischen Kiel und Rendsburg erwiesen sich als unzureichend. Zwar passierten um 1830 jährlich rund 1260 Schiffe den Eiderkanal, aber sie durften nur einen Tiefgang von bis zu neun Fuß haben. Die Durchfahrt dauerte acht bis 14 Tage, was für den schnellen Massentransport im beginnenden industriellen Zeitalter inakzeptabel war[185]. Einen Ausweg schien nach 1835 das neue Transportmittel, die →*Eisenbahn*, zu bieten. Eine direkte Verbindung zwischen Hamburg und Lübeck musste aber über dänisch regiertes Holsteiner Gebiet führen. Das verbot der König in Kopenhagen und begünstigte die Strecke zwischen seinen Städten →[1]*Altona* und Kiel. Deshalb baute die am 27. Februar 1850 gegründete *Lübeck-Büchener Eisenbahn-Gesellschaft (LBE)* erst eine Linie über Ratzeburg und Mölln nach Büchen, um dort Anschluss an die Berlin-Hamburger Bahn zu erhalten. Diese am 15. Oktober 1851 eröffnete indirekte Verbindung zwischen den Hansestädten war 35 km länger, als der Weg durch →*Stormarn* gewesen wäre. Erst am 1. August 1865 konnte die direkte Strecke vom Bahnhof vor dem Holstentor in Lübeck über Reinfeld, Oldesloe, Bargteheide, Ahrensburg, Rahlstedt und Wandsbek bis zum Lübecker Bahnhof an der Spaldingstraße in Hammerbrook nach zweijähriger Bauzeit ihren Betrieb aufnehmen. Die Trasse wurde 1882 bis Travemünde und

185 vgl. Staisch: Hauptbahnhof S. 9

Der Markt in Lübeck um 1820. Im Hintergrund die gewaltige Marienkirche, rechts das Rathaus und links der Kaak, was urspr. Pranger bedeutete. Bis 1811 wurden im Lübecker Kaak Verurteilte zur Schau gestellt, Verbrecher ausgepeitscht, aber auch Diebe, Marktsünder und Bettler ohne Konzession dem Spott des Volkes überlassen. Danach setzten Napoleons Truppen einen etwas humaneren Strafvollzug durch.

1898 bis Travemünde-Strand verlängert. 1906 gliederte man auch die „Lübeck-Büchener" in den neuen Hamburger Hauptbahnhof ein. Am 1. Januar 1938 wurde die LBE, die als Privatbahn Wegbereiter neuer Verkehrstechniken wie des Doppelstock-Stromlinien-Wendezug-Betriebs geworden war, verstaatlicht und der Deutschen Reichsbahn angeschlossen.

lübsch (*lüübsch*) zu → *Lübeck* gehörend, nach Lübecker Art; ein *Lübsches Rundstück* war ein belegtes Brot aus einer

Feinbrotscheibe und einem halben → *Rundstück*; *Mark lüübsch* (Lübecker Währung); *Lübische Herberge* (Unterkunft für Lübecker Gesandte in Bergedorf); bis 1881 *lübsche Buden* an der Jakobikirche längs der →[1] *Steinstraße* mit niedrigen Verkaufsläden, in denen die Fuhrleute aus Lübeck ihren Bedarf deckten; *lübsche Landstraße* in Hohenfelde (seit 1858 Lübecker Straße).

Lucht[1] Teil alter Bauernhäuser. Dachboden, oberste Etage des Hauses, spez. die düstere Ecke od. der dunkle Winkel seitlich unter dem Dach bzw. neben dem → *Flett* (Vordiele). In der *Lucht* ließ sich nur Gerümpel lagern, aber keinesfalls etwas Essbares, weil es dort von Mäusen, Ungeziefer, Wespen- und Vogelnestern so sehr wimmelte, dass sich selbst Katzen nur hineintrauten, wenn sie extrem furchtlos und hungrig waren. Der *Luchtbalken* war ein besonders starker Längsbalken im Bereich des Fletts.

Lucht[2] Lichtöffnung, Fenster, spez. die nach unten aufklappbare Fensterluke, auch die lichte Weite eines Fensterlochs; *he steiht mi in 'n Luchten* (er steht mir im Licht); *dor wahnt Hans vun den Luchten,* sagte man zu einem total verfallenen Haus.

lucht (Komp. *luchter*) Adj. linksseitig. Wer beim *Kleigraven,* beim Grabenreinigen, den Schlamm *luchterhand* auswarf, also nach links, bekam weniger Lohn als derjenige, der *rechterenhand,* nach rechts, schaufelte[186]. Syn.: → *link.*

186 HWB 3/Sp. 166

Lücht Laterne, Lampe, Leuchte; *avends wenn de Lüchten brennt; laat di man nich de Lücht utgahn* (spöttischer Gruß im Vorbeigehen an einen schwer Arbeitenden).

luren [spr.: lu:an] bedeutet warten, aufmerksam sein, lauern, horchen; *he luurt op 'n goden Wind; ik luur op de Post; de Katt luurt op de Muus.* Der Stadtteilname *Lurup* ist eine Zusammenziehung aus *luur up* und war ursprünglich der Name eines Gasthofs. Weshalb dort jemand wem auch immer aufgelauert haben soll, ist nicht bekannt, unter Umständen lauerte der Wirt auf die seltenen Gäste. Das Adj. *lurich* drückt die Eigenschaft lauernd, hinterhältig od. heimtückisch aus; *de is so lurich as 'n Katt.* Vgl. →*lüstern.*

lusen lausen, jmdm. zu Leibe rücken; *ik denk, mi luust de →Aap* (Verwunderung). Vgl. →*lusich.*

lusich kommt von →*lusen* und bedeutet dementsprechend lausig, und zwar nicht nur 1. von Läusen befallen, sondern 2. übertr. gering, unbedeutend; *föfftig lusige →Schillens* (Schillinge); *keen lusigen Daler op den Naht hebben* (völlig pleite sein). 3. sehr (verst.): *dat is lusich koolt* (lausekalt).

lüstern heimlich lauschen, horchen, Ausschau halten, abgucken; *üm de Eck lüstern; Mudder lüstert dörch de Ritz; kiek, wat de Hund lüstert!* Syn.: *luuschen.* Vgl. →*luren.*

Lüünborger 1. Bürger der Stadt *Lüünborch* (Lüneburg). 2. Eine Bezeichnung für die Bewohner des südlichen Teils der ehemaligen Elbinsel Finkenwerder, der bis 1705 zum Herzogtum

Lüneburg gehörte und erst 1937 mit dem →[1] *Groß-Hamburg-Gesetz* von Preußen zu Hamburg kam; *de Lüünborger Siet* (das südliche Finkenwerder); *Lüüd vun de Lüünborger Kant* (vom südlichen Elbufer); *Lüünborger Elv* (ehem. Süderelbe). Die Hamburger Bürger des nördlichen Teils von Finkenwerder nannten die je nach Lauf der Weltgeschichte Lüneburger, Hannoveraner od. preußischen Bewohner des südlichen Teils der Elbinsel abfällig *Lüünjippers*, was aus dem Tierreich entlehnt ist: eigentl. Spatzen, Sperlinge; *na de Lüünjippers gahn.*

luuschen (lauern) → *lüstern*

M

Macker 1. guter Freund, Kamerad, Kumpel. 2. Arbeitskollege. 3. (Geschäfts-)Partner, Mitinhaber, Schiffsteilhaber; *mit eenuntwintig*[187] *is he Macker vun sien Vadder worrn.* Von *mackern* (zusammenhalten, miteinander auskommen, geschäftlich verbunden sein). Vgl. → *Mackerschop.*

Mackermenten (Plur.) Schwierigkeiten, Umstände; *mit so 'n Mackermenten hett he uns argert.* Von ndl. *mankement,* frz. *manquement* (Vergehen). Vgl. → *Malesche.*

---

187 Bis 1975 begann in der Bundesrepublik die Volljährigkeit erst mit der Vollendung des 21. Lebensjahres.

Mackerschop Fischer, die gemeinsam ein Schiff besaßen und den Fang zusammen vermarkteten, bildeten eine *Mackerschop* (Partnerschaft unter Fischern od. Schiffern). *Mackerschop maken* (gemeinsam fischen). Vgl. →*Macker.*

macklich Adj. 1. gemächlich, langsam, gemütlich, ruhig; *macklich Wedder* (windarmes Wetter); *macklich gahn* (schlendern). 2. lässig, mühelos; *macklich in de Welt leven* (in den Tag hinein leben, heute würde man sagen: null Bock haben). Von mnd. *gemak* (Gemächlichkeit, Bequemlichkeit).

Mahler, Hans →Biografie S. 244 f.

Mai Der Monat Mai, *de Maimaand,* ist der Monat der Liebe, der Hochzeiten, des Frühlings, des Pfingstfestes; dementspr. existieren zahlreiche Komposita: →*Maiaap* („Maiaffe", ein Geck, ein Dummkopf), *Maibloom* (Maiglöckchen), *Maiboom* (Birkengrün zum Schmuck der Häuser zu Pfingsten), *Maibotter* (erste Butter der gerade ausgetriebenen Kühe), *Maibüx* (weiße Hose, ein Muss um 1900), →*Maidag* (1. Mai), *Maifier* (Feier der Gewerkschaften am 1. Mai mit organisiertem Umzug, dem *Maitog*), *Maikatt* (im Mai geborene Katze, gilt als widerstandsfähiger als eine Novemberkatze), →*Mainacht* (Walpurgisnacht), →*Maischull* (Maischolle), →*Maisever* (Maikäfer).

Maiaap [spr.: mai´o:p] „Maiaffe". 1. Schimpfw. für einen Gecken, für einen übermäßig herausgeputzten Jüngling; *dor stünn he nu mit sien witte Maibüx, stieven Hoot un bottergele Handschen, de ole Maiaap.* 2. ein Dummkopf; *kiek nich so dösich, du Maiaap!* 3. Borcherdt berichtet von einem bekannten Kauz, der um 1860 täglich von den Elbinseln herüberkam, um frisch geschnittenes Gras als Futter für das städtische Kleinvieh zu verkaufen, seinen Kahn aber weder im Sommer noch im Winter, weder tags noch nachts verließ, sondern dort unter einer Plane schlief. Die Milchleute, mit denen er verfeindet war, brüllten ihm, wenn er die →[1] *Fleete* befuhr, ein gehässiges *Maiaap!* hinterher, aber er antwortete mit *Water un Melk!*, was seine Widersacher schwer traf, denn so ganz abwegig scheint die sprichwörtliche Behauptung nicht gewesen zu sein, dass Milchbauern und Milchhändler die Menge ihrer Milch durch das → *Panschen* mit Wasser mühelos verdoppeln konnten – wenigstens verdoppeln! [188]

Maidag 1. Es handelt sich um den ersten Tag im Monat Mai, an dem Zahlungen fällig waren, Dienstverhältnisse gekündigt werden konnten od. die Kühe ausgetrieben wurden; *de Köh ward Maidag op de Weid jagt.* 2. Der *ole Maidag* fiel hingegen auf den 10. Mai nach heutiger Zeitrechnung. Papst Gregor XIII. ließ 1582 den julianischen durch den gregorianischen Kalender ablösen und dabei zehn Tage „ausfallen“; auf den 4. Oktober 1582 folgte unmittelbar der 15. Oktober 1582. Der neue Kalender setzte sich in protestantischen Ländern nur langsam durch, sodass der *ole Maidag* und der *nie'e Maidag* nebeneinander existierten. Wegen drohenden Nachtfrostes durften Erbsen, Bohnen und Gurken nicht vor dem *olen Maidag* ausgesät werden. In Langenhorn und teilweise den Vierlanden legte man diesen Termin auch auf den 12. Mai.

188 Borcherdt I, S. 42

Mainacht Das war die Nacht vom 30. April auf den 1. Mai, andernorts auch *Walpurgisnacht* genannt, in der angeblich finstere Mächte die Menschen bedrohten. Von wegen Aufklärung: Noch im 19. Jahrhundert sollten auch im protestantischen Hamburg Kreuze an den Haustüren vor Ungemach schützen, die die Straßenjungen gegen Entgelt aufmalen durften. Die Hexen ritten auf dem Besenstiel zum Blocksberg, und angeblich starteten besonders viele Teilnehmerinnen an diesem Besenstiel-Konvent in den Vierlanden von der *Grootdeel* des Bauernhauses durch *Hooptlock* und *Ulenlock* zum *Blocksbarch*.

Maischull (Plur. *Maischullen*). Maischollen waren im Mai gefangene Schollen, die als besonders wohlschmeckend galten, weil sie abgelaicht und wieder Fleisch angesetzt hatten. Man erkannte sie an den roten Flecken auf der Oberseite. Meine Mutter kaufte Schollen nur in den Monaten, die kein „r" im Namen hatten (Mai bis August). Wohlgemerkt, wir sprechen von Schollen, wie sie früher dem Fischmann aus dem Schaufenster und dem →[1] *Buttpedder* (Elbfischer) aus dem →[1] *Ewer* sprangen, nicht von den heute häufig angebotenen schlaffen Exemplaren, die irgendwo zwischen Sibirien und Cuxhaven aufgetaut worden sind und die schon mal ein Jahr „überflogen" haben. Echte Maischollen werden zart in Butter gebraten, die anderen bereitet man besser nach *Finkenwerder Art* zu. Über Geschmack lässt sich nicht streiten, und ich möchte den Freunden auf der ehemaligen Elbinsel keineswegs zu nahe treten, aber solche in ausgelassenem Speck gebratenen Schollen schmecken mir – Pardon! – mehr nach Schwein als nach Fisch.

HANS MAHLER
war Schauspieler und Theaterregisseur, vor allem war er jedoch seit 1949 Intendant des →[1] *Ohnsorg-Theaters* und damit maßgeblich an der Pflege der heimischen Mundart auf der Bühne an den Großen Bleichen beteiligt. Seine eigenen zwar nicht auf Platt, sondern gegen seine Überzeugung auf →[1] *Missingsch* im Fernsehen ausgestrahlten Inszenierungen machten das Hamburgische in ganz Deutschland bekannt und bescherten der ARD Traum-Einschaltquoten. Die Reihe reicht von „Dat Herrschaftskind" (1955) mit → *Walter Scherau* bis „Minsch sien mutt de Minsch" (1970) mit Werner Riepel, Edgar Bessen, Gisela Wessel und Heini Kaufeld. Hans Mahler war seit 1937 mit → *Heidi Kabel* verheiratet. Die gemeinsame Tochter Heidi Mahler (geb. 1944), ebenfalls Schauspielerin, trägt den Namen des Vaters, sodass vielen Zuschauern gar nicht bewusst war, dass hier Mutter und Tochter zusammen auf der Bühne standen, wenn Heidi Kabel und Heidi Mahler bei Ohnsorg Triumphe feierten. Hans Mahler wurde am 15. August 1900 in Rothenburgsort geboren und starb unerwartet am 25. März 1970. An diesem Abend stand Heidi Kabel bei Ohnsorg auf der Bühne. In der Pause überbrachte Tochter Heidi ihr die schreckliche Nachricht: „Papi ist tot, Mami. Wir brechen die Vorstellung ab." Heidi Kabel erstarrte. Um Zeit zu gewinnen, den Tod ihres geliebten Mannes zu realisieren, erwiderte sie: „Nein, wir spielen den dritten Akt noch. Lasst wieder einklingeln, damit wir das hinter uns bringen!"[189] Hans Mahler fand seine letzte Ruhestätte auf dem Nienstedtener Friedhof.

---

189 Gerd Spiekermann: 100 Jahre Ohnsorg S. 89

Maisever [spr.: mai´sewer] (Plur. *Maisevers*). Die Maikäfer krabbelten nicht in jedem Jahr aus dem Boden, aber wenn sie kamen, dann in Massen – seinerzeit eine Plage im schönen Monat Mai. Sie ernährten sich vor allem von Eichenblättern, fraßen aber auch Ahorn, Buche und die Obstbäume kahl. Ihre Larven, die *Engerlinge (Emer; Severworm)*, leben drei bis fünf Jahre unter der Erde; man bekämpfte sie nach dem Krieg gezielt mit Insektiziden und einem tödlich wirkenden Pilz, sodass heute viele Kinder den Maikäfer nur noch als Schokoladenfigur kennen. Früher war das anders. Ra.: *dat gifft Mietjes as Maisevers* (Prostitution an jeder Ecke). Ein Vergnügen war es damals für die Kinder, Maikäfer zu fangen und zu tauschen. Sie waren begehrter als die sonstige „Kinderwährung", die →[1] *Marmeln*. Je nach Farbe des Halsschildes unterschied man zwischen einem *Sottje* (dunkel, „Schornsteinfeger"), *Mehlhöker* (hell, „Müller") und *Kaiser* (rötlich). Beim Fliegenlassen sang man: *Maisever fleeg op, fleeg na 'n hogen Heven rop*. Erw.: *Maiseverbood* („Maikäferbude"), wie eine sehr kleine Wohnung scherzh. genannt wurde. Vgl. → *maisevern*.

Maisever, fleeg!

maisevern bedeutet, Vorbereitungen für etwas treffen, und zwar wie ein Maikäfer (→*Maisever*), der zur Probe die Flügel bewegt, bevor er losfliegt. Man sagte dann: *he tellt* (er zählt). Wenn jemand beim Skat den Betrieb dadurch aufhielt, dass er dauernd die Punkte nachzählte, schimpften die anderen: *he tellt as 'n Maisever.* Über einen Brautvater, der immer unruhiger wurde, weil er gleich die Tischrede halten sollte, lästerte der Großvater: *he maisevert al, glieks ward he losscheten.*

Malesche Es ist ja nicht so, dass nur Hamburger *Malesche* (Unannehmlichkeiten, Schwierigkeiten) haben konnten, aber das Wort scheint doch sehr in der Umgangssprache unserer Eltern verwurzelt gewesen zu sein und ist es teilweise auch heute noch; *dor hett man bloots Maleschen vun; dor kriegst noch ficks Maleschen mit.* Von frz. *malaise* (Unbehagen). Vgl. →*Mackermenten.*

malle Kreke →*Kreek*[2]

Malzkaffee Kaffee-Ersatz gab es schon lange vor dem letzten Krieg. Der bekannteste war *Kathreiner Malzkaffee.* Dazu gab es in gepresster Form das Kaffeearoma von *Pfeiffer & Diller*[190]. Vgl. →[1]*Muckefuck.*

man zu ...! (*man to*) ist die Kurzform einer Aufforderung an den Zögernden, den Zauderer, das Anstehende, das Besprochene (endlich) zu tun. Um dem Nachdruck zu verleihen, heißt es dann: *nu man to!*

---

190 lt. Gerhard von Harscher

Mandrill Ein *Mandrill* ist ein Affe in den westafrikanischen Regenwäldern mit Stummelschwanz und auffälliger Färbung von Gesicht und Gesäßschwielen, aber das hat erst einmal nichts mit Hamburg und noch nicht einmal etwas mit → *Hagenbeck* zu tun. Vielmehr geht es um das Gemälde „Der Mandrill" (1913) von Franz Marc (1880–1916), um ein Meisterwerk des Expressionismus, das seit 1919 in der Hamburger Kunsthalle hing (heute in München), bis die Nationalsozialisten 1937 das Gemälde als „entartete Kunst" beschlagnahmten und abtransportierten. Dieses „bravourös in leuchtende, umgrenzte Farbflecke aufgelöste Tierbild", das den Affen allerdings alles andere als gegenständlich darstellt, spaltete die Hamburger und wurde zum Symbol für die Auseinandersetzung mit der neuen Kunstrichtung. → *Edith Oppens* gibt ihrem Buch über Hamburgs Zwanzigerjahre den exemplarischen Titel „Der Mandrill". Sie schreibt: „Vor dem ‚Mandrill' standen ständig Leute mit verrenktem Hals und suchten den Kopf oder Schwanz des Tieres. Wenn sie ihn ohne Hilfe gefunden hatten, rechneten sie sich das als Pluspunkt im Erfassen moderner Malerei an. Einige versuchten, mit dem Finger den Umriss zu erforschen. Das Ölbild musste gegen solche Gründlichkeit durch eine Glasscheibe geschützt werden." [191] Das mit der Glasscheibe klingt hübsch, war aber nicht unbedingt auf die moderne Kunst beschränkt. Zum Schutz vor dem Dreck der rußenden und dampfenden Lokomotiven auf der neben der Kunsthalle verlaufenden Bahnstrecke zwischen Dammtor und

191 Oppens: Mandrill S. 90 f.

Hauptbahnhof hatte bereits Alfred Lichtwark (1852–1914), Direktor von 1886 bis 1914, die Bilder verglasen lassen.

mank Präp. inmitten. Wenn sich etwas innerhalb einer Gruppe oder Menge befindet, heißt es *mank: mank de Minschen; mank uns mank is een mank, de nich mank uns mank hören deit*[192]. Wenn sich jedoch etwas zwischen zwei Punkten befindet, gebrauchen wir *twüschen* (dazwischen): *twüschen Döör un Disch.*

Manschester war und ist ein strapazierfähiger, samtartiger, gerippter Baumwollstoff, der seinen Namen natürlich von der engl. Stadt Manchester hat, die seinerzeit noch nicht wegen ihrer Fußballklubs, sondern wegen ihrer Industrieprodukte bekannt war. Die *Manschesterbüx* war eine widerstandsfähige Arbeitshose, die bis heute zur Zimmermannskluft gehört, ansonsten aber den Jeans weichen musste.

Manchester-Hose mit Weste und weißem Hemd – die Kluft, wie Zimmerleute sie trugen und tragen.

192 Cyriacks/Nissen: Sprachführer S. 72

Die Mantille, der Schleier oder das Spitzentuch der Spanierin, das Kopf und Schultern bedeckt, breitete sich im 19. Jahrhundert bis nach Hamburg aus.

Mantillje Mantille, seidener, ärmelloser Umhang, der auch in Hamburg im 19. Jh. von den Damen der Gesellschaft um Kopf und Schultern getragen wurde.

maracken [spr.: mo:racken] schwer arbeiten, sich abmühen. Wer nahezu bis zur totalen Erschöpfung arbeitet, der *marackt,* der hat sich *afmarackt* (abgeschuftet). Richey: *ick hebbe my to deger afmaracht* (ich habe mich dermaßen abgearbeitet) [193]. Var.: *marachen, moracheln,* → *waracken.* Syn.: *afarbeiten, wurachen* (sich abrackern). Von rotw. *sich abmarachen* (sich anstrengen, aufreiben), jidd. *rach* (zart, schwach) [194].

Marlspieker seem. ein an einem Ende spitz zulaufender, rund 30 cm langer Rundstab aus Hartholz (eventl. mit Stahlspitze) bes. für Arbeiten am Tauwerk [195]. Von *Spieker* (seem. langer Nagel) und mnd. *marlink* (ein aus zwei

---

193 Richey: Idioticon S. 161
194 Wolf: Rotwelsch S. 31
195 HWB 3/Sp. 260

Strängen zusammengedrehtes Tau)[196]. Vgl. *marlen* (seem. Segel mit speziellem Knoten befestigen) und →*spleißen.*

Matjes ist ein noch nicht geschlechtsreifer fetthaltiger Hering vor der ersten Laichreife, der urspr. von holländischen Fischern von Mitte Mai bis Anfang Juni vor der schottischen und irischen Küste gefangen und, in milde Salzlake eingelegt, in ganz Norddeutschland als Delikatesse angeboten wurde. Gegenüber dem mit Milch od. Rogen gefüllten *Vullhering*[197] hieß es: *de Matjes kaamt fröher* (werden früher im Jahr angeboten). In Hamburg aß man sie mit Pellkartoffeln und →*Speckstippe* od. einer Sahnesoße mit Äpfel und Zwiebeln nach Hausfrauenart. Glückstadt machte sich einen Namen als „Matjesstadt". Noch heute wird dort die Eröffnung der Matjessaison gefeiert. Von ndl. *maatjesharing* („Mädchenhering", junger Hering) aus ndl. *maagdeke* (Mädchen).

Matthiae-Mahl Aus dem Jahre 1356 ist ein *Convivium*[198] *Eines Ehrbaren Rathes* überliefert, das, „wenn die Zeitläufe es erlaubten", stets am Tag des heiligen Matthias[199] ausgerichtet wurde. Der Matthiae-Tag (24. Februar) galt

196 Lübben S. 220

197 „Vollhering", ausgereifter Hering

198 lat. Gastmahl, Schmaus, Gelage; Tischgesellschaft

199 Matthias war der zwölfte Apostel, der nach dem Verrat und Selbstmord Judas Ischariots in die Gruppe der Jünger nachrückte. Einige Kirchenhistoriker halten allerdings Paulus von Tarsus für den zwölften Apostel und nennen Matthias deshalb den „dreizehnten Apostel". Sein Gedenktag war der 24. Februar, heute in der katholischen Kirche auf den 14. Mai verlegt.

volkstümlich als Frühlingsanfang mit allerlei Wetterregeln, Orakeln, Dienstbotenwechsel, aber auch mit der Neuverteilung der Aufgaben im Rat (heute Senat) und der Wahl des neuen Bürgermeisters aus diesem Kreis. Zur Senatsumsetzung war es Brauch, „auf des Rates Tische" vor den Vertretern der „Hamburg wohlgesonnenen Mächte" ein „Messer aufzudecken" – was zu Zeiten, in denen man mit den Fingern aß, als hohe Ehre galt. Heute findet das *Matthiae-Mahl*, das älteste noch begangene Festmahl der Welt, stets an einem Freitag Ende Februar im Großen Festsaal des Rathauses statt. Eingeladen werden ein ausländischer und ein deutscher Ehrengast sowie rund 400 weitere Gäste, darunter die Leiter der Konsulate. Der „Silberschatz" des Rathauses wird ausgepackt, es erklingt die von Georg Philipp Telemann (1681–1767) 1724 komponierte Tafelmusik, und zwischen den einzelnen Gängen des Mahls werden Reden gehalten. Alles geschieht genau nach der Tradition des Hamburger Protokolls. So empfängt der Bürgermeister seine Ehrengäste nicht etwa vor dem Eingang, sondern am oberen Absatz der Senatstreppe. Man wollte ihn früher als obersten Repräsentanten einer freien Stadt nicht der Verlegenheit aussetzen, einem zu Pferde angereisten Staatsgast etwa beim Absteigen die Steigbügel halten zu müssen. Zwar steht heute nicht mehr zu befürchten, dass ein Gast im Sattel seines Pferdes erscheint, aber man weiß ja nie, wozu das Protokoll gut sein könnte …

Weder Mattler noch sein Nachfolger Dannenberg sind jemals auf einem Hahn geritten, sondern sein →Pajatz (Possenreißer) Jakob Abraham erlaubte sich diesen derben Scherz. Das machte einen derartigen Eindruck, dass Mattler sien Hahnrieder zum geflügelten Wort in Hamburg wurde.

Mattler Ganz, ganz alte Hamburger kennen vielleicht noch diesen Ausdruck, der für ein Marionettentheater am Spielbudenplatz steht, in dem nicht nur tote Puppen, sondern auch die zehn Jahre alte Tochter Mattlers auf der kleinen Bühne tanzte. Besitzer war *Johann Gottfried Ehrenfried Mattler,* der 1857 starb; *ik bün güstern bi Mattler wesen un heff 'n grote Oper sehn.* Die große Oper bestand aus solchen Schauerstücken wie „Des Faustens Teufelszwang, Leben und Höllenfahrt". Ursprünglich nur eine Bude neben einer →*Menagerie,* mussten Mattler und andere Schausteller nach 1840 wegen eines Theaterbrands in Wien auf Anordnung der

Polizei ein festes Haus am Spielbudenplatz bauen. So entstand sein Elysium-Theater, und durch St. Pauli ging es wie ein Lauffeuer: *se speelt bi Mattler nu mit ornliche, lebennige Minschen!* Einer dieser Schauspieler war →*Friedrich Eduard Dannenberg,* der später nicht nur Bühne und Theater von Mattler übernahm, sondern auch die auf ihn gar nicht zutreffende Bezeichnung *Mattler sien Hahnrieder.* Vgl. →*Hahnrieder.*

Mehlbeutel (*Mehlbüdel*). Ursprünglich ein im Beutel gekochter und mit Rosinen gefüllter großer Kloß aus Brotteig od. Mehl, der je nach Zutaten ein Festtags- od. Alltagsgericht war. In der Stadt wurde er mit Fruchtsoße, Backobst od. Apfelmus gegessen, auf dem Lande auch mit Fleisch; *so groot un dick as 'n Mehlbüdel*[200]. Später nicht mehr im Beutel, sondern in einer Metallform im Wasserbad gekocht und dann meist →[1] *Großer Hans* genannt.

Melone (Hut) →*Eierkaker*

Menagerie (*Menajeree*) nennt man die Zurschaustellung von Tieren auf Jahrmärkten, in Buden od. Vergnügungsvierteln. Auch der Fischhändler Gottfried Claes Carl →*Hagenbeck* fing mit sechs Seehunden im Bottich auf St. Pauli an, ins Schaugeschäft einzusteigen. Zu seiner *Menagerie* gehörten Ziegen und Hühner, ein Affe und ein sprechender Papagei (von Seeleuten mitgebracht), ein „nacktes Riesenschwein", das in Wirklichkeit ein rasierter

---

200 HWB 3/Sp. 298

Eber war, und ein „Lama“, das sich bei genauem Betrachten als Reh aus der Lüneburger Heide herausstellte. Als er 1856 das „Lemlersche Karussell“ und das „Hundiussche Naturalienkabinett“ pachtete, kamen auf dem Spielbudenplatz 19 noch Hyänen, Paviane, Waschbären, zeitweise ein Eisbär für 350 Taler und in Wien erworbene Löwen, Leoparden und Gazellen dazu, die er weiterverkaufte. Der Schauspieler und → *Mattler*-Nachfolger → *Friedrich Eduard Dannenberg,* der im selben Haus wohnte, verdingte sich tagsüber als *Recommandeur*[201] und lockte Neugierige in Hagenbecks Menagerie. Hagenbecks ältester Sohn Carl brachte es danach zum Zirkusdirektor und zum größten Tierhändler der Welt, und er schuf 1907 den Hamburger Tierpark in Stellingen. Von frz. *ménagerie* (Tiergehege).

Mengelmüschen ist etwas aus Resten Zusammengerührtes: von allem etwas. Von *mengen* und *Mengelee* (Gemisch).

Messersteck heißt eines der vielen früheren Spiele im Freien, die spätestens mit dem Einzug der Computer in die Kinderzimmer in Vergessenheit geraten sind. Beim *Messersteck* wurde ein Rechteck auf den blanken Boden gezeichnet, in der Mitte geteilt, und dann versuchte ein Spieler, sein Taschenmesser mit geschicktem Wurf von oben im Bereich des Gegners zum Stecken zu bringen. Gelang das, durfte er in Richtung der Klinge eine neue Grenzlinie ziehen und diesen Bereich seinem Territorium hinzufügen, fiel das Messer jedoch um, kam der andere

201 Anreißer, Ausrufer, Stimmungsmacher

an die Reihe. Dass eine solche „Landnahme“ gerade während des „Großdeutschen Reiches“ sehr verbreitet war, dürfte Zufall sein und keinen ideologischen Hintergrund haben, denn was sollten die Jungen damals ohne Klapphandy, iPad, MP3-Player und Markenklamotten auch sonst draußen anfangen?

Messfork (Mistgabel) → *Forke*

Miesepeter bezeichnet einen unzufriedenen, übellaunigen Menschen. Wer *miesepeterich* aussieht, sieht blass und kränklich aus. Von *mies* (schlecht, übel, ungünstig, moralisch verdorben) aus jidd. *mis* (miserabel)[202].

Miet Milbe, kleines Spinnentier, das sich im Gefieder von Vögeln, in menschlichen Betten und Nahrungsmitteln einnistet. Nicht zu verw. mit dem Begriff → *Miete* (*Miet*).

Miete (*Miet*). Hier ist nicht 1. die *Miete* gemeint, das Entgelt an den Hauswirt für die Benutzung der Wohnung, sondern 2. die besondere Form der Vorratshaltung im Freien für den Winter. Dazu wurde ein Haufen von Kartoffeln od. Rüben mit Stroh und Erde bedeckt und auf diese Weise frostsicher gemacht; *’n Miet Winterkantüffeln*. Noch heute findet man am Rande der Felder zum Teil 50 Meter lange Mieten, die allerdings zusätzlich mit weißer Plastikfolie und alten Autoreifen geschützt sind, ein Bild, das nicht gerade zur Zierde der Landschaft beiträgt. Eine *Holzmiete* war dagegen eher am Haus zu finden.

---

202 Wolf: Rotwelsch S. 218

Dabei handelte es sich um ein rundes konisches „Bauwerk“ aus gespaltetem Brennholz, um die Scheite zu trocknen und zu lagern. Ein spitzes Schindeldach hielt den Regen ab.

minnachtich geringschätzig, herablassend, gering achtend; *minnachtich sünd de Göörn, mit nix nich tofreden,* hieß es, und das wohl schon seit Erschaffung der Welt, wenn die ältere Generation von der jüngeren sprach. Oder die Klage: *he weet, dat mennicheen minnachtich op em dalkiekt.* Vom Verb *minnachten* (gering achten); *schuuvt de ole Tiet nich to minnacht op de Siet* (anders für die bekannte Rechtfertigung: früher war nicht alles schlecht).

mirrnmank (*merrnmank*). 1. Präp. inmitten; *mirrnmank all de framen Lüüd.* 2. Adv. mittendrin; *de Schoolmeester weer dor ook mirrnmank; he is jümmers mirrnmank* (er ist überall dabei). Vgl. → *mank.*

Mischmasch ist etwas Zusammengemengtes aus nicht Zusammengehörendem, z. B. ein Gericht aus Innereien und Haferflocken (für die ZDF-Kochshow nicht belegt, aber von Großmutter schon mal ausprobiert ...); auch übertr. als ein *Mischmasch* aus Gerüchten und Fakten. Hamb.: *'n Schöttel mit enen groten Mischmasch op 'n Disch* (mit einer Vielfalt von Speisen, euph. „Eintopf“ genannt).

Mischpoke rotw. 1. abw. für die gesamte Familie samt Verwandtschaft; *de ganze Mischpook keem üm de Eck.* 2. üble Gesellschaft. Von jidd. *mischpocho* (Familie).

BIOGRAFIE

PAUL MÖHRING

Ein Hamburger Original ist untrennbar mit dem Bühnenschriftsteller *Paul Möhring* (geb. 26. September 1890 und gest. 25. August 1976 in Hamburg) verbunden: die →[1] *Zitronenjette*. Er schrieb das Volksstück mit Musik über die 1916 gestorbene Zitronenverkäuferin Henriette Müller in den Zwanzigerjahren dem Schauspieler Ernst Budzinski auf den Leib. In seinen letzten Jahren übernahm →[1] *Henry Vahl* die traditionell männlich besetzte Rolle der Zitronenjette im →[1] *St.-Pauli-Theater*. Das Stück brachte es auf mehr als tausend Aufführungen. Möhring arbeitete auch als Redakteur und Theaterhistoriker. 1965 erschien aus seiner Feder die Kulturgeschichte der Reeperbahn mit dem Titel „Das andere St. Pauli".

Mollje (*Mullje*) ist ein länglicher flacher Trog aus Holz od. Weidengeflecht („Mulde"), wird meist auf der Schulter getragen und dient dem Transport von Waren (→[1] *Schlachter*), Baumaterial (Maurer) od. Haushaltsgegenständen [203]. Mutter konnte sie auch als Backtrog verwenden od. um darin die Kartoffeln fürs Mittagsessen aus dem Keller zu holen. Als Futtertrog eignete sie sich ebenfalls. Die *Mollje* war ein derart vielseitiges Utensil, das, gäbe es sie noch, mit Sicherheit in einer dieser schrecklichen nächtlichen TV-Dauerwerbesendungen für 49,95 Euro plus Versandkosten angepriesen würde.

---

203 Richey: Idioticon S. 368: *Möllje: Mulde: eine hölzerne Wanne* (1755).

Moratz (*Maratz, Muratz*) Morast, Schlamm, Matsch.

Morell Neben →*Kassbeer* die hamb. Bezeichnung für die Kirsche. Wir kennen noch heute die *Schattenmorelle* (Sauerkirsche).

Morgensprache →*Amt*

Moses seem. 1. jüngster Schiffsjunge. Der Name ist wohl eine →[1] *Verballhornung* des frz. *mousse* (Schiffsjunge). Viel schöner klingt aber der Hinweis auf den biblischen Moses, der bekanntlich, bevor er die Israeliten aus der ägyptischen Sklaverei führen durfte, als Säugling im Binsenkorb auf dem Nil ausgesetzt worden war. Deshalb hatte er bereits in jungen Jahren einen wenn auch wackeligen Bezug zum Wasser und zur Seefahrt. 2. Das kleinste Beiboot auf Yachtseglern wurde ebenfalls *Moses* genannt. Das war natürlich eine Anspielung auf den genauso seeuntüchtigen Binsenkorb, in dem seinerzeit der kleine Moses auf dem Nil herumschippern musste. Syn.: *Dingi* (kleines Beiboot).

Mott (Plur. *Motten*). 1. Die *Mott* ist natürlich die bekannte Kleidermotte, die im Schrank Löcher in die Wäsche frisst und der man mit stinkenden Mottenkugeln aus der Drogerie od. mit einem ebenfalls stark riechenden →[1] *Mööschenkranz* (Waldmeister) Herr zu werden versucht. Eine *flotte Motte* war ein flatterhaftes Mädchen und eine *dufte Motte* ein böser Mensch [204]. Ra.: *dat du de Motten kriggst!*

---

204 HWB 3/Sp. 386 f.

(Ausruf des Erstaunens). Abergl.: fliegt eine Motte ins Licht, ist einem Todkranken nicht mehr zu helfen. 2. Im übertr. Sinne bedeutete *Motten in de Lung hebben* allerdings, tuberkulosekrank zu sein, die *Schwindsucht* (Tbc; Sucht von *siechen*) zu haben; damit wurde in drastischer Weise ein Vergleich zwischen einer von Tuberkulose zerfressenen Lunge und einem von Motten zerlöcherten Stoffgewebe gezogen[205]. Die → *Piependreiher*, die in Heimarbeit in ungesunden und ärmlichsten Verhältnissen Zigarren drehten, sollen besonders anfällig für die seinerzeit häufig tödlich endende Krankheit gewesen sein; da viele von ihnen in Ottensen lebten, wurde dieser damals Altonaer Stadtteil *Mottenborch* genannt – ein wenig rücksichtsvoller, aber aussagekräftiger Spottname. In Richtung →[1] *Kiez* und Hafen weist ein anderer Spitzname: Dort bezeichnete man einen Pelzmantel abfällig als *Mottenfiffi*.

Mottenborch (Ottensen) → *Mott*

Mottenfiffi (Pelz) → *Mott*

Möwenschiss wurde an der Küste ein Schnaps genannt, in den man, aus welchem Grund auch immer, einen Schuss Dosenmilch gegeben hatte. Kaum hatten wir dieses „Rezept" veröffentlicht, meldete sich Anneliese A. und erklärte, in der Gaststätte ihrer Eltern habe es vor 1964 als *Möwenschiss* einen Schnaps gegeben, der mit einer Scheibe Mettwurst und einem Klecks Senf darauf

205 Siewert: Nachtjargon S. 130

dekoriert gewesen sei. Offenbar wurde in einigen Hamburger Kneipen das Trinken nicht als Genuss, sondern als Mutprobe verstanden ...

Mück Stechmücke; *ut de Mück 'n Elefant maken* (eine Sache aufbauschen); *dat baat*[206] *so veel, as wenn de Mück in de Elv pisst* (überflüssiges Bemühen); *dat kann de Mück op ehrn Steert weg dregen* (so gut wie nichts); *beter wat as gor nix, sä de Wulf, dor freet he en Mück* (in der Not frisst der Wolf auch Mücken); *dat drüppelt*[207], *dat nieselt, de Mücken pisst* (ganz leichter Niederschlag). Wetterregel: *wenn de Mücken steekt, gifft 'n Gewitter* (die Mücken stechen vermehrt vor einem Gewitter). Erw.: →[1] *Hein Mück* (kleiner, häufig komischer od. sonderbarer Kerl).

Mucken (Plur.) Launen, schlechte Charaktereigenschaften; *Mucken im Kopp hebben.*

Mucks bezeichnet ein halblautes Wort, ein Murren od. einen zaghaften Widerstand; *keen Mucks wagen; dat mi ook nich een en Mucks seggt!; keen Mucks mehr doon* (tot sein). Verb: *mucken* (einen Laut von sich geben, aufbegehren).

Muff[1] (Plur. *Muffen*). Der *Muff* war ein weit verbreiteter, röhrenförmiger Handwärmer aus Pelz, Samt od. Wolle für beide Hände, die von links und rechts in die Öffnungen gesteckt werden mussten – ausgesucht unpraktisch und

---

206 nützt; vgl. → *baten (2)*
207 tröpfelt

eigentlich überflüssig. Doch Großmutter fand ihn schick, wenn sie Besuche machte od. ins Theater fuhr. Falls sich ein schmuddeliges Mädchen so herausstaffierte, um als feine Dame zu gelten, spottete man: *Jette mit de Muff hett Flöh un Wanzen*. Vgl. frz. *moufle* (Fausthandschuh); → *Müffken*.

Muff[2] 1. Die *Muff* ist eine Muffe, ein Rohrschluss- od. -verbindungsstück; u. U. wegen der Ähnlichkeit in der Form abgel. von → *Muff*[1]. 2. Übertr. der Darmausgang. Wer Angst hat, hat *Muffensausen*, spürt ein schnelles, unwillkürliches Zusammenziehen des Schließmuskels in kurzen Abständen. Bei noch größerer Angst soll es angeblich ab und an nicht mehr zum Schließen kommen – eine nicht ganz stubenreine und im wahrsten Sinne des Wortes anrüchige Erklärung, die aber der semantischen Genauigkeit halber nicht unterschlagen werden darf. 3. derb für lat. *vulva* (äußere Geschlechtsorgane der Frau).

Muff[3] modriger, abgestandener Geruch; übertr. auch überholte Lebensweise, bundesweit bekannt geworden, als Studenten zum Auftakt der 68er-Revolte im Hamburger Audimax dem Einmarsch der mittelalterlich gewandeten Professoren ein Transparent mit der Aufschrift „Unter den Talaren der Muff von 1000 Jahren“ vorantrugen. Adj. → *muffelich*.

muff Adv. erzürnt; *ik bün di muff* (ich bin dir böse). Syn.: → *sabbel*.

Muffedisen → *Müffken*

muffelich Adj. 1. muffig, modrig, faulig; *in 'n Keller rüükt dat muffelich; de olen Lüüd sünd recht so 'n beten wat muffelich.* 2. mürrisch; *maak nich so 'n muffig Gesicht!* Subst. *Muffel* (unfreundlicher Mensch).

müffeln langsam, beständig od. mühsam kauen. Richey: *forne im Munde essen, wie zahnlose Kinder und alte Leute*[208]. Auch Tiere und vor allem Kaninchen können *müffeln.*

Müffken (Plur. *Müffkens*). Die gestrickten Pulswärmer, in der Luxusausführung sogar aus Pelz, hießen *Müffkens,* dimin. von → *Muff*[1] (kleiner Muff). Schon Richey kannte sie (unter → *Wristen*): *die Theile der Hände und Füsse, hinter dem carpo*[209]*, um das Gelencke, welche man an den Händen mit den sogenannten Müffkens, oder Streiff-Handschuen, warm zu halten pfleget*[210]. In Dänemark sind die gestrickten Pulswärmer unter dem Namen *Muffedisen* (Plur. *Muffediser*) noch heute bekannt, und da die dänische Herrschaft vor 1864 bis ins jetzige Hamburg reichte, drang dieser Begriff bis an die Elbe vor[211].

Mumm Mut, Entschlossenheit; *keen Mumm hebben* (feige sein).

---

208 Richey: Idioticon S. 167
209 Med. (der) *Carpus* (Plur. *Carpi*): Handwurzel
210 Richey: Idioticon S. 347
211 lt. Carl Groth

Treibjagd auf der Knubbendorfer Heide: Mümmelmann rennt um sein Leben.

Mümmelmann ist eine scherzh. Bezeichnung für den Hasen. In Hamburg besitzen die Mümmelmänner sogar ein eigenes Viertel im Stadtteil Billstedt, nämlich den *Mümmelmannsberg* – womit vor 1938 allerdings weniger der Hasen als im Sinne der völkischen Kulturpolitik des Werks des Heidedichters Hermann Löns (1866–1914) gedacht werden sollte. 1909 schrieb Löns die Geschichte vom alten, tapferen Hasen Mümmelmann.

Murks Pfusch – auch in Hamburg gebrauchter Ausdruck für schlechte Arbeit od. für eine mangelhafte Leistung. Von *murksen* (sich ohne Erfolg abmühen, Pfusch abliefern); *wat hett he wedder murkst!* Erw.: *rummurksen* (pfuschen); *vermurksen* (falsch machen, verderben).

Mutterglück war auch so eine scherzh. Bezeichnung für ein Frauengetränk, das aus Frisco und Eierlikör gemischt wurde. Übrigens: Eierlikör mit einem Schuss Kirschlikör hieß *Blutgeschwür.*

mutterseelenallein (*mudderselenalleen*). Adv. mutterlos, ganz allein auf der Welt – von der *Mutterseele* (Menschenseele) verlassen; *ik tapp mudderselenalleen dörch dat Holt* (ganz allein durch den Wald irren).

na Sowohl bei Orten als auch bei Personen und Einrichtungen heißt es im Plattdeutschen einheitlich *na* (nach): *na 'n Pützbüdel, na 'n Joochen, na Oschloh* (zum Friseur, zu Jochen, nach Oldesloe), auch Miss. *nach 'n Bahnhof, nach Hagenbeck, nach Planten un Blomen*. „zu" ist in Hamburg zeitl.: →[1] *zu* Ostern, *zu* Weihnachten. Und dennoch – bevor empörte Leserbriefe eintrudeln, sei gesagt, dass ein bekannter Gassenhauer natürlich den Refrain „Gehn wir mal *zu* Hagenbeck, Hagenbeck, Hagenbeck…" hat[212]. So singt's sich besser.

Nachtjackenviertel Eine *Nachtjack* (Plur. *Nachtjacken*) war eine Schlafjacke, die über dem Nachthemd getragen wurde, was bei der vorherrschenden Kälte und Muffigkeit in den Schlafkammern modisch nicht gerade den letzten Schrei darstellte, aber als Notwehrmaßnahme gegen Krankheiten angezeigt schien. Aus Armut, Bequemlichkeit od. Schludrigkeit trugen viele Hausfrauen aus der Unterschicht den ganzen Tag über ihre Nachtjacken, gingen so auf die Straße und zum Einkaufen, häufig ungekämmt und ungewaschen. Ein Stadtviertel, das ein derartiges Bild bot, wurde spöttisch *Nachtjackenviertel (Nachtjackenveddel)* genannt. Das traf in Hamburg vor allem auf das →[1] *Gängeviertel* in der Neustadt, aber auch auf St. Pauli zu. In aller Munde war Anfang des vorigen Jahrhunderts das Volksstück „Dat Nachtjackenveddel" von Theodor Franke im →[1] *Ernst-Drucker-Theater*, in dem sich das alltägliche Le-

212 Wiegandt: Hamburger Liederbuch, Bd. 1, S. 75 f.

ben der Familie Knacksteert menschlich, ja allzu menschlich widerspiegelte. Das Stück erlebte 388 Aufführungen. Zum 125-jährigen Bestehen des →[1] *St.-Pauli-Theaters,* wie die Bühne seit 1941 heißt, nahm der damalige Intendant Kurt Simon (1917–1975) „Das Nachtjackenviertel" 1966 mit Christa Siems (1916–1990) in der Hauptrolle wieder auf und kam damit sogar ins Fernsehen.

Naver Nachbar, also jemand, der nebenan wohnt und mit dem man auskommen muss, aber nicht immer auskommt. Nachbarschaftsstreit rangiert in seiner Häufigkeit gleich nach dem Ehestreit: *man kann nich länger Freden hebben, as eens Naver will* (... als es dem bösen Nachbarn gefällt) – oder noch drastischer: *lever 'n fett Swien in 'n Stall as so 'n Naver!* Ra.: *beter, dat Kind sleit na sien Vadder as na 'n Naver* (im Aussehen, als es noch keinen DNA-Test gab).

Nees Die *Nees* ist die Nase, das muss nicht näher erklärt werden, denn wir wollen ja keine Fibel für Vorschüler schreiben. Andererseits liegt dieses Riechorgan so offen, hoch, spitz und zentral bei jedem Menschen, dass es sich für mancherlei Redensarten und Vergleiche geradezu anbietet. Eine kleine Auswahl: *en Nees lang* (kurze Strecke od. Zeit); *de Nees na* (geradeaus); *de Nees grood in 't Gesicht hebben* (aussehen wie alle anderen); *de hett tweemaal ja seggt, as de Nesen verdeelt sünd* (eine übergroße Nase haben); *spitze Nees un spitzen Kinn, dor sitt de Düvel in; 'n dünne Nees hebben* (feines Gespür haben); *Wind vun wat in de Nees kriegen* (ein

Gerücht aufschnappen); *de Nees trecken* (Nase rümpfen); *de Nees begeten* (betrinken); *enen wat op de Nees backen* (ein Geheimnis verraten); *enen wat ut de Nees pulen* (mit List etwas erfahren); *du hest woll lang keen an de Nees hatt?* (Prügel androhen). Rätsel: *wat rüükt an 'n mehrsten in de Aptheek?*[213] Antwort: *de Nees.* Erw.: Ein *Neesdrüppel* ist ein Nasentropfen, ein *Nesendrücker* ein Armensarg mit flachem Deckel, ein *Nesenpopel* getrockneter Nasenschleim und ein *Nesenwarmer* eine kurze Tabakspfeife. Vgl. → *Nesensnipper;* → *Nesenknieper.*

Nesenknieper 1. Ein „Nasenkneifer" ist eine Brille ohne Bügel, die durch Federkraft auf der Nase festgeklemmt wird; frz. *pince-nez.* 2. Wenn Kinder sich die zweiflügligen Spaltfrüchte des Ahorns auf die Nase klemmten, sprachen sie auch vom *Nesenknieper.*

Nesensnipper (*Nesenstüver*) war ein 1. Nasenstüber, ein leichter Schlag auf die Nase mit geschlossener Faust, mit dem wir uns auf dem Schulhof pausenlos gegenseitig bedrohten, den ich mir ab und zu von den stärkeren Jungen aus den hinteren Bänken als „schlagendes" Argument

213 Apotheke

auch tatsächlich einfing, wenn od. weil ich ihnen bei einer Auseinandersetzung rhetorisch überlegen war und überheblich ins Hochdeutsche wechselte. Prügel von Gleichaltrigen bekamen immer die besseren Schüler, Prügel vom Lehrer mit dem →[1] *Reetje* allerdings häufiger die schlechteren. Verb: *nesenstüvern.* 2. Ein *Nesensnipper* war auch ein Kartenspiel, bei dem der Verlierer so viele Nasenstüber verpasst bekam, wie er zum Schluss Punkte auf der Hand hielt.

Nevercomebackliner Schiff auf „wilder" Fahrt rund um den Erdball auf der Suche nach Fracht in exotischen Häfen, also kein Linienfahrer. Ab und zu kam so ein schwimmender Rosthaufen tatsächlich nach langer Zeit → *back* nach Hamburg, häufig musste er aber irgendwo in Südostasien abgewrackt werden [214].

nich na em … Die Formulierung *dat smeckt nich na em un nich na ehr* war die recht deutliche Kritik von Vater am aufgetischten Essen – wenn er sich traute od. wenn Mutter weghörte.

Niederbaum → *Baumwall*

nipp un nau bedeutet formelhaft „ganz genau"; *nipp un nau vertellen, wo mi dat gahn harr* (haargenau erzählen). *nipp* (genau, aufmerksam); *nipp weten* (genau wissen); *nipp hören* (schlecht hören können).

214 vgl. Wiegandt: Liederbuch, Bd. 2, S. 128

Nissenhütten waren halbrunde Wellblechbaracken, die die britische Armee nach dem Krieg auch in Deutschland in Internierungs-, Gefangenen- und Entlassungslagern benutzte. Wegen der katastrophalen Wohnungsnot in den zerbombten Städten entstanden überall am Rande der Gemeinden Notunterkünfte aus Nissenhütten, in Hamburg an 29 Stellen vor allen in den öffentlichen Grünanlagen. Zeitweise lebten bis zu 10 000 Hamburger in diesen Behausungen, die letzten bis 1958. In einer Nissenhütte hausten auf einer Grundfläche von 40 Quadratmetern zwei Familien, getrennt nur durch einen Vorhang. In einem Block von 30 Nissenhütten wurden bis zu 540 Bewohner untergebracht, zum Teil mit Gemeinschaftsküche und eigener „Nissenschule" (Groß Borstel). Im März 1950 besuchte der neue Bundespräsident Theodor Heuss (1884–1963) eine solche Klasse, die ihn mit einem Lied auf der Mundharmonika begrüßte – soweit die Kinder ein solches Instrument hatten. Heuss war so gerührt, dass er nachträglich je ein Instrument an diejenigen vermittelte, die kein eigenes besaßen [215]. Die Wellblechbaracken hatte der kanadische Bergbauingenieur und britische Offizier Peter Norman Nissen (1871–1930) 1916 im Auftrag der englischen Armee konstruiert. Sie wurden zum Symbol der Notunterkunft für die Kriegsopfer beider Weltkriege.

noch was bei? fragte der →[1] *Krämer* die Kundin, nachdem er schon einige Tüten und Beutel ihres Einkaufs auf der →[1] *Tonbank* platziert hatte. Sollte heißen: Darf es sonst noch etwas sein?

---

215 Hamburg-Lexikon S. 350 f.

nölen 1. bummeln, trödeln, zaudern, langsam sein; *man jümmers ran un nich so lang genöölt!; nööl nich so lang, man to!; nu nöhlet ins fort: Machet doch einmahl fort* (Richey)[216]. 2. maulen, herumnörgeln; *de Ool nöölt gresich; ole Froonslüüd, de nöölt so veel.*

NORAG Die Hauptfunkstelle Königs Wusterhausen übertrug am 22. Dezember 1920 zum ersten Mal in Deutschland eine Art Hörfunkprogramm für alle, und zwar ein Instrumentalkonzert. Am 29. Oktober 1923 wurde der deutsche *Unterhaltungsrundfunk* im Berliner VOX-Haus eröffnet. Bei diesem neuen Medium, mit dem wie mit allen neuen Medien einerseits der Untergang des Abendlandes und vor allem des gedruckten Worts, andererseits Bildung, Kultur und Unterhaltung für alle Volksschichten einhergehen sollte, wollte Hamburg nicht hintanstehen. Im Januar 1924 gründeten Hamburger Kaufleute die *Nordische Rundfunk AG (NORAG),* die am 2. Mai 1924 mit vier Stunden Programm auf Sendung ging. Im Anfang gab es nur 896 registrierte Hörer, deren Zahl nach einem halben Jahr auf 7000 angestiegen war. Die Teilnehmergebühr betrug zwei Reichsmark im Monat, die – nein, noch nicht von der GEZ, sondern von der Reichspost eingezogen wurden, die davon 60 Prozent abzweigen durfte als Verwaltungs- und Sendeanlagenanteil. Die Detektoren- oder später gar Röhrenempfänger waren anfangs selbst gebaut, die Teile gab es beim Uhrmacher oder Drogisten. Der Empfang musste trotzdem von der Oberpostdirektion genehmigt werden,

216 Richey: Idioticon S. 174

und vor einer solchen *Audionversuchserlaubnis* für den Betrieb einer privaten Funkempfangsanlage stand eine strenge Prüfung in Elektrotechnik, Schwingungslehre, Antennenbau und Funkrecht. So weit geht die GEZ heute nicht mehr... Seit 1928 befand sich das Funkhaus in der Rothenbaumchaussee. 1934 verstaatlichten die Nationalsozialisten die inzwischen als Norddeutsche Rundfunk GmbH firmierende NORAG und fügte sie 1939 als *Reichssender Hamburg* dem *Großdeutschen Rundfunk* hinzu. Der britische → *NWDR* benutzte nach dem Krieg dessen Einrichtungen. Einige Programmangebote überlebten die NORAG, so das am 9. Juni 1929 zum ersten Mal ausgestrahlte Hamburger *Hafenkonzert*. Auch *Von Binnenland und Waterkant* hören wir noch heute im NDR.

Der Rundfunk ist neu, die NORAG macht eine Reportage auf der Straße. Um in die richtige Stimmung für das Thema zu kommen, hatten die Reporter sich entsprechend verkleidet. Schade, dass die Hamburger das zu Hause vor dem Radioapparat nur hören und nicht sehen konnten.

Nordalbingien war im frühen Mittelalter der Teil des sächsischen Bevölkerungsgebiets nördlich der Elbe und umfasste die → *Gaue* Dithmarschen, Holstein und → *Stormarn*. Man kann statt der latinisierten Form natürlich auf gut Deutsch auch „Nordelbien" sagen. Das Grenzgebiet nördlich der Eider hieß *Dänische Mark*.

nördlicher Kaffee → *Blümchenkaffee*

Nötigung Ein Ritual zwischen Gast und Gastgeber, das im Holsteinischen früher streng beachtet werden musste, das aber auch in Hamburg seine Ableger hatte. Der Gast durfte beim Essen erst zugreifen, wenn er vom Gastgeber genötigt worden war, und zwar nach der dritten Nötigung – die erste und zweite hatte er abzulehnen, selbst wenn sich ihm der Magen vor Hunger umdrehte. Die Dringlichkeit des Anbietens und die Entschiedenheit des Ablehnens bestimmte dabei den Grad der Höflichkeit. Es konnte vorkommen, dass eine Einladung mit üppigem Festmahl am nächsten Tag so kommentiert wurde: Das Essen ging so, aber die Nötigung war nicht gut. Diese Sitte od. besser Unsitte, die heutzutage glücklicherweise auf ein einfaches „Guten Appetit!" geschrumpft ist, konnte zu kleinen Katastrophen führen. Jochen Wiegandt berichtet von einem Jungen, dem man eingeschärft hatte, beim Kindergeburtstag erst nach der dritten Nötigung zuzugreifen, der aber nun heulend und hungrig nach Hause kam, weil er nur einmal aufgefordert worden war und von den Negerküssen und Würstchen deshalb nichts abbekommen hatte[217]. Mein Großvater pflegte selbst am eigenen Tisch, wenn Großmutter mit dem Auftragen nicht fertig wurde, demonstrativ zum Besteck zu greifen und ironisch zu sagen: *wenn 't Nödigen denn gar keen End nehmen will ...*

NWDR Der *Nordwestdeutsche Rundfunk (NWDR)* mit Sitz in Hamburg war von 1945 bis 1955 die Rundfunkanstalt für die Länder Hamburg, Schleswig-Holstein, Niedersachsen und Nordrhein-Westfalen und bis 1954 auch für West-Berlin (danach *Sender Freies Berlin* – SFB). Nach dem Ende des Zweiten Weltkriegs gründete die Militärregierung im Mai 1945 zuerst das *Radio Hamburg* (was nichts mit dem heutigen Privatsender zu tun hat), das am 22. September 1945 als gemeinsame Rundfunkanstalt für die gesamte Britische Zone als *NWDR* weitergeführt wurde. Da Bremen und Bremerhaven nicht zum britischen Besatzungsgebiet gehörten, sondern amerikanische Exklaven waren, bekamen sie mit *Radio Bremen* einen eigenen Sender, der bekanntlich bis heute am Leben gehalten wird. Die Organisation in Hamburg übernahm der britische Journalist Hugh Greene (1910–1987), der spätere Generaldirektor der BBC und Bruder des bekannten Schriftstellers Graham Greene (1904–1991). Erster deutscher Generaldirektor des NWDR von 1948 bis 1955 war der sozialdemokratische Politiker Adolf Grimme (1889–1963), bis 1932 letzter SPD-Kultusminister von Preußen und erster niedersächsischer

217 Wiegandt: Liederbuch Schleswig-Holstein, Bd. 2, S. 132 f.

Nachkriegskultusminister. Am 1. Januar 1956 teilte der NWDR sich in die Sendeanstalten *Norddeutscher Rundfunk (NDR)* für Hamburg, Niedersachsen und Schleswig-Holstein mit Sitz in Hamburg und *Westdeutscher Rundfunk (WDR)* für Nordrhein-Westfalen mit Sitz in Köln. Das 1. Hörfunkprogramm lieferte noch viele Jahre lang ein gemeinsames Mantelprogramm, ein Rest davon ist das „Echo des Tages". Vgl. → *NORAG;* → *Pausenzeichen.*

O

Ochsenauge → *Ossenoog*

Ohlsdorf ist zwar ein Stadtteil Hamburgs, aber vor allem ist Ohlsdorf ein Ort der letzten Ruhe. Der 404 Hektar große Zentralfriedhof, 1877 eröffnet, gilt mit seinen weitläufigen Parkanlagen als gärtnerisches Kunstwerk, was aber nicht darüber hinwegtäuschen darf, dass der Weg fast eines jeden Hamburgers in Ohlsdorf endet. Insofern gelten die Begriffe „Ohlsdorf" sowie „Tod, Grab, Friedhof" als Synonyma. Wenn alte Leute ihren Unternehmungsgeist verloren hatten, größeren Vorhaben auswichen, die Wohnung nicht mehr renovieren od. keine neuen Möbel anschaffen wollten, sagten sie: *ik bün ja doch al mit een Been op Ohlsdorp!* Es gibt allerdings auch unfreiwillige Ohlsdorfer, die noch leben, nämlich die Insassen der Justizvollzugsanstalten Am Hasenberge, Nesselstraße und Suhrenkamp, deren Name → *Santa Fu* zwar an das benachbarte Fuhlsbüttel erinnert, die aber heute zu Ohlsdorf gehören. So sind alle Gaben gerecht verteilt: Der eine bekommt den internationalen Flughafen, der andere die Knackis und die Toten.

Ökelname Spitzname, bei dessen Erfindung die Hamburger äußerst produktiv, um nicht zu sagen: kreativ waren. Die Angehörigen ganzer Berufsgruppen und die Bewohner bestimmter Straßen und Ortsteile wurden mit *Ökelnamen* bedacht. Man sprach auch von *Ekelnamen,* womit gleich die Bedeutung des Ausdrucks geklärt wäre.

ole Maidag →*Maidag (2)*

Öllermann (Plur. *Öllerlüüd*). Ein *Ältermann* war eine Art Beisitzer im Vorstand einer →*Gilde,* in einem →*Amt* od. bei einer →*Bruderschaft.* Früher wählte zum Beispiel die Lotsenbruderschaft einen *Öllermann.* In den Landgemeinden der Elbmarschen hieß der im vierjährigem Turnus wechselnde Ortsvorsteher ebenfalls Ältermann [218]. Im Mittelalter war der Vorsitzende einer hanseatischen Handelsniederlassung, eines →*Kontors,* der Ältermann der ansässigen Kaufleute, der latinisiert den Titel *Comes Hansae* (Konsul der Hanse) trug.

Oma Müsch ist eine weibliche Person, deren Kleidung nicht nur total unmodern ist, nein, auch farblich und im Stil überhaupt nicht zueinander passt, zusammengesucht wie aus der *Plünnenkiste.*

---

218 Schleswig-Holstein-Lexikon S. 13

Oors →*Aars*

Oost bezeichnet die Himmelsrichtung Osten od. übertr. den Ostwind; *he hett 'n oosten Wind sluckt* (er hat sich erkältet). *West is de Hamborger ehr Best, Oost is de Lübecker ehr Troost*, hieß es unter alten Seeleuten, denn Segelschiffe brauchten Westwind, um auf der Elbe nach Hamburg, und Ostwind, um auf der Trave nach →*Lübeck* zu gelangen. Adj. *oosten* (östlich, aus Osten kommend), etwa in *Osterkamp* (östliches Feld) in Marienthal od. *Osterloh* (Iserbrook) für einen östlich gelegenen Eichenwald.

op 'n Pott setten Wenn wir jemanden auf den Pott setzen, sagen wir ihm gehörig die Meinung.

Opaonkel od. *Opatante* nannten die Kinder Bekannte der Großeltern, die nicht wirklich mit der Familie verwandt waren, aber bei Oma und Opa aus und ein gingen.

opbriesen auffrischen, heftiger wehen; *de Wind briest op.*

opbrummen aufbrummen, etw. Unangenehmes auferlegen; *se hebbt em twee Johr opbrummt* (zu zwei Jahren Gefängnis verurteilt). Vgl. →*Knast*[2].

Oppens, Edith →Biografie S. 278 f.

Oskar vom Pferdemarkt →Biografie S. 277

Ossenogenpann Eine Ochsenaugenpfanne ist eine Pfanne mit meist sieben runden Vertiefungen, in der die →*Ossenogen* in Schmalz gebacken wurden.

OSKAR VOM PFERDEMARKT

Wir reden von *Oskar vom Pferdemarkt* – mit Pferdemarkt ist der Bereich zwischen Thalia-Theater und Steinstraße gemeint, der 1946 in Gerhart-Hauptmann-Platz umbenannt wurde, und bei Oskar handelt es sich um ein Hamburger Original mit dem bürgerlichen Namen *Fritz Krüger* (geb. 11. April 1902, gest. 18. Februar 1969 in Hamburg). Der gelernte Maschinenschlosser wuchs auf St. Pauli auf, bevor er zum „König der Straßenhändler" avancierte. Bis 1940 baute er seinen Stand ausgerechnet neben dem riesigen Karstadt-Warenhaus auf, das er spöttisch als „meine Filiale" bezeichnete. Er scherzte: „Ich steh hier ja nur, um Rudi kaputt zu machen!" Gemeint war – und das wusste jeder – *Rudolph Karstadt* (1856–1944) persönlich. Wegen seiner flotten Sprüche war Oskars Stand immer dicht umlagert, obwohl er nur so banale Dinge wie Rasierklingen („Na, Mutti, mal probier'n?"), Blutstiller („Erst in die Backe schneiden und dann auftupfen!") oder Seife („... haste dir bei deine schwere Arbeit schwarze Pfoten geholt ...") anbot. Ihm verdanken wir die Aussprüche „Wucht in Tüten" oder „frech wie Oskar" sowie das verkaufsfördernde Rezept: „Wer kein Geld hat, langt dem Nebenmann in die Tasche, vielleicht hat der noch was!" Nach dem Krieg betrieb Oskar erst eine Kantine im Wohnlager Stadtpark, dann zog es ihn wieder auf die Straße, obwohl ihm 1951 als Schlichter einer Schlägerei der Kehlkopf zertrümmert worden war.

Edith Oppens

MEINE LIEBEN HAMBURGER

Sie entstammt dem Hamburger Großbürgertum. Am 27. Oktober 1903 in Alsternähe geboren und in der Sierichstraße aufgewachsen, hatte Edith Oppens zuerst weniger die Heimatgeschichte als die große, weite Welt im Auge. Ihr Großvater war „im Salpetergeschäft" mit und in Nordchile tätig.

1933 emigrierte die promovierte Germanistin nach Chile, lebte seit 1937 in Vaduz und kehrte 1946 nach Hamburg zurück. Edith Oppens wurde Journalistin bei der „Welt“ und Autorin beim →*Abendblatt.* Bei dieser Tätigkeit in der Redaktion entdeckte sie, wie spannend die Geschichten und die Geschichte einer Stadt wie Hamburg sein können.

„Je älter ich werde“, sagte sie dem Abendblatt, „desto mehr liebe ich meine Heimatstadt, desto mehr versuche ich, sie zu verstehen. Darum interessiert mich ihre Geschichte, besonders die jüngere. Ich möchte wissen, wie die Menschen in Hamburg gelebt haben, unter welchen sozialen Bedingungen, mit welchen Ansprüchen.“ [219]

Sie forschte im Staatsarchiv, sammelte Tausende von Belegen und fügte diese Mosaiksteinchen zu einer anschaulichen und dabei immer genauen Schilderung der „guten, alten Zeit“ zusammen, die gar nicht so gut war. Die Jahre zwischen 1900 und 1930 beschreibt sie in den beiden Bänden „Hamburg zu Kaisers Zeiten“ und „Der Mandrill. Hamburgs zwanziger Jahre“, die unsere Untersuchung, wie die Hamburger sprachen, um den Blickwinkel ergänzt, wie die Hamburger lebten.

„Meine lieben Hamburger“ lautet der Titel einer Sammlung von Glossen und Geschichten aus der Feder Edith Oppens’. Um die Menschen zwischen Alster und Elbe zu beschreiben, muss man zwei Voraussetzungen erfüllen. Man muss unter ihnen aufgewachsen sein, aber auch Distanz zu ihnen haben, lesen wir. Sie näherte sich kritisch, aber stets gut gelaunt und nie verletzend. Edith Oppens starb am 28. Juni 1990.

---

219 Das Mädchen aus der Sierichstraße. HA 12.5.1976 S.5

Ossenoog (Plur. *Ossenogen*). Unter „Ochsenaugen" verstand man in Hamburg weniger die Augen des Ochsens, sondern übertr. etwas Rundes und Kleines. 1. Am bekanntesten waren *Ossenogen* als rundes Hefegebäck mit Apfelstücken od. Rosinen (bzw. mit beiden Zutaten), die in einer speziellen Pfanne, der → *Ossenogenpann*, in Schmalz gebacken wurden. *Ossenogen* aß man traditionell am Heiligen Abend, zu Silvester od. → *Fastnacht*. Für die mit dem →[1] *Rummelpott* laufenden Kinder waren sie als Gabe an der Haustür sehr beliebt. Verse: *Rummel, rummel Froken, geevt uns Ossenogen*. Als Ochsenauge bezeichneten die Hamburger ebenfalls 2. eine Weintraube aus Lissabon (damals noch nicht von Brüsseler Bürokraten nachgemessen, aber recht groß), 3. ein kleines Glas Schnaps, 4. ein rundes Döschen, 5. ein rundes Schiffsfenster, besser als → *Bullauge* bekannt, und 6. einen Schmetterling mit „Augen" auf den Vorderflügeln. Aber da ist noch etwas unter Ochsenaugen, auf dessen Erwähnung eine Leserin bestanden hat: 7. ein Eiergericht, im Jahre 1802 als „Eier auf Fleisch oder Wurstscheiben in der Schüssel geschlagen und darin gebacken" beschrieben. Die Leserin kennt es genauer: „Eine Scheibe Weißbrot, darauf eine Scheibe Wurst, darauf steif geschlagener Eierschnee rundherum auf die Scheibe, und in die Mitte kam das Eigelb. Damit es etwas bunter wurde, hat meine Großmutter auf das Eiweiß noch ein bisschen Paprikapulver, wenn vorhanden, sonst Pfeffer oder aus dem Garten Schnittlauch oder Petersilie getan. Das Ganze kam dann für ein paar Minuten in den Backofen, bis das Eiweiß leicht braun wurde.“ [220] Irgendwie muss mir diese Spezialität bisher entgangen sein, aber wenn ich das Rezept so lese, glaube ich nicht, dass ich das bedauern sollte.

P

Paddemang od. *Partemang* kommt von frz. *appartement,* ist also etwas Abgeteiltes. Das *Paddemang,* reden wir nicht herum, war in Hamburg ein gewisses Örtchen, das aufzusuchen einem unausweichlichen menschlichen Bedürfnis entspringt. Man sagte auch *Privee, Aftritt, lütt Huus, Klo, Klosett,* →[1] *Tante Meier,* →[1] *Schiethuus* und vornehm *Abort* od. *Toilette* dazu. Es befand sich außen an der Schmalseite von Bauernhäusern od. freistehend im Hof (aus Holz mit einem ausgesägten Herzchen in der Tür), in der Stadt für alle Mietparteien auf dem Hinterhof od. am Treppenabsatz auf halber Etage. Stand das Haus direkt an einem →[1] *Fleet,* so brachte man die Örtlichkeit in einem Vorbau („Starenkasten“) od. einer → *Lööv* [1] (Laube) an der Wasserseite unter. Das hatte den Vorteil, dass kein Eimer entleert werden musste, sondern dass das Gewisse ohne Umweg im Wasser landete, das durch die Schwebeteilchen einen besonderen Geschmack angenommen haben soll. Man benutzte diese Brühe als Trinkwasser und auch gern od. vorgeschriebenermaßen

220 lt. Sabine Ewert

zum Brauen, was dem Hamburger → *Bier* die typische süffige Note verlieh. Die Folge waren Krankheiten, Epidemien und die → *Cholera*. Jochen Wiegandt überliefert das Couplet „Dat Paddemang". Kostprobe (nur auf Platt erträglich): *Vun 't Paddemang scheet man dor ünn/ Direct na 'n Fleet herünner./ De Een scheet dick, de Anner dünn,/ En Drütten noch veel dünner. [...] Un keum de Ebb, denn lagern sik/ Da sinn de Kötels dünn un dick. Oh weh, oh weh, wie schood doch,/ Dat Hamborg nich dat ole noch!*[221]

Padden (Plur.) Pfoten, scherzh. für die menschlichen Füße od. Beine gebraucht; *wat hett man uttostahn, bet de Familie op de Padden is* (fertig ist); *flink op de Padden wesen* (schnell laufen können); *sik op de Padden maken* (sich auf die Beine machen, aufbrechen)[222].

Pajatz Ein *Pajatz* od. *Pijatz* ist ein Possenreißer, ein Spaßmacher, ein Clown; *sik to 'n Pajatz maken* (sich lächerlich machen); *as Pajatz gahn* (im Clownskostüm zur Maskerade des Kaninchenzüchtervereins gehen). *Pajatzenkram* sind die Narreteien. Der Ausrufer für → *Mattlers* Puppenbühne, Jakob Abraham, trieb es auf diesem Gebiet ein wenig zu weit. Er ritt auf einem Automaten-Hahn, was ihm den Spottnamen *Jakob Pijatz* einbrachte und das geflügelte Wort *Mattler sien Hahnrieder* im Hamburger Volksmund in Umlauf brachte. Vgl. → *Hahnrieder*.

---

221 Wiegandt: Hamburger Liederbuch, Bd. 1, S. 30 f., Bd. 2, S. 130
222 HWB 3/Sp. 695 f.

Die Palmaille um 1850

Palmaille Die seit dem Jahre 1713 zu →[1] *Altona* gehörende *Palmaille* galt vor allem durch die klassizistischen Bauten des dänischen Architekten Christian Frederik Hansen (1756–1845), der in Nummer 116 wohnte, als große Sehenswürdigkeit. Die Palmaille entstand entlang dreier Spielbahnen, die der letzte Schauenburger der Pinneberger Linie, Graf Otto V. (gest. 1640), im Jahre 1638 hatte anlegen lassen, und zwar für das mit Schlaghämmern betriebene Ballspiel *Palle Maglio* (ital. *palle* – Ball, *maglio* – hölzerner Schläger), eine Art Krocket, das sich im Verlauf des 17. Jahrhunderts von Italien aus in großen Teilen Europas ausbreitete und schließlich umgangssprachlich zu „Palmaille" abgeschliffen wurde. Aus den Spielbahnen entstanden vielerorts später Prachtstraßen, beispielsweise die *Pall Mall* in London – und der →[1]*Jungfernstieg!* Als die Hamburger nicht mehr immer zum Spielen nach Altona pilgern wollten, legten sie im Jahre 1665 auf dem Damm der Binnenalster eine Spielbahn an und nannten den Jungfernstieg (Reesendamm) zeitweise Palmaille.

palschen planschen, Wasser vergeuden, plätschern, heftig regnen; *de Regen palscht; palsch nich so!* (mach keine Überschwemmung!); *Mudder palscht mi dat Water över 'n Lief.* Vgl. →*panschen.*

Pamp bezeichnet einen zähen Brei aus Mehl, Milch und (wenn es hochkommt) Eiern. Meine Mutter traktierte mich aus Sorge um meine Konstitution jeden Morgen vor der Schule mit einer solchen Pampe, und mein Vater schimpfte, wenn ich an dieser Zwangsmästung herumwürgte. Davon abgel. das Adj. *pampich:* 1. breiig, zähflüssig, nicht durchgebacken. 2. übertr. frech, unverschämt; *he hett mi dat pampich in 't Gesicht seggt; so 'n pampigen Keerl* (unverschämter Bursche).

Pans[1] (Plur. *Pansen*). 1. Der *Pans* (Pansen) ist der Wiederkäuermagen des Rinds, der früher gekocht ein billiges Fleischgericht abgab, den die Fleischindustrie zu allerlei „Delikatessen“ verarbeitet und verklebt und der heutzutage getrocknet im Supermarkt als Hundefutter zu kaufen ist. 2. übertr. Wanst, Bauch, allgem. Magen von Menschen und Tieren; *sik de Pans vullfreten* (viel essen); *enen in de Pans kriegen* (einen Schlag in die Magengegend bekommen). 3. *Pansen* nannte man seem. auch die in einer Salzlake im Vorschiff transportierten ungegerbten Tierhäute, deren Salzschicht im Hafen von den →[1] *Pansenkloppern* entfernt werden musste.

Pans [2] Das *Pans* ist ein ungezogenes Kind; *dat is 'n richtigen Pans!,* schimpfte Großvater, wenn ihm das →[1] *Göör* von nebenan mal wieder die Äpfel geklaut hatte. Richey (1755): *Pansse: Wir brauchen es aber auch als ein gelindes Schelt-Wort gegen kleine Kinder*[223].

panschen 1. Flüssigkeiten mit Wasser verdünnen – od. sagen wir besser: unerlaubterweise mit Wasser strecken, bes. Bier und Milch. Verbreitete Ansicht: *'n Melkbuur, de nich panschen kann, de ward bestimmt keen rieken Mann.* 2. mit Wasser bespritzen. Abergl.: Ein Mädchen, das sich beim Waschen die Schürze nass *panschte,* wird später einmal einen Trunkenbold zum Mann bekommen. Vgl. →*palschen.*

Pappelagüütz (Kröte) →*Poggüüts*

Paternoster Was ist ein Personenumlaufaufzug? Dieser Begriff sagt Ihnen nichts? Nennen wir diese Einrichtung also besser *Paternoster,* denn die an zwei Endlosketten aufgehängten, vorn offenen Kabinen, die die Stockwerke hinauf- und herunterfahren, erinnern an den Rosenkranz, dessen Perlen man auch endlos durch die Finger gleiten lassen und dabei unermüdlich das Paternoster (Vaterunser) beten kann. Dieses vertikale Massenbeförderungsmittel wurde

223 Richey: Idioticon S. 180

1886 zuerst in den *Dovenhof* und dann in alle anderen Hamburger →*Kontorhäuser* eingebaut. Es war viel effektiver als die geschlossenen Kabinen, die den leitenden Angestellten vorbehalten blieben. Die Paternoster konnten in kurzer Zeit die gesamte Belegschaft nach oben befördern und hießen deshalb scherzh. „Proletenbagger", während die Einzelfahrstühle als „Bonzenheber" bezeichnet wurden. Man muss allerdings mutig zum richtigen Zeitpunkt auf- und abspringen. Bis 1898 gab es 29 Unfälle, davon fünf mit tödlichem Ausgang. Ich erinnere mich, dass mein Vater mich als kleiner Junge mit in einen Paternoster nahm und beim obersten Stockwerk sagte: „Gleich kannst du einen Kopfstand machen!" Ich brüllte vor Angst und hätte beinahe in das große Zahnrad gegriffen. Eigentlich sollten alle Paternoster längst stillgelegt worden sein, aber auch in diesem Fall gab es eine Laufzeitverlängerung. Im Springer-Haus drehen sich noch zwei Paternoster. Zu größeren Zwischenfällen kam es nie, nur einmal hatte eine Putzfrau eine große Fensterputzleiter in die Kabine gezerrt, die sich prompt zwischen den Stockwerken verkeilte. Die Leiter ging zu Bruch, doch die Frau konnte unversehrt geborgen werden [224].

patzich Adj. aufsässig, frech, unverschämt; *de Melkhökers sünd so patzich as Bohnstroh.*

Pausenzeichen Die Älteren haben noch die Pausenzeichen aus dem Radio als typische Tonfolge im Ohr, mit denen

224 vgl. Hamburg-Lexikon S. 367

die Sender sich früher vor der Stationsangabe akustisch identifizierten. Mit dem Pausenzeichen des →*NWDR* bin ich aufgewachsen, diesem unverwechselbaren *Da-da-daa-da-daa-daaa,* dem Jung und Alt spöttisch den Text „Ist der Rundfunk bee-zaaahlt?“ unterlegten. Vor 1945 hörte ich als kleines Kind auch die Tonfolge *B-B-B-F* im Wohnzimmer, und mir ist erst als Erwachsener klar geworden, warum meine Mutter sofort die Lautstärke herabregelte und meine ältere Schwester mich aus dem Zimmer zerrte. Das Hören der Londoner BBC [225] hätte im Krieg leicht im KZ enden können, wenn missliebige Nachbarn oder Blockwarte das gemeldet hätten. Heute wird, wenn aktiviert, der Stationsname über RDS [226] im Display des Autoradios od. eines analogen Tuners gezeigt, und es gibt Sender wie Radio Hamburg, die lassen dort teilweise sogar den Titel des gerade gespielten Songs durchlaufen.

Peerdknüppel bedeutet Rostock. Wie das? Unter den nach Hamburg eingewanderten Mecklenburgern war die halb spöttische, halb verschleiernde plattdeutsche „Übersetzung“ von Ross *(Peerd)* und Stock *(Knüppel)* für die Hansestadt Rostock an der Ostsee in Gebrauch – die alte Heimat im Herzen, was aber nicht jeder Einheimische merken musste.

Pelle 1. ndd. Haut; *enen op de Pelle rücken* (jmdn. bedrängen); *enen nich vun de Pelle gahn* (jmdn. nicht in Ruhe

225 British Broadcasting Corporation
226 Radio Data System, hier: Programme Service Name (PS)

lassen). 2. dünne Schale bei der Wurst od. bes. bei Kartoffeln, die, ungeschält gekocht, deshalb bekanntlich *Pellkartoffeln* heißen – man muss sie vor dem Essen *pellen* (Haut abziehen). Von lat. *pellis* (Haut), frz. *peler* (enthaaren, schälen) entl. mnd. *pelle* (Schale)[227].

Penunsen (Plur.). Die Ausdrücke *Penunsen* und *Piselotten* [spr.: pisel´otten] wurden auf den Kiez und in Hafennähe als Umschreibung für das Geld gebraucht, haben aber nicht gerade eine hamburgische Geburtsurkunde. *Penunsen* (Geld) ist polnisch. Dieser Ausdruck wanderte im 19. Jh. mit den polnischen Ernte- und Industriearbeitern westwärts, und *Piselotten* bedeutet 1. Habseligkeiten (vgl. *Pisse* – Wertloses), 2. Sold der Soldaten, 3. rotw. Geld.

Pesel[1] 1. Penis des Viehs. 2. Fruchtstand od. Dolde von Pflanzen, dem od. der man mit mehr od. weniger spezieller Fantasie eine gewisse Ähnlichkeit zu der Erklärung unter 1. unterstellen konnte. Vgl. →[1] *Pompesel.*

Pesel[2] ist die unbeheizbare Stube in alten Bauernhäusern, die zu größeren Festlichkeit genutzt und die auch Sommerstube od. „beste Stube" hieß. Als „gute Stube" wurde die kleinere → *Döns* bewohnt, die mit einem → *Bilegger,* einem Kachelofen in der Wand, der von der Küche aus befeuert wurde, erwärmt werden konnte. Der *Pesel* diente im Mittelalter als Mehrzweckraum zum Kochen, zur Hausarbeit, zum Lagern von Vorräten od. gar zum Halten von Kleinvieh. Später verlor er diese Mehrfachfunktion und geriet zum (kalten) Festraum und Gäs-

---

227 Kluge S. 619 f.

tezimmer mit →*Alkoven* und Schränken. Hier bewahrte man auch die Truhen mit der Aussteuerder heiratsfähigen Töchter, die sogenannten *Brautkisten*, auf.

Petersill Petersilie. Raa.: *glieks büst du still, sünst hack ik di de Nees to Petersill!; em is de Petersill verhogelt* (er ist enttäuscht); *dor in dien Ohren kann man ja Petersill in planten* (zu jmdn. mit schmutzigen Ohren).

Pfeffersack (*Pepersack*) bedeutet hier weniger einen Sack mit Pfefferkörnern als den Kaufmann, der damit handelte. Mit Gewürzen und vor allem mit Pfeffer konnte man die besten Geschäfte und lange vor Erfindung der Hedgefonds und Leerverkäufe die höchsten Gewinne machen, besonders in einer Hafenstadt wie Hamburg mit ihrem Überseehandel. Deshalb nannte der Volksmund die reichen Kaufleute in ihren Villen und Landsitzen halb ironisch und halb neidisch *Pfeffersäcke*.

Pferdebahn Nach Art der →*Stohlwagen* gab es seit 1824 Pferdeomnibuslinien, die Hamburg mit →[1] *Altona*, Wandsbek und anderen Gemeinden verbanden. Am 16. August 1866 verkehrte die erste Pferdebahn auf Schienen zwischen Rathaus und *Wandsbecker Zollamt*. Der Andrang war riesengroß. Am ersten Sonntag zählte man 8279 Fahrgäste[228]. Die armen Pferde, möchte man aus heutiger Sicht sagen, und selbst damals sah man die Schinderei und beklagte die mangelnden Pferdestärken. Kurze Zeit versuchten die Betreiber es mit dem Dampfantrieb. Allerdings war der nicht besonders

228 lt. Wiegandt: Hamburger Liederbuch, Bd. 2, S. 132

geschäftsfördernd und zudem sehr störanfällig, wenn sich feuerspeiende Lokomobile od. Lokomotiven durch die Straßen quälten. Zwischen 1894 und 1898 wurden alle wichtigen Linien im Hamburger Großraum elektrifiziert. Der Hamburger sprach, solange es sie gab, seitdem von der Straßenbahn als der → *Elektrischen*. Einige Wagen der Pferdebahn waren 1866 doppelstöckig, rot und reichlich mit Goldfarbe verziert. Wiegandt: „Auf dem Oberdeck durften nur männliche Fahrgäste fahren, denn der Anblick eines Damenbeins beim Emporsteigen galt als unschicklich.“

Ein Omnibus mit Pferden, der um 1860 auf der Strecke zwischen Hamburg und Rothenburgsort verkehrte. Das Oberdeck des Doppeldeckers durften Damen nicht benutzen, damit man ihnen auf der Treppe nicht unter den Rock gucken konnte.

Pickhuben bedeutet, schon 1577 erwähnt, wohl „Pechhaufen“ und war ursprünglich die östliche Fortsetzung des *Brooks,* einer eingedeichten Insel südlich der Altstadt. Die ansässigen Schiffbauer lagerten hier ihre Pechvorräte. Am 25. April 1672 kam es zu einer *schrecklichen Feuersbrunst auff dem Pickhuven* [229], der nicht nur sämtliche Pechvorräte, sondern auch 34 Häuser zum Opfer fielen (was im wahrsten Sinne des Wortes wirklich großes Pech war). Nach dem Zollanschluss wurde die alte Gasse Pickhuben 1886 offizieller Straßenname. Immer wenn die Herkunft einer alten Bezeichnung geklärt zu sein scheint, gibt es bestimmt einen Hobbyforscher, der eine andere Deutung präsentiert, und sei sie noch so unwahrscheinlich. So wird der *Huben* auch mit der Haube in Verbindung gebracht, weil man einem zum Tode Verurteilten an der nahen Richtstätte eine Pechhaube auf seinen kahl geschorenen Haupt verpasste. Es gibt immerhin das ndd. Wort *Pickhuuv* für Pechhaube [230]. Das war eine innen mit Pech bestrichene Haube, die bei Ausschlag auf dem Kopf festgeklebt wurde. Beim Herunterreißen sollte der entfernt werden – in der Praxis leider nicht nur der Ausschlag. Auch die Medizin hat inzwischen einige Fortschritte gemacht…

Pickhuuv (Pechhaube) → *Pickhuben*

Piependreiher Zigarrenmacher, ein Heim- od. Akkordarbeiter, der Tabakblätter zu Zigarren drehte, an denen zu Zeiten,

229 Pabel: Alte Hamburger Straßennamen S. 188
230 HWB 3/Sp. 764

als das Rauchen in allen Schichten noch weit verbreitet war und sein durfte, ein großer Bedarf bestand. Wegen der ärmlichen und ungesunden Arbeitsverhältnisse bekamen die *Piependreiher* häufig *de Motten in de Lung,* also Tbc. Diese seinerzeit meist tödlich endende Lungeninfektion soll besonders häufig in Ottensen aufgetaucht sein, das deshalb im Volksmund *Mottenborch* hieß.
Vgl. → *Mott (2).*

LESERBRIEF

Piepgööschen
Sehr geehrte Damen und Herren, meine Mutter meinte immer, ich sei ein richtiges *Piepgööschen*. Gemeint war damit ein Kind, das immer am Rockzipfel der Mutter hing. *Gööschen* – kleine Gössel. Und wenn man eine Gänsemutter mit ihren Jungen sieht, ist oft eines dabei, das ständig piept, weil es sich bemerkbar machen will bei der Mutter.
Mit freundlichen Grüßen *Karin Liebing*

Pier seem. Hafenmauer, Anlegestelle des Schiffs im Hafen.

Pik As wird eine Übernachtungsstätte für obdachlose Männer in der Neustädter Straße 31 a (Neustadt) genannt, die seit 1913 besteht und damals offiziell „Polizei-Asyl" hieß. Was machen Beamte, denen ein Wort, zumal ein solches mit y, zu lang oder zu schwierig zu schreiben ist? Sie kürzen es ab, in diesem Fall als „P.As." Daraus wurde im Volksmund *Pik As*. Im ersten Jahr zählte man 9700 Übernachtungen, 1926 bereits 313 000. Diese Zahl ging im

„Dritten Reich" drastisch zurück, denn wer damals aufgegriffen wurde, konnte leicht als „arbeitsscheues Element" arretiert werden. Das Gebäude erhielt noch am 11. März 1945 einen Bombentreffer. Nach dem Krieg wurden die Obdachlosen erst ab 18 Uhr aufgenommen und mussten morgens wieder ausziehen. In den Sechzigerjahren führte man eine Bedürftigkeitsprüfung ein, die den Andrang stark verminderte. Heute stehen rund 200 Plätze zur Verfügung[231]. Eigentümer der Einrichtung ist die Freie und Hansestadt Hamburg, Träger „fördern und wohnen", eine Anstalt öffentlichen Rechts. Treffen sich zwei Obdachlose in der Kaiser-Wilhelm-Straße. Fragt der eine: „Wo wohnst du?" Antwort: „Bei den Eltern …" – was bedeutet: im *Pik As*.

Pimp 1. Der *Pimp* ist eine Kleinigkeit od. Nichtigkeit; *dat is mi Pimp* (das ist mir egal). 2. Krempel, wertloses Zeug; *is nix as Pimp!* Zur Verdeutlichung spricht man meistens vom *Pimpelkram*. Ein nahezu wertloses Geldstück in der Hosentasche hieß *Pimperling; ik heff mien letzten Pimperling grood utgeven.*

Pimperling (kleine Münze) → *Pimp*

Pimpf („kleiner Furz") → *Pumpernickel*

Pinkel abw. für jmdn., der vornehm tut, sich ungebührlich ausstaffiert und häufig auch so benimmt; *wat wull denn de eische Pinkel hier?*

231 Hamburg-Lexikon S. 373 f.

Pinn (Plur. *Pinnen*) Pinne. 1. Eine *Pinn* bezeichnet von alters her einen Schusternagel od. allgem. einen Stift aus Holz, seltener einen kurzen Schmucknagel mit breitem Kopf aus Messing (heute aus Plastik). Nicht nur die Schuhsohlen ließen sich damit *anpinnen,* sondern allerlei Zettel schnell an der *Pinnwand* befestigen. 2. übertr. Spitze des Kinderkreisels, des Regenschirm od. Spazierstocks; *vun mien Handstock is de Pinn weg.* 3. spitzer Hammerkopf *(Pinnhammer).* 4. Zapfen zum Festhalten in der Drechselbank, daher →*Pinökel.* 5. Ohrring *(Pinn in de Ohr),* wie er heute zunehmend von Männern selbst in seriöser Umgebung getragen wird (ich find's schrecklich!), früher jedoch ein Zeichen von Seeleuten und Kutschern. 6. Die *Pinn* ist vor allem als Ruderpinne, als Ruderknüppel, als Hebelarm des Steuerruders bekannt. Wer *echt an de Pinn* steht, gilt als zuverlässig.

Pinne (Ruder) vgl. →*Pinn (6)*

Pinökel ist ugs. ein Jokerwort für etwas Kleines, das hervorsteht od. herunterhängt, für einen Zapfen, Stift (engl. *pin*) od. für den Nippel, den Mike Krüger (der mit der großen Nase aus Quickborn) durch die Lasche ziehen will. Meine Mutter bezeichnete, wenn sie mich als Kind in der Wanne hatte, auch das Ding so, das der liebe Gott mir mitgegeben hat, meiner Schwester aber nicht: „Nun müssen wir Klein Peter aber auch seinen *Pinökel* waschen!“ Vgl. →*Pinn (4).*

Pirlepause Dieser Ausdruck ist allen Hamburgisch-Wörterbüchern bisher entgangen und dürfte sehr familiengebunden sein. Es gibt allerdings ein Kinderrätsel: *Hinter unsrem Hause/ hängt 'ne Pirlepause./ Wenn die liebe Sonne scheint,/ dann die Pirlepause weint*. Die Lösung: Eiszapfen.

Piselotten (Geld) → *Penunsen*

Piss * Urin, Pisse. Wer beim Lesen dieses Stichworts zusammengezuckt ist, sollte diesen Abschnitt vielleicht besser überschlagen. Es lässt sich nämlich nicht vermeiden, der Hamburger Umgangssprache in einen Bereich zu folgen, der leicht anrüchig ist. Andererseits ist das Wasserlassen eine derart natürliche Tätigkeit, dass sie früher mit allerlei Heil- und Aberglauben verbunden war. (Heute finden sich solche Tipps, nur im Hinblick auf die Flüssigkeit leicht abgeschwächt, noch in den Randspalten von 40-Cent-Blättern.) Und dann gab es den *Pissbüdel*. Das war jemand, der genau das tat, von dem wir sprechen, obwohl er es gar nicht tun wollte. Auf Hochdeutsch nennt man ihn einen Bettnässer. Um einen Bettnässer zu heilen, wurde sein Urin einem Toten mit in den Sarg gegeben. Jedenfalls glaubte man in Billwerder an die Wirkung, aber in Billwerder glaubte man früher ohnehin so allerlei. Zur hohen Schule der Volksheilkunde gehörten in Billwerder auch folgende Rezepte: Mundfäule bei Kindern wurde mit einem im Urin des Kindes getränkten Tuch behandelt. Bei Diphtherie half angeblich ein Gemisch aus eigenem Urin, Zucker, Heringslake od. Tabakssud. Bei Brustentzündungen von Wöchnerinnen wurde die Brust mit eigenem Urin abgerieben. Das Trinken des eigenen Urins sollte bei Fieber schweißtreibend wirken[232]. Zwar werden solche Kuren heutzutage nicht mehr von den Krankenkassen erstattet (was aber noch genau nachzuprüfen wäre), doch ähnlich dubiose Heilpraktiken sorgen jetzt dafür, dass die durchschnittliche Lebenserwartung nur leicht gestiegen ist. Vgl. →[1] *pissen* (Wasser lassen); →[1] *Pisslappen* (Windel); →[1] *Pisspott* (Nachttopf); →[1] *Pissmieger* (Ameise); →[1] *pisswarm* (lauwarm).

Piss–Pott Das dürfte jeder Hamburger Junge und jede Hamburger Deern kennen: *Piss–Pott!* Gemeint ist hier nicht etwa der →[1] *Nachttopf,* sondern das Eröffnungsritual eines Auswahlverfahrens, das bei so mancher Zusammenstellung von z. B. Fußballmannschaften Anwendung fand: Die beiden stärksten Spieler stellten sich – ähnlich einem Duell – im Abstand mehrerer Meter auf und gingen aufeinander zu. Dabei setzten sie stets den einen Fuß *knasch* (eng) vor den anderen und sagten bei jedem Schritt im Wechsel laut *Piss* bzw. *Pott.* Wer dann beim Zusammentreffen der Füße seinen Schuh nicht mehr in der verbliebenen Lücke unterbringen konnte, hatte verloren. Der Gewinner durfte als Erster die Wahl eines Mitspielers treffen, und dann ging's *een üm annern* (abwechselnd) weiter bei der Mannschaftsauswahl.

Planke *Von der Planke gelaufen* ist im eigentlichen Sinne, wer beim Überbordsteigen aufs Schiff von der Planke,

---

232 HWB 3/Sp. 781 f.

dem Brett, fällt und dabei, häufig nicht ganz nüchtern, ertrinkt. Der Weltumsegler Kapitän Carl Kircheiß (1887–1953) hatte zwar alle Gefahren auf den sieben Weltmeeren überlebt, starb dann als Ironie des Schicksals aber am 6. Dezember 1953 um 1.25 Uhr nachts an Land als Fußgänger auf der Elbchaussee kurz vor seiner eigenen Gartenpforte nach einem Verkehrsunfall [233]. Bei einem alten Seemann sagte man an der Küste im Nachruf nicht, er sei überfahren worden, sondern auch in diesem Fall, er sei *von der Planke gelaufen* [234].

Planten un Blomen Hamburgischer geht es kaum: Der Park am → *Dammtor* heißt nicht etwa „Pflanzen und Blumen", was auch etwas langweilig und wenig werbewirksam gewesen wäre, sondern von Anfang an auf Platt *Planten un Blomen.* Der damalige Bürgermeister Carl Vincent Krogmann (1889–1978) weihte die Anlage am 6. Juni 1935 ein, die der Gartenarchitekt Karl Plomin (1904–1986) in kürzester Zeit verwirklichen musste. Erst am 29. Oktober 1934 hatte der Senat vier Millionen Reichsmark zur Verfügung gestellt, um das Gelände des 1930 endgültig geschlossenen *Zoologischen Gartens*, der der Konkurrenz → *Hagenbecks* nicht mehr standhalten konnte, und das der benachbarten, 1794 angelegten, aber seit 1904 nicht mehr beschickten Friedhöfe zur *Niederdeutschen Gartenschau* umzugestalten. 1800 Arbeitskräfte, die zuvor meist arbeitslos waren, standen ihm zur Verfügung. Wie bei

233 HA 7.12.1953 S. 3
234 lt. Carl Groth

allen Großprojekten nutzten die Nationalsozialisten auch diesen Gartenbau als Arbeitsbeschaffungsmaßnahme, wogegen ja im Prinzip nichts einzuwenden war und was sie in den Augen der Bevölkerung damals nicht gerade unbeliebter machte. Nicht die exotischen Gewächse standen im Vordergrund, sondern dem Namen und der Vorgabe gemäß Gewächse aus Deutschland und vor allem aus Norddeutschland. Allein 276 000 Sonnenblumen und 36 000 Nelken wurden gesetzt. „Hier pflanzt man deutsch!“, kommentiert mein Kollege Matthias Gretzschel die Zielsetzung ironisch in der Rückschau. Abseits aller NS-Propaganda war der neue Park ein „Park für alle Hamburger“ geworden, der begeistert angenommen wurde. Schon im ersten Jahr zählte man, obwohl Eintritt bezahlt werden musste, 1,2 Millionen Besucher. Nach dem Krieg ging es internationaler zu. 1953, 1963 und 1973 war *Planten un Blomen* Schauplatz der *Internationalen Gartenbau-Ausstellung (IGA)*[235].

plemmplemm verrückt; *du büst ja plemmplemm!*

Pluckfinken (Plur.) ist ein Gericht aus gewürfeltem Pökelfleisch, das zusammen mit Karotten, Rüben, Äpfeln und Zwiebeln geschmort wurde. Ein Schuss Essig durfte nicht fehlen. Teilweise tat man auch weiße Bohnen dazu, und in Finkenwerder und Moorburg, wo man ja bekanntlich einen sehr eigenen Geschmack hat, gab man auch Pflau-

235 vgl. Matthias Gretzschel: Besuchermagnet von Anfang an. HA 7.6.2010 S. 15

men hinein. Es handelt sich um ein typisches kleinbürgerliches Resteessen am Sonnabend. Singvögel (Finken) wurden nicht benötigt. Unter *Finken* verstand man in diesem Zusammenhang in kleine Stücke geschnittenen Walspeck. Vgl. → *Finken (2)*.

plümerant (elend) → *blömerant*

Plummhöker „Pflaumenhändler“, abfällig für einen kleinen →[1] *Krämer*, der natürlich nicht nur Pflaumen, sondern allerlei →[1] *Püttjerkram* führte.

Plünnschuster Der Plünnschuster war ein „Kleiderzusammenflicker“, der aus alten *Plünnen* (Bekleidung und Stoffen) immer noch etwas zusammenbrachte. Allerdings arbeitete dieser *Plünnschuster* auch immer sehr unordentlich. Deshalb wurde dieses Wort auch als Schimpfwort für die Menschen verwendet, die gerade herumgepfuscht hatten oder sonst liederlich arbeiteten.

pöddern ist eine spezielle Art zu angeln, nämlich →[1] *Aale* mit einem Wurmköder ohne Haken zu fangen. Das geschah meistens nachts, offenbar weil die Fische sich im Dunkeln leichter überlisten ließen. Dazu wurde der *Pödder*, ein gelochtes Bleilot, an dem schöne, dicke Regenwürmer *(Pöddermetten)* als Köder befestigt waren, an einer Angelschnur mit einem Stock *(Pödderschacht)* ins Wasser gehalten. Sobald ein Aal anbiss, beförderte man ihn mit einem Ruck ins Boot. Selbst wenn der arme Fisch nun vor Schreck den Wurm wieder loslassen sollte – es war zu spät! In hohem Bogen landete er an Bord und kam in den Wasserkasten in der Mitte, den →*Bünn*. Am Morgen sortierte man aus: Die kleinen Aale durften zurück in den Fluss, um noch ein bisschen zu wachsen, die größeren Exemplare wurden geräuchert od. frisch als →*grönen Aal* verkauft. Da der Fischer sich von den nächtlichen Anstrengungen erholen musste, setzte die Fischersfrau, etwa von Wilhelmsburg od. Finkenwerder aus, über die Elbe und pries den lebenden und sich in einem geflochtenen Weidenkorb schlängelnden Fang auf dem →*Hopfenmarkt* od. in Hamburgs Straßen und Gassen mit dem lauten, aber eintönigen Ruf an: *Aal, gröön Aal!*

Pogg (Plur. *Poggen*). Der *Pogg* ist ein Frosch, braun an Land, grün im Wasser, etwas kleiner im Wetterglas, kalt, glitschig, feucht – eben alles andere als ein Kuscheltier; *koolt as 'n Pogg,* sagte man von teilnahmslosen und wenig mitfühlenden Zeitgenossen; *he ward bangen, wenn em 'n Pogg begegent* (ein ängstlicher Mensch); *de Kark is keen Pogg, se hüppt nich weg* (sagte Opa, wenn er am Sonntagmorgen zum Frühschoppen statt in die Kirche gegangen war). Der *Poggenpool* ist ein Froschteich und in Lurup ein Straßenname. Wie →*Poggüüts*.
Vgl. →[1] *Üüts*.

Poggüüts Eine *Poggüüts,* auch als *Pappelagüütz* od. *Papagüüz* bezeichnet, ist ein Frosch od. eine Kröte, die hässlich und mit gebeugtem Rücken auf dem Boden hockt; *de Welt is vull Slangen un giftige Poggüütsen; brune Poggüüts* (Landfrosch), *gröne Poggüüts* (Laubfrosch).

Abergl.: Eine Warze wird man los, wenn man damit eine auf dem Acker kriechende Kröte berührt. Vgl. →*Pogg*, →[1] *Üüts*.

Besonders hübsch ist sie nicht, die Kröte, auch Poggüütz genannt. Nur im Märchen verwandelt ein Kuss sie in einen netten Prinzen.

Pöker Kinderspr. für den Hintern, lautm. auch als →*Popo* bekannt; *denn gifft dat wat op 'n Pöker!*

poolsch polnisch; *ut dem poolschen Land* (aus Polen). Wir wollen die aufkeimende Freundschaft zu Deutschlands östlichem Nachbarn nicht beschädigen, müssen aus reiner Chronistenpflicht jedoch anmerken, dass das Adjektiv *poolsch* früher einen negativen Beigeschmack im Sinne von ungeregelt od. ungeordnet hatte; *poolsch leven* (in wilder Ehe leben); *poolsche Weertschop* (großes Durcheinander); *he maakt dat poolsch* (verkehrt); *poolsch Platt snacken mit 'n Tungenslag* (unverständlich reden).

Popo Kinderspr. für den Hintern, wie →*Pöker*. Der *Popo* hat vier Buchstaben. Wenn meine Mutter mir als Kind drohte: „Du bekommst gleich was auf deine vier Buchstaben!“, so wusste ich selbst in einem Alter, als ich noch gar nicht lesen konnte, was gemeint war. Übrigens: Geschlagen hat meine Mutter mich natürlich nie, im Gegenteil: Wenn ich vorsichtshalber in ein mitleiderregendes Geschluchze ausbrach, tröstete meine Mutter mich, und am Ende weinten wir beide.

Poppenbüttel → *dänisch*

Potsdamer 1. Ein Bewohner von Potsdam stand in Hamburg übertr. für einen geschwätzigen, dummen, eingebildeten Menschen. Schließlich lag Potsdam dicht bei Berlin. Dort liegt es zwar immer noch, aber heute ist Potsdam nicht mehr preußische Garnisonstadt mit all ihren eingebildeten Monokel- und Uniformträgern, die aus hanseatischer Sicht schon damals Witzfiguren waren. 2. Übrigens wurde ein Wandergeselle, der sich im Winter bei einer Witwe einnistete, das Bratkartoffelverhältnis im Frühjahr aber abrupt beendete, ebenfalls *Potsdamer* genannt.

Pottjuuchee Warum sagen wir nicht einfach *Geldbörse* im Deutschen, sondern quälen uns mit dem frz. Wort *Portemonnaie* herum, das die meisten nicht einmal mithilfe des Dudens richtig schreiben können? Die Hamburger hatten nicht das Geringste gegen → *Gallizismen,* aber sie stutzten sie sich zurecht. So finden wir für Portemonnaie hamb. *Pottjuuchee, Portjuchee, Portmonnee, Puttmanutt, Puttjemanee, Puttjemaneetje,* womit noch nicht einmal alle Formen erfasst sein dürften.

Priel schmaler Wasserlauf im Watt od. Deichvorland, aus dem das Wasser auch bei Ebbe nicht ganz abläuft.

primeln heißt dummes Zeug reden; Adj. *primelich* (dumm daherredend); *he primelt jümmers so vör sik hen.* Inwieweit dieses Verb etwas mit der *Primel* (Schlüsselblume) zu tun hat, sei dahingestellt. Immerhin gibt es hübschere Anblicke als einen *Primelputt* (Blumentopf mit einer Primel); *ingahn as 'n Primelputt* (den Kopf hängen lassen).

Privee (Abort) → *Paddemang*

Probe (Kinderspiel) → *Geschi*

Proletenbagger → *Paternoster*

pudelich Der *Pudel* ist eine Hunderasse, die urspr. zur Wasserjagd abgerichtet war und deren Name von *pudeln* (im Wasser plätschern, wie ein Hund schwimmen) abgeleitet ist. Im Anschluss sahen Fell und Haare *pudelich (pudelnatt)* aus. Ähnlichkeit mit dem Fell eines Pudels hatte auch die Strickmütze mit Pompon, die deshalb *Pudelmütze* hieß. Wer satt und rund war, war *pudelsatt,* wer das übertrieb, wurde *pudeldick.* Bei Goethe erlangte der Pudel früh literarischen Ruhm, als Faust in des *Pudels Kern* Mephisto erkannte.

Pudelmütze (Strickmütze mit Pompon) → *pudelich*

pulen (herausklauben) → *beipulen*

Pulvermanns Grab So heißt eine besonders schwere Sprungkombination auf dem 1920 von dem Kaufmann und leidenschaftlichen Reiter *Eduard F. Pulvermann* (geb. 2. September 1882; gest. 9. April 1944 in Hamburg) geschaffenen Parcours des Deutschen Springderbys in Klein

Mein Schwarzbrot, eine Delikatesse
Auf Grund verschiedener
Zeitungsnotizen möchten wir unserer
verehrten Kundschaft mitteilen, daß
bei uns
kein Seetang
(Meeresalgen)
verbacken wird.

Flottbek. Seit 1924 besteht das berüchtigte Hindernis Nr. 14 aus einem Steilsprung, dem ein tiefer gelegter Wassergraben und leicht bergauf ein 1,20 Meter hoher Aussprung folgen. Pulvermann hatte seine naturnahen Hindernisse der Holsteiner Landschaft abgeschaut. Er baute das Hindernis 1919 beim ersten Nachkriegsturnier in Travemünde auf und machte einen Proberitt. Sein Pferd sprang über das erste → *Rick*, erblickte erst jetzt das Wasser und verweigerte schlagartig. Der Reiter flog in hohem Bogen in den Graben. Sein Freund Erich Freiherr von Buddenbrock-Pläswitz rief: „Das ist Pulvermanns Grab!" So erhielt dies Hindernis seinen Namen. Jahrelang kam kein Reiter in Klein Flottbek fehlerfrei ins Ziel, und besonders viele scheiterten an Pulvermanns Grab. Pulvermann wurde 1940 von der Gestapo wegen angeblicher „Heimtücke" verhaftet, im KZ Neuengamme gequält und starb am 9. April 1944 im Gefängnislazarett Langenhorn. 2005 legte man vor seinem Wohnsitz Geffckenstraße 15 in Eppendorf einen Stolperstein. Neben dem Turnierplatz in Klein Flottbek verläuft der Eduard-F.-Pulvermann-Weg.

Pumpernickel wurde verächtlich das norddt.-westfälische Roggenschrotbrot genannt – nicht von den Einheimischen, die sprachen von *Schwarzbrot*. Wer ein Wort nicht erklären kann, der dichtet sich schnell etwas aus dem Französi-

Andrang in einer kleinen Hamburger Bäckerei im Jahr 1955. Das Brot gab es noch unabgepackt und ungeschnitten. In der Mitte liegen die Schwarzbrote. Ein Schild weist darauf hin, dass in dieser Bäckerei ausschließlich Mehl und kein Seetang verbacken wird.

schen zusammen: *Pumpernickel* soll von frz. *c'est bon pour Nickel* stammen (das schwarze Brot sei, so der angebliche Ausruf eines französischen Soldaten, nur für das mit Nickel beschlagene Pferd als Futter geeignet). Das ist natürlich falsch. *Nickel* ist der Vorname Nikolaus, und ein *Pumper* ist ein Furz. Da das Schwarzbrot blähende Wirkung hatte, erlebte man also einen „furzenden Nikolaus", und das nach dem Verzehr des Kommissbrots bei den Soldaten durchaus in der Mehrzahl. Übrigens steckt der *Pimpf,* der jüngste Mitläufer der Jugendbewegung, auch in dem Wortstamm. Er bedeutet nichts anderes als „kleiner Furz".

Punsch (engl. *punch*) ist ein heißes Getränk aus Rum od. Arrak, Zitrone, Zucker, Wasser und Gewürzen, das nicht nur, aber gerade in Hamburg seit Mitte des 18. Jahrhunderts bei Festen im Winter äußerst beliebt war. Es wärmte, es machte schnell →[1] *duun,* und es löste die Stimmung in einer Weise, wie sie gar nicht geplant war; *dor worr ornlich fiert, mit Punsch achterup; för de Froonslüüd geev dat söten Punsch.* Die Schneider standen in der Wertschätzung der Handwerker ganz unten, sodass *Sniederpunsch* nicht bedeutete, dass dieses Gesöff nur vom →*Snieder* getrunken wurde, sondern dass es hierbei an den erforderlichen Zutaten mangelte.

Punschbool 1. Eine *Punschbool* od. *Punschtrien* bezeichnet ein bauchiges Gefäß, eine Terrine od. Bowle, zum Anrichten von →*Punsch.* 2. scherzh. wurde auch der Nachttopf so umschrieben, nach Form und Inhalt eine nicht ganz stubenreine Gleichsetzung, die hier nicht näher erklärt zu werden braucht. 3. Da zum Ausflug mit einem *Gallerie-* od. →*Stohlwagen* ein kräftiger Punsch gehörte, was die Beobachter am Straßenrand nicht übersehen und schon gar nicht überhören konnten, schimpften sie einen solchen Ausflugswagen gleich treffend eine *Punschbool.*

Punschschnitten →Leserbrief *Eisenbahner* S. 111

Punt (Plur. *Punten*), n. Das *Punt* bezeichnet ein flaches Boot mit Stechpaddeln, das während der Weimarer Zeit ein beliebtes Sport- und Freizeitgerät auf der Alster war. Von engl. *punt* (Stechkahn, flaches viereckiges Boot).

Pünt f. 1. Punkt. 2. spitz zulaufendes Teil od. äußerstes Ende; *de Pünt vun 't Land* (Landzunge); *an de Pünt vun 'n Finger* (Fingerspitze); *an de* →[1] *Nüff ehr Pünt* (Nasenspitze); *Münte in de Pünte* (spitzer Mund als Ausdruck des Widerwillens). Von frz. *point* (Punkt).

Pütt un Pann sind die Küchenutensilien, formelhaft der gesamte Hausrat und übertr. alles Mögliche. Richey: *Unter Schapen und Grapen*[236]*, wie auch Putt und Pann, verstehen wir allerhand Küchen-Geschirr*[237].

Putzfrau →*Reinmachefrau*

Putzlaputz 1. abf. für das „Mädchen für alles“, das für sämtliche niederen Arbeiten zuständig ist; *ik bün doch nich dien Putzlaputz!* 2. Faktotum, ein Diener, der sich

---

236 Pfannen und Eisentiegel

237 Richey: Idioticon S. 226

herumkommandieren lassen muss. 3. Als die Dampfschiffe aufkamen, bezeichneten die Matrosen der Segelschiffe einen Dampfschiffmatrosen, den sie nicht für einen vollwertigen Seemann hielten, als *Putzlaputz* od. *Damperjantje*.

Putzmacherin (*Putzmakersch*). Eine Putzmacherin putzte keine Räume, sondern Köpfe, das heißt, sie fertigte Hüte an, einfache und ausgefallene Kreationen, aber immer individuell. Zu ihrer Kundschaft gehörte durchaus auch Frau Pumeier aus dem Hinterhof, die ohne passende und meist leider auch *putzige* (komische, drollige, seltsame) Kopfbedeckung keinen Besuch machte. Eine *Putzmamsell* war ein Mädchen, das bei einer Putzmacherin arbeitete od. das sich als Schneiderin durchzuschlagen versuchte; *so 'n Putzmamsell, de bloots kann Hööt staffeern.* Heute spricht man von *Modistinnen,* und ich könnte mir vorstellen, dass die veralt. Bezeichnung *Putzmakersch* die Freundschaft und schlimmstenfalls sogar das Zeitungsabonnement gefährden könnte.

Zunftwappen der Hutmacher 1895

Putzmamsell (Hutmacherin, Schneiderin) → *Putzmacherin*

putzmunter Adj. sehr munter, lebhaft.

Q

Qualster Speichel im Sinne von zähem Schleim, von Auswurf, also von einer Konsistenz und Unappetitlichkeit, die wir nicht näher schildern wollen, die Michael Richey allerdings bereits 1755 anschaulich beschrieben hat: *qualstern: vielen und dicken Speichel auswerffen*[238]. Übertr. gebraucht für schlechtes und blasses Aussehen: *geel as 'n Qualster; utsehn as →[1] Bottermelk mit Qualster.*

Quartiersmann (*Quarteersmann*) ist eine Hamburger Bezeichnung für einen Lagerunternehmer, der Schiffsladungen mit Importware wie beispielsweise Kaffeebohnen, Tee oder Gewürze sortierte, begutachtete, Muster anfertigte und dann sachkundig zwischenlagerte, früher in mehrstöckigen Speichern in den alten Lagerhauskomplexen, während die Firmen heute wegen des schnellen Güterumschlags fast alle aus der Speicherstadt in ebenerdige Lagerräume umgezogen sind. *Quartiersleute (Quarteerslüüd)* heißen so, weil sie sich traditionell zu Vierergruppen zusammenschlossen *(Quarteer)*, die nach dem Vormann (→[1] *Baas*) benannt wurden, während die Teilhaber als → *Consorten* firmierten. Das ergab dann so schöne Bezeichnungen wie zum Beispiel *Wilh. Meyer & Cons. GmbH.* 1886 wurde der Verein Hamburger Quartiersleute gegründet. Die Tracht der Mitglieder bestand aus einer schwarzen Jacke mit Silberknöpfen, einer Lederschürze und einem Zylinder.

quengeln Wenn Sie sich ein Vorschulkind vorstellen, das im

238 Richey: Idioticon S. 198

Wartezimmer nicht stillsitzen will, herumnörgelt, die Zeitschriften durcheinanderwirft und dauernd etwas anderes haben will, dann wissen Sie, was *quengeln* bedeutet; *du quengelst as so 'n →¹ unnasch Kind.* Adj. *quengelich* (weinerlich, nörgelig). Vgl. →¹ *quarken;* →¹ *quesen.*

Quese Blutquese (*Blootquees* – Blutblase nach einer Quetschung).

Quickborn Mit Quickborn ist hier nicht die Stadt im Kreis Pinneberg gemeint, sondern die *Quickborn-Vereinigung für niederdeutsche Sprache und Literatur e. V.* mit Sitz in Hamburg, die es sich (seit 1904) zur Aufgabe macht, in vierteljährlich erscheinenden Heften die niederdeutsche Sprache zu pflegen und zu fördern. Mitglieder erhalten zusätzlich als Jahresgabe ein plattdeutsches Buch, und im Zweijahresrhythmus wird der Quickborn-Preis vergeben für persönliche Verdienste um das Plattdeutsche [239]. →¹ *Gorch Fock* (1888–1916), mehrere Jahre Vorstandsmitglied, trug in diesem Kreis seine erste plattdeutsche Erzählung vor. Der Name *Quickborn,* der in der hd. Übersetzung „Jungbrunnen" od. „lebendiger Quell" heute reichlich Patina angesetzt und seinen Ursprung im mnd. *quick* (lebendig) und *born* (Quelle) hat, steht für die Gedichtsammlung „Quickborn" (1852) des niederdeutschen Dichters *Klaus Groth* (geb. 24. April 1819 in Heide, gest. 1. Juni 1899 in Kiel), der das Plattdeutsche, das zur Umgangssprache der Mittel- und Unterschicht abzurutschen

---

239 → www.quickborn-vereinigung.de

und vom Hochdeutschen als Schriftsprache verdrängt zu werden drohte, im 19. Jahrhundert wieder als anerkannte Literatursprache pflegte. Anders als sein bekannter Zeitgenosse Fritz Reuter (1810–1874), der die Sache des Volkes in der Sprache des Volkes wiedergab, behandelte Groth auf Plattdeutsch ernste Themen in Prosa und Lyrik auf hohem literarischem Niveau. Er gilt als Schöpfer der neuen niederdeutschen Dichtung, und es gibt zwischen Eider und Elbe wohl keinen Ort, der nicht eine *Klaus-Groth-Straße* aufzuweisen hätte. In Hamburg liegt sie im Stadtteil Borgfelde.

R

Rabauken waren über Hamburg hinaus jugendliche Rüpel und Flegel, die sich laut und gewalttätig benahmen. Handelte es sich um kleine Kinder, die sich wie *Rabauken* aufführten, sprach man von den *lütt Rabaukers,* was nicht gar so streng klang. Der Ausdruck stammt vom ndl. *rabaut* aus afrz. *ribaud* (Schurke, Strolch).

Radbacker benötigte man als Klebstoff, um den Schlauch zu flicken, falls das Fahrrad einen Platten hatte. Heute bekommt man eine entsprechende Tube im Baumarkt unter dem Namen „Gummilösung“.

raken [1] zusammenholen, zusammenkratzen; *se raakt dat Geld för de Grogs in de Kass.*

raken[2] 1. berühren, streifen; *dat Schipp mutt ja woll Grund raakt hebben* (Grundberührung gehabt haben). 2. *sik raken* (streiten); *de Kinner raakt sik jümmers maal.*

ramentern (*ramenten*) bedeutet rumoren, lärmen, Spektakel machen, toben; *de Keerl, de ramentert so; he bölkt un ramentert; de Muskanten ramentern mit Pauken un Bummtrummel; allens tweismieten, allens kort un kleen ramentern* (alles kurz und klein schlagen). Ein *Ramenter* ist ein wildes Kind, ein Lärmmacher; *ji Ramenters!* Wenn sich Großmutter in ihrer Ruhe gestört fühlte, sagte sie häufig: *nu ramenter hier nich so rum!*

rapp 1. schnell, leicht, geschwinde (mnd. *rap* – schnell); *rapp op de Been* (schnell zu Fuß); →*rappeln* (schnell reden); →*rappen* (schnell etwas wegnehmen, raffen); →*Rapphohn* (Rebhuhn, das schnell im Unterholz verschwindet); →*Rappelsnuut* etc. (jmd., der schnell und viel redet). 2. patzig, vorlaut, schnippisch; *he hett 'n bannig rappe Snuut* (ein freches Mundwerk). Vgl. →*Jan Rapp.*

Rappe schwarzes Pferd; formelh.: *op Schoosters Rappen* (zu Fuß). Da der Rappe nicht unbedingt schnell, auf jeden Fall aber schwarz sein muss, hat das Wort wohl weniger mit →*rapp* (schnell) als mit dem Raben zu tun.

Rappel Der *Rappel* umschreibt die Verrücktheit od. Tollheit und kommt nur in der Verbindung *'n Rappel kriegen* od. *hebben* vor. Wenn die Sonne im März auf die während des Winters ungeputzten Fenster schien, bekam Großmutter ihren vom Rest der Familie gefürchteten *Rappel.* Sie schritt zum Frühjahrsputz, rückte alle Möbel von der Wand, klopfte die Teppiche draußen über der Stange bis zur Erschöpfung, nahm die Gardinen ab und scheuerte die Dielen. Man glaubt gar nicht, wie ungemütlich eine saubere Wohnung sein kann; *de Oolsch hett ehrn Rappel,* schimpfte Großvater und flüchtete in seine Stammkneipe. Adj. *rappelich* (verrückt, toll).

Rappelkopp → *Rappelsnuut*

rappeln 1. schnell reden, viel schwatzen, dabei allerlei Unsinn und Unvernünftiges von sich geben; *rappeln as 'ne Neihmaschien;* vgl. → *Rappelsnuut* etc. 2. klappern, rasseln; *dat rappelt woll bi di in 'n Kopp* (du bist nicht bei Trost); vgl. → *Rappel.*

Rappelsnuut Hier haben wir es mit einer Person zu tun, deren Mund pausenlos in Bewegung ist, die schwatzt, tratscht, intrigiert und Unfrieden stiftet. Handelt es sich um ein Kind, so jedenfalls um ein nervendes Kind: *'n lütt söte Deern, aver mit 'n düchtige Rappelsnuut.* Meistens geht es aber um eine erwachsene Frau, der gleich mehrere gleichartige Bezeichnungen zugeordnet werden: *Rappelpuus, Rappelsüster, Rappeltasch* und *Rappeljule; kumm mi bloots nich mit so 'n Rappeljule an!* Dieser Überhang an weiblichen Schimpfwörtern droht erfahrungsgemäß empörte Leserbriefe hervorzurufen, in denen auf geschlechtlicher Ausgewogenheit bestanden wird. Mit Mühe lässt sich ein Wort finden, das sich in diesem Zusammenhang gegen einen Mann richtet: Ein *Rappelkopp* ist ein Verrückter und Ausgeflippter, der *rappelköppisch* (jähzornig, ungehalten, aufgebracht) herumschimpft.

rappen (*rapsen, rapen*) raffen, rauben, geschwinde wegnehmen[240], an sich reißen. Erw.: *berappen* (vgl. → *betahlen*). Vgl. → *rapp*.

Rapphohn (Plur. *Rapphöhner*). Wer glaubt, das Rebhuhn habe etwas mit der Rebe zu tun, ist einem sprachlichen Missverständnis aufgesessen. In Wirklichkeit handelt es sich um ein *Rapphohn* von → *rapp* (schnell, geschwinde). Die etymologische Erklärung von Michael Richey (1755) liest sich wie ein Vorläufer von Brehms Tierleben: *Feld-Huhn: also genannt, weil es hurtig und geschwinde im lauffen und fliegen ist, so bald es eine Nachstellung mercket. Diesemnach sollte man billig schreiben Repphuhn, und nicht Rebhuhn, weil letzteres nur zu allerhand unerfindlichen Herleitungen Gelegenheit gegeben hat. Denn einige führen es her von Rebe, weil dieser Vogel gern Trauben isset: andere vom Korn, welches im Angel-Sächsischen Ryp heisset: noch andere von Rapen oder Rüben …*[241] Aha, also *Rapphuhn*, ein schnell im →[1] *Knick* od. Unterholz verschwindendes Federvieh, jedenfalls dann, wenn der Hühnerhund des Jagdpächters es aufstöbert.

Rauchwaren (Plur.) bezeichnen als wichtiges Handelsgut seit Zeiten der → *Hanse* nicht etwa Tabakwaren, die es

240 Richey: Idioticon S. 205
241 Richey: Idioticon S. 206

damals noch gar nicht gab, sondern unveredelte („rauhe") Felle und Pelze. Das Kürschnerhandwerk wurde als *Rauchwerk* bezeichnet, ein Pelzgeschäft als *Rauchwarenhandlung*. Von mhd. *rouch* für roh, mnd. *ruch* für „rauch" (rau), haarig, zottig; mnd. *dat ru* (die „Rauchseite" des Fells)[242].

Reed Reede, geschützter Ankerplatz für Schiffe an Küsten und Strömen meist in Hafennähe; *op de Reed vör Anker gahn*.

Reep Ein *Reep* ist ein Tau od. Seil mittlerer Stärke, das die → *Reepschläger* auf den → *Reeperbahnen* durch das Zusammendrehen mehrerer Hanfstränge herstellten.

Reeperbahn 1. allg. ein schmales, bis zu 400 Meter langes Areal, auf dem die → *Reepschläger* (Schiffs-)Taue herstellten. Die innerstädtischen *Reeperbahnen* verlegte man 1626 in ein noch unbebautes Gebiet vor dem Millerntor. Dort blieben die zwischen Baumreihen angelegten und meist überdachten Bahnen teilweise bis 1883 erhalten.
2. Neben den Bahnen entstand ein Vergnügungsviertel, das heute alle Welt als *St. Pauli* kennt. Zur besseren Verbindung nach →[1] *Altona* wurde dort 1825 eine Straße angelegt, die man *Reeperbahn* nannte und die man weder Einheimischen noch Auswärtigen näher vorstellen muss. Innerhalb kurzer Zeit entwickelte sie sich zum Zentrum des Vergnügungsviertels[243].

---

242 Kluge S. 669; Lübben S. 308
243 HWB 3/Sp. 1008

Modell der historischen Reeperbahn im Museum für Hamburgische Geschichte

Reepschläger (*Reepsleger*). Ein *Reepschläger* ist ein Seiler, ein Handwerker, der auf einer →*Reeperbahn* Taue verschiedener Stärken vorwiegend für die Schifffahrt herstellt. Er spann zuerst rückwärts gehend einzelne Hanffäden (das *Kabelgaarn*). Zwei bis vier Fäden wurden zu einem Strang geflochten, die Stränge mithilfe eines Rades dann zu Tauen od. Trossen zusammengedreht od. besser *geschlagen,* wie dieser Vorgang hieß (*slaan* – schlagen, h.: mit einem Schlag erzeugen). Die Schiffstaue mussten anschließend geteert und getrocknet werden[244].

Reet 1. Schilf od. mit Schilf bewachsenes Land; *ik schipper mit 'n Kahn achter 't Reet.* 2. Schilfrohr, zurechtgeschnit-

244 HWB 3/Sp. 981

tene Halme des Schilfs, seit Jahrhunderten zum Hausbau und bes. zum Dachdecken benutzt. Ist heute ein *reetgedecktes* Haus etwas Besonderes, waren *Reetdächer* früher auf dem Lande die Norm. Vgl. →[1] *Reetje* (Rohrstock).

Reinmachefrau od. hamb. *Reinmakerfro* wurde die Putzfrau *(Putzfro)* genannt, die gegen Bezahlung stundenweise Räume, Läden, Büros od. Wohnungen reinigte. Als die Arbeitskräfte im Wirtschaftswunder vor 1966 immer knapper und die Stellenanzeigen im →*Abendblatt* immer größer wurden, schrieb man solche Stellen unter dem beschönigenden Begriff „Raumpflegerin" aus, bis auch diese stilistische Aufbesserung nicht verhindern konnte, dass die Reinmachefrau alten Schlages heute ausgestorben ist, die weder Lohnsteuerkarte noch Gummihandschuhe, Staubsauger und Putzwagen mit zehn verschiedenen Sprayflaschen kannte, sondern mit →[1] *Fatuch,* →[1] *Handeule,* →[1] *Feudel* und →[1] *Leuwagen* hantierte, auf den Knien feucht die Ecken auswischte, mit angelecktem Kopierstiftstummel auf dem Rand einer Zeitung ihre Stunden ausrechnete und gleich kassierte – in bar und ohne Abzug, versteht sich.

Reling seem. Geländer um das Deck des Schiffs.

Renzel Rucksack, bes. der auf dem Rücken getragene Ranzen der Schulkinder, in dem die Schüler seit Generationen viel zu viele und viel zu schwere Bücher hin- und herschleppen mussten. Von mnd. *rensel* (Reisesack, Beutel) [245].

---

245 Lübben S. 298

Arnold Risch

ONKEL MAX IS TOT

Früher kannte jeder Hamburger seinen Namen, heute ist er vergessen: *Arnold Risch.* Er war *der* große Hamburger Volkshumorist des letzten Jahrhunderts. Sich selbst nannte er „niederdeutscher Vortragskünstler“, tatsächlich war er ein wahres Multitalent: Dichter, Komponist, Schauspieler und Rezitator, schreibt Gerd Spiekermann[246].

Arnold Risch lebte vom 1. Juli 1890 bis zum 19. Mai 1979. Eigentlich wollte er Kolonialbeamter werden, während sein Vater ihn zum Lehrerberuf drängte. Wie viele Biografien muss auch diese mit der bedauerlichen Mitteilung beginnen, dass dem Lehrerstand ein weiterer hoffnungsvoller Aspirant verloren gegangen war. Risch wurde kein Lehrer, sondern ließ sich von den Musen verführen.

Er gründete mit →[1] *Richard Ohnsorg* die Niederdeutsche Bühne und war selbstverständlich dabei, als bei der → *NORAG,* dem Vorvorläufer des NDR, 1924 die *Nieder-*

---

246 Gerd Spiekermann: Und das freut ein' denn ja auch. HA 1.7.2010 S. 14. Spiekermann ist Redakteur für Niederdeutsch bei NDR 90,3.

deutsche Funkbühne eingerichtet wurde. 30 Jahre lang war kein Hafenkonzert ohne Arnold Risch denkbar. Seine Bücher wurden Bestseller (wie man damals aber noch nicht sagte).

Risch erfand kernige Hamburger Figuren wie Tante Dibbermeier, Frau Schneider oder Onkel Hein – und natürlich den armen Onkel Max, der in → *Ohlsdorf* beerdigt werden musste: *Denk mal, Onkel Max is tot,/ das bekümmert ein' doch sehr!/ Gestern noch bei 'n Abendbrot,/ stött möl op – un is nich mehr!*

Risch schloss meistens mit der Sentenz: *…und das freut ein' denn ja auch!* Dieser Spruch wurde zum geflügelten Wort in Norddeutschland. Noch einmal Spiekermann: Arnold Risch spielte auf der Bühne Ein-Mann-Theater und konnte ohne Probleme in seinen Conférencen und Gedichten zwischen Hochdeutsch, Platt und dem Hamburger →[1] *Missingsch* wechseln. Außerdem verstand er es, Musikinstrumente, Tierstimmen und andere Geräusche täuschend echt zu imitieren.

Dem Publikum gefiel es, aber ernsten und (nieder)deutschen Vertretern der Muttersprache gefiel es ganz und gar nicht, dass Risch dem Publikum gefiel. Sie warfen ihm Niveaulosigkeit vor. Risch reichte Privatklage ein, wie in der Einleitung zu diesem Buch beschrieben (→ S. 15 f.). Deshalb legte er Zeit seines Lebens großen Wert auf die Feststellung, von 1930 bis 1940 Plattdeutsch-Dozent an der Hamburger Volkshochschule gewesen zu sein.

Nach Bühne und Funkhaus betrieb Arnold Risch einen Antiquitätenladen in der Poststraße. Nach dem Tod seiner Frau 1971 kam er ins Pflegeheim Alsterberg (Alsterdorf) und starb 1979 nahezu vergessen.

resen bedeutet prahlen, aufschneiden, viel und ichbezogen reden; *Hein weer wedder an 't Resen;* engl. *to raise* (h.: Krach schlagen). Ein Tourist aus Berlin, der den Wannsee für ein Weltmeer und die Elbe für einen Nebenfluss der Spree hielt, ging an den Landungsbrücken als *Reesbüdel* („Piefke", Prahlhans) *mit sien opgebügelte Zylinderhoot* an Bord, wie →[1] *Hein Köllisch* beschrieben hat, beendete seine „Reis' no Helgoland"[247] aber äußerst derangiert: *de Grootsnuut sehg grood ut as Bottermelk un Kees.*

Rick (Plur. *Ricken*). Ein *Rick* kennt der naturentwöhnte Fernsehzuschauer heute vielleicht noch von der Übertragung des Deutschen →*Springderbys* in Klein Flottbek als Hindernis im Parcours aus genau übereinanderliegenden Stangen. Das trifft den Kern: Das *Rick* (a.: *Rickels*) ist eine hölzerne Stange od. Latte, wie sie früher überall gebraucht wurde. Das *Rickels* kann ein Geländer, ein Lattenzaun od. ein Lattentor als Zugang zu Viehweiden sein. Wie genau seinerzeit jeder Schritt im Leben vom Aberglauben begleitet war, zeigt folgendes Beispiel: Wenn eine Schwangere durch ein Rick kroch, legte sich angeblich die Nabelschnur um den Hals des Ungeborenen. Zum Wäschetrocknen benötigte man Ricken od. *Rickenstaken,* einzelne Stangen eines Gestells zum Trocknen. Hingen die Stücke nass und schwer auf der Leine, musste die durchhängende Wäscheleine zwischen den einzelnen Pfählen durch *Rickenstaken* (Stangen) abgestützt werden. Lang und dünn und unansehnlich – was

247 Wiegandt: Hamburger Liederbuch, Bd. 1, S. 159 ff.

Wunder, dass eine solche Stange mit einer dementsprechend gestalteten Person verglichen wurde. Schimpfw.: *du sladddrige Rickenstaken!*

Rickels →*Rick*

Rickenstaken →*Rick*

Riemels Reim, gereimter Spruch, gereimtes Lied od. Gedicht; *de olen Riemels un Leder.*

Riemen hat hier die Bedeutung der Ruder des Ruderbootes. Wer sich *in die Riemen legt,* der strengt sich körperlich besonders an.

Ringreiten Das *Ringreiten,* heute nur noch vereinzelt zu erleben, war früher ein weit verbreiteter Brauch in den Dörfern bis nach Jütland hinauf, an dem die Bauernsöhne und später auch die Knechte teilnahmen (die Frauen und Mädchen durften jubeln, schmücken, zuschauen und tanzen, aber ansonsten nicht mitmachen). Meist um die Pfingstzeit wurden die Acker- und Zugpferde geputzt, und die Reiter versuchten, im Galopp einen an einem Galgen oder einem Gestell hängenden Ring mit einer kurzen Lanze zu stechen. Der Ring hing dabei so hoch, dass der Reiter sich in die Steigbügel stellen musste, was ein sicheres Zielen erschwerte. Die Regeln waren von Ort zu Ort unterschiedlich. Teilweise nahm der Durchmesser der Ringe, die durch einen Magneten gehalten wurden, im Laufe des Wettkampfes ab. Wer zum Schluss die meisten Ringe gestochen hatte, war der König, bekam eine Schärpe, durfte den Umzug durchs Dorf anführen und abends im Krug den Tanz eröffnen. Wer immer vorbeigestochen hatte, gewann nur Stroh und musste sich mancherorts sogar ein →¹ *Franzbrot* auf den Rücken kleben lassen [248].

Rinnstein (*Rönnsteen*) ist die steinerne Rinne zum Abfluss von Regen- und Schmutzwasser, früher in der Mitte der Straße gelegen (sofern sie gepflastert war), später an

den Rand, an den → *Kantstein*, verlegt; *nich över den Rönnsteen kamen* (nicht aus dem Haus kommen); *de will maal den Rönnsteen utmeten, wo deep he is,* sagt man von einem Betrunkenen, der auf der Straße liegt. Als *Rönnsteenschipper* verspotteten die Fahrensleute in einem Seehafen wie Hamburg die →¹ *Schuten-* od. Ewerführer, die sie als Schiffer nicht ernst nahmen, weil sie mit nur einer Handbreit Wasser unter dem Boot (wenn überhaupt) zwischen Häusern und Straßen herumstakten. Vgl. → *Rönn (2)*.

risch rasch, schnell, lebhaft, rüstig; *se stünd risch op un güng weg.*

Risch, Arnold → Biografie S. 318 f.

Rist, Johann (1607–1667, deutscher Dichter) → *Sprachgesellschaften*

Ritzenmieger → *Spaltenmieger*

---

248 vgl. Wiegandt: Liederbuch Schleswig-Holstein, Bd. 2, S. 149 ff.

Rögen [1] Rogen, Fischlaich. Kinderreim: *Wenn 't Sünndag is, wenn 't Sünndag is,/ denn slacht mien Mudder en Hering*[249]*./ Mien Vadder kriggt dat Middelstück,/ mien Mudder, de kriggt Kopp un Steert,/ wi Kinner kriegt den Rögen,/ dor köönt wi uns to högen*[250].

Rögen [2] urspr. kleine, mit Bäumen bewachsene Anhöhe, noch in Flur- und Straßennamen enthalten: *Rögeneck, Rögenfeld, Rögenstieg, Rögenweg* (alle Volksdorf), *Rögengrund, Rögenredder* (beide Bergstedt) und *Rögenoort* (Duvenstedt) – hoffentlich kommt der Postbote da nicht durcheinander ...[251]

Rönn (bes. auf Finkw. a. *Rünn*) ist eine Rinne. 1. Das kann eine Dachrinne sein, die früher aus Holz, dann aus Zinkblech gefertigt wurde und in neuerer Zeit, teuer und von nächtlichen Metalldieben bedroht, aus Kupfer hergestellt wird. 2. Abfluss für Regen, Dreckwasser, Jauche, → *Rinnstein;* übertr. Gosse. 3. kleiner Wasserlauf, Rinne od. Röhre, die Gräben miteinander verbindet, im Deichvorland → *Priel*. Eigenn. *Rönne, Rünn;* Straßenn. *Hohle Rönne* (Horn).

Rönnsteenschipper (Ewerführer) → *Rinnstein*

rote Grütze * Mit diesem Fruchtdessert hat sich der Norden einen Hauch von Anerkennung auch im kulinarischen Süden

249 Gemeint ist ein geräucherter Hering, ein → *Bückel.*
250 HWB 3/Sp. 1061 (→[1] *högen:* sich freuen)
251 Beckershaus: Straßennamen S. 303

erworben. Allerdings versteht Hamburg und sein Umland unter →[1] *roter Grütze* nicht das, was eine süddeutsche Großmeierei heutzutage unter diesem Namen vertreibt. Vor allem bemühte sich Mutter, nachdem sie Johannisbeeren, Himbeeren und Kirschen mit Wasser aufgekocht hatte, die feinen Kerne zu entfernen, indem sie den Saft durch ein Tuch oder Sieb goss, bevor sie ihn mit Zucker und Maizena versetzte, in eine Schüssel füllte und fein mit Zucker bestreute, damit sich beim Erkalten keine Haut bildete. Man *kann* rote Grütze mit Vanillesoße oder Sahne essen, aber am besten schmeckt sie mit viel kalter Milch.

Rott [1] Eine *Rott* ist eine Ratte, die zwar das sinkende Schiff verlässt, sich ansonsten aber im Keller, Stall od. auf dem Boden breitmacht, der Katze trotzt und die Menschen erschreckt und anekelt. Wenn eine Schwangere einer Ratte begegnete, so bekam sie ein Kind, das der Ratte ähnelte – so glaubte man jedenfalls früher. Dieses Nagetier war über Jahrhunderte derart unbeliebt, dass es von negativen Bezügen und Redensarten im Hamburgischen nur so wimmelt: *he hett 'n Snuut as 'n Rott; 'n Rott op 'n Böön hebben* (verrückt sein); *mit den kann man Rotten un Müüs vergiften* (sagt man über einen unausstehlichen Zeitgenossen).

Rott [2] ist auch eine Rotte, eine „Gruppe von Personen mit gleichen Absichten“ [252], die sich zusammenfand od. sich *zusammenrottete.*

---

252 HWB 3/Sp. 1091

rotten faulen, verrotten; *'n rotten Appel; de Holtpöhl fungen in de Eer al an to rotten.*

Rotz (Nasenschleim) → *Snapp*

Ruffel f., Waschbrett, ein Zinkblech mit Querrippen im hölzernen Rahmen, das hochkant in die →[1] *Balje* gestellt wurde, damit die Waschfrau die Wäsche mit der Hand *ruffeln* konnte.

Früher ruffelte man auf der Ruffel die Wäsche sauber (oder jedenfalls ein wenig sauberer), heute findet man sie im Museum oder im Hobbykeller alter Herren – nein, nicht um zu ruffeln, sondern um Töne zu erzeugen, die nur mit viel Wohlwollen als Musik zu bezeichnen sind.

Ruffelwief od. eine *Rufflersch* bezeichnet eine Kupplerin.

Rummel* 1. Durcheinander, ein unordentlicher Haufen, ein Rest unsortierter Ware, Gerümpel, wertloses Zeug; *wat kost de Rummel?; de ganze Rummel* (alles). 2. Vergnügen (meist im Gewühl vieler Menschen) mit Lärm und Krach. Ein Jahrmarkt mit Fahrgeschäften, Geisterbahn, Buden,

Zuckerwatte und Liebesäpfeln, der im Großen auf dem Heiligengeistfeld → *Dom* heißt, wird weiter draußen noch heute *Rummel* genannt. Adj. *rummelich* (unordentlich). Vgl. →[1] *Rummelpott* mit *rummeln* (poltern, Lärm machen).

rummurksen (pfuschen) vgl. → *Murks*

Rutschbahn Im Allgemeinen versteht man unter einer Rutschbahn (Rutsche) ein Spielgerät für den Garten. In Hamburg handelt es sich aber, sofern im Winter nicht die gesamte Stadt zur Rutschbahn geworden ist, um eine Straße in Rotherbaum. Und dennoch hat beides miteinander zu tun. Im 19. Jahrhundert lebten Lokale im damaligen Außenbereich von den Ausflügen Hamburger Familien und versuchten außer Kaffee, Kuchen, Speis und Trank auch allerlei zur Zerstreuung anzubieten, vornehmlich für Kinder, die nicht die ganze Zeit ruhig mit den Erwachsenen am Tisch sitzen wollten. Als Attraktion hatte ein Wirt eine große Rutschbahn aufbauen lassen, die so beliebt war, dass er seinen Gasthof „Zur Rutschbahn" taufte. In Erinnerung an diese Wirtschaft wurde 1874 die dortige Straße so benannt[253].

rüüschen 1. schnell bewegen, fahren, preschen; *wo hüüt de Hochbohn rüüscht; de Wogen rüüscht mank de Footgengers.* 2. rutschen, Schlitten fahren; *se rüüschen vun 'n Diek.* Erw.: *Rüüschbahn* (Rodelbahn). Vgl. →[1] *verrüüschen* (verhauen).

---

253 Vgl. Beckershaus: Straßennamen S. 310

S

Saal[1] 1. Das Obergeschoss eines Hauses in einfacherer Wohngegend mit eigenem Zugang von außen über die *Saaltrepp,* eine meist offene Treppe von der Straße zu einer Außentür im ersten Stock. Häufig teilte man ein *Saal-*Stockwerk in bis zu vier bescheidene *Saal-*Wohnungen auf, die jeweils aus einem Vorraum und ein od. zwei Kammern bestanden und an Arbeiterfamilien vermietet wurden; *de bi uns wahnt op den selben Saal.* Bürgerliche Familien wohnten in besseren Vierteln, und dort nicht mehr im Saal, sondern auf →*Etage.* 2. großer, repräsentativer Raum, Vortrags- od. Festsaal; *Saal free!* (Freigabe des Tanzes) [254].

Saal[2] [spr.: zo:l] 1. Die Sohle, Schuhsohle, Unterseite von Geräten, aber auch der 2. Tanzboden, der aus Brettern in der Diele des Wirtshauses gelegt wurde, hieß *Saal; de Saal ward leggt* [255].

Saal[3] Tümpel, Sumpfniederung [256], natürliche Viehtränke ohne Zu- und Abfluss; noch in Orts- und Straßennamen erhalten. *Lemsahl* bedeutet also lehmiger Tümpel, wahrscheinlich benannt nach einer ehemaligen Ziegeleikuhle, die sich mit Wasser gefüllt hatte [257]. Straßenn.: *Im Soll* (Bramfeld), *Kronsaalsweg* (Stellingen), *Saalkamp* und *Specksaalredder* (beide Duvenstedt; vgl. →*Specke*).

---

254 HWB 5/Sp. 4 f.
255 HWB 5/Sp. 5
256 HWB ebd.
257 Beckershaus: Stadtteile S. 72

Saaltrepp (Außentreppe) →*Saal*[1] *(1)*

sabbel Adv. erzürnt, böse; *se weer sik en paar Daag sabbel.* Syn.: →*muff.*

Sabbel *Sabbel* ist die hamburgische Bezeichnung für Mund (*sabbeln* – viel sprechen). Ein *Sabbelbüdel* ist ein sehr gesprächiger Mensch, der auch schon mal →[1] *Tüünkram* erzählt. Wird es den Zuhörern zu viel, sagt man: *nu holl maal dien Sabbel!* (nun halt mal deinen Mund). Gern wird auch am Telefon gesabbelt. So ist es nicht verwunderlich, dass der hamburgische Volksmund für das Handy bereits den Begriff *Sabbelknaken* („Sprechknochen") geprägt hat.

Salmi kleines, rautenförmiges Lakritzplätzchen. Als Kinder klebten wir uns mit Spucke einen Stern davon auf den Handrücken und leckten breit mit der Zunge darüber; *he backt sik Salmis op de Hand.*

Santa Fu lautet der volkstümliche Name der Fuhlsbüttler Justizvollzugsanstalt, die heute gar nicht mehr in →*Fuhlsbüttel,* sondern im Stadtteil →*Ohlsdorf* liegt.

sapsen (*sapsen, sapschen, sappen*). 1. schmatzen, schlürfen. 2. breiig werden. Subst. *Saps* (Matsch). Adj. *sapsich* (matschig, schmutzig feucht).

Satte (*Setten*). Eine *Satte* war eine größere flache Schüssel aus Steingut, in der urspr. Milch zur Rahmbildung angesetzt wurde, in der man aber auch allerlei andere Esswaren aufbewahren konnte; *se harr noch 'n Satt Dickmelk utlöpelt; twee grote Schötteln mit Swienskopp un twee Satten mit Suurkohl*[258].

Schabbes Sabbat, der jüdische Ruhetag am christlichen Sonnabend, der – man kann es nicht nachdrücklich genug betonen – in Hamburg nur →[1]*Sonnabend* und nicht etwas Samstag heißt.

schabbich 1. Vom Charakter her schäbig, böswillig, gemein; *'n schabbich Keerl* (ein unangenehmer Zeitgenosse); *dat weer 'n ganz Schabbigen,* wunderte sich Fietje, der an einen scharfen Amtsrichter geraten war und sich eine unerwartet hohe Strafe eingefangen hatte. 2. Ein bissiger und bösartiger Hund ist ein *schabbich Hund,* der niemanden an sich heranlässt; deshalb: *so schabbiger de Hund is, so mehr Flöh hett he.*

Schaffer h.: in →*Ämtern,* →*Gilden* und →*Bruderschaften* gewähltes Vorstandsmitglied, für die Kasse und bei Festlichkeiten für die Bewirtung zuständig. In Bremen ist dieser Begriff in der *Schaffermahlzeit* bis heute erhalten geblieben, die seit 1545 als feierliches Abschiedsessen für Reeder und Schiffer mit genau festgelegter Speisenfolge am zweiten Freitag im Februar ausgerichtet wird.

schallern jmdm. einen Schlag geben; *een schallert kriegen* (eine Ohrfeige einfangen); *de Deern schaller em een vör dat Schemisett*[259].

---

258 HWB 4/Sp. 234

259 Chemisette (Hemdbrust)

schanghaien (seem., engl. *to shanghai*). Oft hatte die Schifffahrt nicht genügend Matrosen. Deshalb haben die Kapitäne mit Kneipen und auch mit Bordellen vereinbart, dass junge Männer gegen Vergütung →[1] *duun* (betrunken) gemacht und dann aufs Schiff gebracht wurden. Weil diese Methode angeblich aus Schanghai stammt, wurde sie *schanghaien* (Matrosen gewaltsam anheuern) genannt; *schanghaien* ist ein Begriff der Seemannssprache in vielen Häfen, so auch in Hamburg: *ik mutt woll na Hamborg rop un mi dor 'n Matrosen schanghain laten*; *den harrn se in Nee-Orliens schanghait un duun an Boord bröcht.*

Schapoklack Der *Schapoklack* war der Zylinderhut des kleinen Mannes: Sein Kopfteil konnte eingeklappt werden, sodass er flach im Kleiderschrank kaum Platz wegnahm. Wenn Vater zur Beerdigung eines Nachbarn od. Kunden musste, ließ er den Zylinder mit lautem Klack wieder auf volle Höhe springen und zog mit bemüht betroffenem Gesicht von dannen. Von frz. *Chapeau claque* (Klappzylinder).

Scheffel altes Hohlmaß für trockenes Schüttgut, bes. für Getreide. Sie kennen alle das Verb *scheffeln,* was nichts anderes bedeutet als *in Scheffel füllen,* zusammenraffen, in großen Mengen anhäufen. In Hamburg maß ein *Scheffel* 105,264 bis 109,92 Liter, zehn Scheffel waren ein *Wispel,* ein Scheffel hatte zwei *Fass,* ein Fass zwei *Himten,* ein Himten vier *Spint,* ein Spint 6,578 bis 6,87 Liter. Die Hamburger Maße und Gewichte (Längenmaße,

Flächenmaße, Hohlmaße, Hohlmaße für Getränke, Raummaße, Zählmaße, Gewichte) waren auf den Grundzahlen 12 und 16 aufgebaut, bis sie nach der Gründung des Deutschen Reiches per Gesetz im Jahre 1872 durch das Dezimalsystem abgelöst werden mussten. Im täglichen Umgang blieben die alten Bezeichnungen aber zum Teil bis heute erhalten, etwa ein *Pfund* (eigentl. 484,46 g) od. ein *Schock* (60 Stück)[260] . Vgl. → *Faden.*

schenant (genierlich) → *scheneerlich*

scheneerlich genierlich, unangenehm; *Fro Frettwust hett en Verhältnis, dat direkt scheneerlich is.* Syn.: *schenant.*

Scherau, Walter → Biografie S. 332 f.

scherbeln fröhlich und ausgelassen tanzen; *wi schuuvt un wi scherbelt famoos dörch den Saal.*

Schick Der *Schick* bedeutet 1. ordentlicher Zustand; *so hett dat Schick* (so gehört sich das); *goot to Schick wesen* (sehr ordentlich sein); *keen Schick hebben* (nichts taugen). 2. angemessenes Benehmen (Verb: *sich schicken*); *du hest keen Schick* (du hast keinen Anstand). 3. gutes Aussehen (Adj. *schick*); *he hett goden Schick* (er sieht gesund aus); *goot bi Schick wesen* (kräftig, wohlgenährt, alles andere als schlank sein); *lütt un dick hett keen Schick* (Beschreibung des Komikers Dirk Bach). 4. Geschicklichkeit, Talent; *dor hett he keen Schick to* (das kann er nicht).

---

260 Hamburg-Lexikon S. 317

Walter Scherau

HAMBURGER BÜHNENKOLOSS

Er wurde liebevoll „Der Dicke“ genannt. Das bezog sich einmal auf seinen Leibesumfang, mit dem er die Bühne im →[1] *Ohnsorg-Theater* fast ganz allein füllen konnte, zum anderen aber auf seine kauzige Gemütlichkeit als Darsteller Hamburger Typen alten Schlages, die ihn zu *dem* Vertreter des norddeutschen Humors machte[261].

Geboren wurde er als *Walter Voscherau* am 10. Januar 1903 in der Hansestadt. Er war der jüngere Bruder Carl Voscheraus (1900–1963) und damit der Onkel des späteren Hamburger Bürgermeisters Henning Voscherau (geb. 1941). Als die Brüder nach dem Krieg die Schauspielerei zu ihrem Beruf machten, musste Walter wegen der Verwechslungsgefahr als der Jüngere auf die ersten beiden Buchstaben im Namen verzichten. Aus Walter Voscherau wurde *Walter Scherau.*

---

261 Gerd Spiekermann: 100 Jahre Ohnsorg S. 73 f.

Walter spielte von 1919 bis 1944 mit seinem Bruder als Volksschauspieler in den damals verbreiteten Theatervereinen und trat auch häufig im →*Conventgarten* auf. Nach dem Krieg ging er zu Ohnsorg und war zeitweise Kassierer des Trägervereins und Geschäftsführer der Bühne[262].

Am 13. März 1954 begann für das Ohnsorg-Theater eine völlig neue Zeitrechnung, die die kleine niederdeutsche Volksbühne an den Großen Bleichen zu einem Begriff in ganz Deutschland machte: Das Fernsehen übertrug – live! – zum ersten Mal eine Ohnsorg-Aufführung. Gespielt wurde „Seine Majestät Gustav Krause" mit Walter Scherau in der Hauptrolle, und zwar in →[1] *Missingsch*, einem eingefärbten Hochdeutsch. Das hatte Scherau durchgesetzt, damit die Schauspieler auch im entfernten Bayern verstanden werden konnten. Intendant →*Hans Mahler* war strikt dagegen. Für ihn bedeutete das Plattdeutsche die Grundlage seines Theater.

Als Autor des Stücks war ein Eberhard Foerster angegeben. Hinter diesem Pseudonym verbarg sich kein Geringerer als Erich Kästner (1899–1974), der im „Dritten Reich" Schreibverbot hatte, aber als Meister seines Fachs von Reichspropagandaminister Goebbels persönlich beauftragt worden war, unter dem anderen Pseudonym Berthold Bürger das Drehbuch für den Ufa-Jubiläumsfilm „Münchhausen" mit →*Hans Albers* zu verfassen.

Scherau starb am 12. Mai 1962 und liegt in →*Ohlsdorf* begraben.

---

262 Carl Voscherau ging 1946 ans Thalia-Theater. Nach dem Tod von Just Scheu (1903–1956) übernahm er die Moderation der Funklotterie des NDR, bei der man die damals ungeheuerliche Summe von 10000 DM gewinnen konnte.

Schienenzeppelin *Franz Friedrich Kruckenberg* (geb. 21. August 1882 in Uetersen, gest. 19. Juni 1965 in Heidelberg) war ein aus einer alten Hamburger Kaufmannsfamilie stammender Maschinenbau-Ingenieur, der unter anderem 1929 den mit einem Flugzeugpropeller aus Eschenholz am Heck angetriebenen *Schienenzeppelin* konstruierte, dessen Kraft von einem BMW-12-Zylinder-Flugzeugmotor mit einer Leistung von 600 PS erzeugt wurde. Am 21. Juni 1931 zwischen 3.27 und 5.05 Uhr steuerte Kruckenberg selbst den Propeller-Triebwagen in nur 98 Minuten die 257 km lange Strecke von Hamburg-Bergedorf zum Lehrter Bahnhof nach Berlin, wobei er zwischen Karstädt und Wittenberge mit 230,2 km/h einen Geschwindigkeitsweltrekord aufstellte, der erst 1955 gebrochen werden konnte. Während der →*Fliegende Hamburger* die schnellste fahrplanmäßige Verbindung zwischen den beiden größten deutschen Städten darstellte, blieb der Schienenzeppelin ein Einzelstück ohne Einsatzmöglichkeit in der täglichen Praxis. Schon 1939 war er so verrottet, dass er entsorgt werden musste und nur als Märklin-Spielzeugmodell weiterlebte. Zwischen Hamburg und Berlin wurde bei einer Testfahrt am 11. Mai 1936 auch ein Dampflok-Geschwindigkeits-Weltrekord aufgestellt. Die stromlinienförmig verkleidete Lokomotive 05 002 der DRG-Baureihe 05 erreichte zwischen Friesack und Vietznitz (Havelland) 200,4 km/h [263].

263 Hamburg-Lexikon S. 162

Schiet* (Dreck), den wir hier nicht allzu wörtlich übersetzen wollen, ist im 1. Band eigentlich von allen Seiten beleuchtet worden, doch eine Redensart muss noch nachgetragen werden. Wenn Nachbarn der Unterschicht plötzlich durch Lotteriegewinn od. Erbschaft zu Reichtum gekommen waren, großkotzig taten, die früheren Bekannten von oben herab behandelten und als „Neureiche" kein Fettnäpfchen ausließen, pflegte Großvater anzüglich zu sagen: *wenn Schiet wat ward!*

schietegaal Adv. vollkommen gleichgültig; *dat is mi schietegaal!*

Schietenkleier Das ist derjenige, der die Drecksarbeit macht. Das Verb →[1] *kleien* heißt hd. kratzen, und → *Schiet* muss wohl nicht übersetzt werden; *ik bün doch nich dien Schietenkleier,* sagt man, wenn man eine unangenehme Tätigkeit nicht machen möchte [264].

Schiethuuskommandant Ehrbare Handwerksberufe mussten sich im Straßenjargon häufig weniger ehrbare Spottbezeichnungen gefallen lassen wie hier der Klempner, zu dessen Aufgaben es gehört, auch mal eine verstopfte Toilette zu reinigen.

Schietkuhle (Abfalldeponie) → Leserbrief S. 336

Schillen Schilling, Währungseinheit bzw. Münze mit nach Ort und Zeit unterschiedlichem Wert. Im späten Mittelalter entsprachen 20 Schilling einem Pfund. Vor Einführung

---

264 lt. Olaf Haselhorst

der Reichswährung (1872) waren 48 Schilling ein Taler, 16 Schilling eine Mark und ein Schilling sechs Pfennig („Sechser“)[265].

LESERBRIEF

Schietkuhle

Die Wörter Müllkippe oder Mülldeponie lernte ich erst später kennen: in unserer Familie sprach man nur von der *Schietkuhle*. Bei uns zu Hause war das eine ehemalige Kiesgrube (-kuhle), in die Sperrmüll verbracht wurde. Für uns Kinder ein Abenteuerspielplatz, für die Erwachsenen ein Ort der tausend Gefahren. Daher war uns das Spielen dort verboten: *Speel nich in de Schietkuhl*, lautete die ständige Ermahnung. Wir sind natürlich trotzdem hingegangen.

Olaf Haselhorst

Schilleratsen (Plur.) gerahmter Wandschmuck, Fotografien, Ölgemälde, Kupferstiche, Sticktücher, Sinnsprüche, der getrocknete Brautkranz und die erste Locke der Tochter unter Glas. Bei einem Todesfall wurden die *Schilleratsen* verhängt od. abgenommen.

Schinkenbüdel* Und noch ein →[1] *Büdel!* Zwar wurden die geräucherten Schinken zum Schutz vor Fliegen und Ungeziefer in einem Leinenbeutel an der Decke der Räucher- od. Speisekammer aufgehängt, aber diesen Zweck

265 HWB 5/Sp. 103

verband kaum ein Hamburger mit dem Begriff →[1] *Schinkenbüdel.* Übertr. gemeint war eine sehr unkleidsame Damenunterhose, die oben und unten ein Gummiband hatte, innen angeraut war und fast bis zum Knie reichte. Man nannte so ein Unding auch *Liebestöter,* womit zwar nicht der Zweck, aber recht treffend die Wirkung beschrieben wurde.

Schinner 1. Scharfrichter, Henker, Folterknecht, Abdecker. 2. Leuteschinder, Tierquäler; *du verdreihte Schinner!* 3. Schindmähre, minderwerties Pferd; *en Schinner, de is riep för 'n Peerslachter.* Von *schinnen* (schinden).

Schippe Ein *Schipp* ist ein Schiff, das dürfte so bekannt sein, dass wir nicht näher darauf eingegangen sind, aber eine *Schippe* bezeichnet nordd. eine Schaufel. Kinder spielen in der Sandkiste mit *Schippe und Eimer,* der Straßenwärter *schippt* (schaufelt) das Schlagloch zu, und wenn wir jmdn. *auf die Schippe nehmen,* also übertr. wie den Dreck auf der Schaufel behandeln, dann verulken od. verspotten wir ihn. Von mnd. *schuppe* (Grabscheit, Schaufel, Schöpfschaufel)[266].

schl → *siehe auch* sl

Schlachtfest Wenn geschlachtet wurde, wurde gefeiert. Das Schwein, das Jahr über im Verschlag hinter der Kate gemästet, musste im November dran glauben, und die Beteiligten hatten Grund für eine *Swiensköst* (Schlacht-

266 Lübben S. 339

fest). Das *Steekfleesch* (Stichfleisch), die Stelle, an der der Schlachter das Tier abgestochen hatte, wurde verspeist, im Schlachtkessel schwammen die Würste, man aß die Bauchspeicheldrüse, und am Abend trugen Boten die begehrten Schlachtpakete mit Kostproben von der Hausschlachtung zu Bekannten und Verwandten. Die Kinder des Dorfes wussten, wenn irgendwo ein Schwein geschlachtet wurde. Sie gingen hin und sangen: *Herzlich tut mich verlangen nach einer warmen Wurst ... Giff mi een vun de langen un laat de korten hangen, de sünd se maal wat kleen, denn giff mi twee för een*[267].

Schlachtpaket (Kostprobe von der Hausschlachtung) → *Schlachtfest*

Schlitzmatrose (*Schlitzmatroos*). Kinder von Seeleuten und Marineangehörigen waren dadurch zu erkennen, dass ihr Wortschatz stark mit nautischen Ausdrücken durchsetzt war. So verkündete der zwei Jahre alte Klein Heini, Sohn eines Steuermanns, als er das soeben geborene Schwesterlein zu Gesicht bekam, laut und verblüfft: *Vadder, dat is ja 'n lütt Schlitzmatroos!* (Mädchen).

schm → *siehe auch* sm

Schmuddelwetter (*Smuttelwedder*) nasses Wetter, anhaltender Regen; *uns in Hamborg seggt se na, wi kemen mit 'n Regenschirm op de Welt – Hamborger Smuttelwedder ist ja sotoseggen weltberühmt.* Von *smutteln* (in feinen Tropfen anhaltend regnen).

267 Wiegandt: Liederbuch Schleswig-Holstein, Bd. 2, S. 158 f.

schn → *siehe auch* sn

Schnellläufer Lange vor dem Hanse-Marathon und den Jahren, in denen einem jeder Spaziergang im Park durch keuchende, wabbelnde und stur jeden Rentner samt Hund aus dem Weg treibende Jogger und Walker verleidet wird, gab es in den Stadtteilen die sogenannten *Schnellläufer,* die mancherorts von einer Belustigung zu einer Belästigung zu werden drohten. Diese Leute liefen im nach heutigen Begriffen gemächlichen Hundetrab mit einem Fähnlein in der Hand und einem Barett auf dem Kopf etwa von einem Wirtshaus in Eimsbüttel zu einer Taverne auf St. Pauli und kassierten auf dem Rückweg alle Häuser ab, die sie passiert hatten. Unsere Urgroßeltern müssen leicht zu unterhalten gewesen sein, denn mancher in Papier eingewickelte Sechser flog aus dem Fenster. Als so ein Typ, der von seinem Talent derart überzeugt war, dass er selbst im Stehen kaum die Erde zu berühren schien, allerdings meinem Urgroßvater den Hut unter die Nase hielt, herrschte der ihn an: *Wat is?! – Ich bin ein Schnellläufer!,* sagte der Künstler und reckte die Brust vor. – *Loop doch langsam, du döösbarteligen Keerl!,* schrie Uropa und warf den Läufer mitsamt Hut in den →*Rinnstein.* Berühmt war um 1850 ein Mann namens Steier, der sich als *konzessionierter Schnellläufer und Ballonist der Herzogthümer Schleswig-Holstein* bezeichnete, im Volksmund aber, weil er beim Laufen pustete wie eine Dampfmaschine, nur *Steierpust* genannt wurde. Eines Tages behauptete er, in Begleitung der jungen Amerikanerin Mary Bisse von

Gählers[268] Platz in →¹*Altona* bis zum Ende Eimsbüttels und zurück in 35 Minuten gelaufen zu sein. Das war geschwindelt, und Steierpust landete in einer Zelle im Strafarbeitshaus – ohne Mary natürlich[269].

Schnodder →*Snodder*

Schock (Zählmaß) →*Scheffel*

Schofel (rotw.). Ein *Schofel* ist 1. ein nicht nobler, ein „ungehobelter" Mensch od. 2. eine minderwertige Sache. Adj. *schofelich* (schäbig). Von jidd. *schophel* (gering, niedrig, schlecht).

Schoot f., seem. die Schot, ein Tau, das die Segel in die richtige Stellung zum Wind bringt. Von mnd. *schôte (Tau, an die untere Ecke des Segels befestigt, um das Segel zu spannen)*[270].

Schott¹ n., 1. seem. Trennwand im Rumpf des Schiffes, die feuersicher, auf jeden Fall aber wasserdicht und auch hoch genug sein sollte, damit bei einer Schieflage des Schiffes das Wasser nicht oben über die *Schotten* läuft, was bekanntlich die angeblich unsinkbare „Titanic" 1912 doch zum Sinken gebracht hat. 2. herausnehmbarer Abschluss beim Acker- od. →¹*Blockwagen*. Von mnd. *schot* („Eingeschossenes", Riegel, Verschluss, Fall- od.

268 Wilhelm Gähler (1781–1855), ab 1820 Senator und ab 1853 Erster Bürgermeister in Altona

269 Borcherdt I, S. 44

270 Lübben S. 333

Schiebetür, Holzwand, *überhaupt alles, wodurch man irgendeine Sperrung oder Hemmung anlegt)*[271].

Schott[2] n., eine nicht mehr gebräuchliche Bezeichnung für eine städtische Abgabe auf Grundbesitz und Vermögen, die bis zum 19. Jahrhundert jährlich ein Viertelprozent des Vermögenswertes betrug. Wohlgemerkt: Der Begriff ist veraltet, die Steuern leben munter weiter. Das *Schott* wurde nach Selbstveranlagung bemessen, eine fragliche Methode, die den Einnahmen der Stadt zu keiner Zeit gutgetan hat. Da man damals noch keine Steuerfahnder und keine angekauften Sünderdateien besaß, setzte man auf die Kraft des heiligen Eides. Im *Bürger-Eid* (→[1] S. 17) musste der Neubürger schwören, *getrüw- und unwiegerlick* allerlei Kommunalabgaben, darunter das *Schott,* zu bezahlen[272]. Von mnd. *schot,* hier im Sinne von das „Zugeschossene", das die Bürger dem Stadtsäckel als direkte Steuer zuschießen.

schotten abschotten, Türen und Fenster gegen eindringendes Wasser mit Brettern abdichten; *de Lüüd hebbt butendieks*[273] *bi Hoochwater schotten müsst*[274].

Schulterblatt Die Straße *Schulterblatt* im Grenzbereich von St. Pauli, Altona-Altstadt, Altona-Nord und Eimsbüttel erhielt 1841 offiziell diesen Namen, der aber im Volksmund

271 Lübben S. 333

272 HWB 4/Sp. 146

273 wasserseitig am Deich

274 HWB 4/Sp. 148

bereits seit 1700 gebräuchlich war. Er geht zurück auf ein Wirtshaus, in dem Seeleute und vor allem Walfänger verkehrten. Der Wirt hatte sich das Schulterblatt eines Wals mitbringen lassen, es bunt bemalt und als nicht zu übersehendes Aushängeschild vor seine Gaststube gehängt. Damals spielte der Walfang, der heute mit Recht unterbleiben sollte, eine wichtige Rolle im Hamburger Wirtschaftsleben, und neben Walöl, Fischbein und Walfleisch fanden Walknochen und Walfischrippen eine praktische Verwendung im Alltag, etwa als Tor- und Eingangsbogen od. als Abweiser am Rande der Fußwege.

Schulterblatt als Wirtshauszeichen

Schümanns Austernkeller →*Austernkeller*

Schurek, Paul →Biografie S. 344

Schütt [1–3] *Sühst woll, Schütt!* Wer oder was war „Schütt"? Das kommt darauf an: 1. *die Schütt* ist eine Schütte, eine aufgeschüttete Strohlage. 2. *das Schütt* ist eine Pforte, vor allem ein Lattentor in der Umzäunung von →[1]*Koppeln,* hinter die entlaufenes und wieder eingefangenes Vieh *verschüttet*, also eingesperrt wird. Übertr. *geht* auch ein Mensch *verschütt*, der verhaftet wird und damit von der Bildfläche verschwindet. 3. *der Schütt* allerdings, und darum handelt es sich hier, war der Schütze beim Bürgermilitär od. in der Schützengilde. Die Quelle dieser verbreiteten Redensart ist nicht bekannt, wahrscheinlich ging sie als Zitat aus einem längst vergessenen Theaterstück in den Volksmund über. Der Reihe nach:

Schütt [1] f., die Schütte.

Schütt [2] (Plur. *Schütten*), n., Tor, Pforte, Lattentor in der Einzäunung von Viehweiden; *dat Schütt vun de* →[1]*Huuswisch* (das Tor der Hauskoppel); Syn.: →*Heck* [1]. Verb: *schütten* (beschlagnahmen, sicherstellen, pfänden). Syn.: →*inschütten.* Vgl. rotw. *Verschütt* (Haft), davon: *verschüttgehen* (verhaftet werden, verloren gehen, spurlos verschwinden); vgl. →*verschütten.*

Schütt [3] (Plur. *Schütten*), m., Schütze; *uns Schütten* (beim Bürgermilitär); *sühst woll, Schütt?* (wenn etwas eintrifft, was man vorausgesagt hat).

BIOGRAFIE

PAUL SCHUREK

In Steilshoop gibt es seit 1977 eine Schurekstraße, und die erinnert an den Hamburger Ingenieur, Gewerbeschullehrer und niederdeutschen Lustspielautor *Paul Schurek* (1890–1962). Er wuchs in bescheidenen Verhältnissen auf und betätigte sich nebenbei als Schriftsteller. Seine ersten Texte veröffentlichte er in Hochdeutsch, später auf Plattdeutsch. Seine Komödien hatten vor allem am →[1] *Ohnsorg-Theater* großen Erfolg. Eine der ersten Nachkriegsinszenierungen bei Ohnsorg war Schureks *Stratenmusik* (4. Mai 1946). →[1] *Henry Vahl* brillierte später in Schureks *Snieder Nörig* (2. März 1969) als *schrapender Gnadderbüdel* [275]. Den spielte er so überzeugend, dass er dem Ruf der → *Snieder* wenig Gutes erwies, seinen eigenen Ruf als beliebtester Volksschauspieler jedoch weiter steigerte, falls das überhaupt noch möglich war.

Schutzmann (Plur. *Schutzlüüd*) Polizist, Aufseher, Streifenpolizist mit Helm od. Tschako [276]. Die Kinder riefen ihn →[1] *Udel* od. → *Uul*.

Schuuv (Plur. *Schuven*) Schublade. Syn.: *Schuuvlaad* (Plur. *Schuuvladen*).

Schuuvkoor (Plur. *Schuuvkoren*). Schubkarre, ein äußerst praktisches Gefährt mit einem Rad und zwei Holmen, das heutzutage zwar kaum mehr zum Ausmisten der Ställe benötigt wird, sich dafür aber die Welt der Einzelhausbesitzer und Hobbygärtner erobert hat.

---

275 grantiger Pfennigfuchser

276 hoher Polizeihelm

Schwarzbrot (Roggenschrotbrot) → *Pumpernickel*

Schwemmklöße (*Swemmklüten*). Mehl- od. Grießklöße, die mit dem Esslöffel aus dem Teig gestochen und in die heiße Suppe gegeben werden, bis sie gar sind und an der Oberfläche schwimmen (*swemmen*). Vgl. → *Klackerklüten*.

Sechslingspforte Der direkte Weg vom Lübecker Tor zur Uhlenhorst war seinerzeit durch einen Wallgraben versperrt, sodass die Fuhrwerke und Fußgänger zu einem erheblichen Umweg gezwungen waren. Privatleute (heute würde man sie Investoren nennen) bauten eine Brücke und einen Fußweg und erhoben von den Passanten einen Wegezoll (derzeit als Maut bekannt) in Höhe von einem *Sechsling* (das war damals ein halber Schilling). Diese Abkassiererei dauerte zwar nur von 1852 bis 1869, aber der Name blieb [277].

Seer (*Sehr*, selt. *Sier*) Schmerz; Schorf, „Blutkruste"; *gegen Seer* (schmerzstillend). Adv. *seer* (schmerzhaft, wund, krank, mit Ausschlag behaftet); *seer doon* (schmerzen): *dat deit mi seer* (das tut mir weh); *böse Seer* (schorfiger Ausschlag der Kopfhaut) od., da schon damals alles Böse angeblich aus dem Ausland kam, auch *engelsch Seer* (engl. Ausschlag) genannt. Von mnd. *seren* (verwunden, versehren). Ganz alte Leute vor allem in Fischbek und Neugraben sprachen von dem *Sierraam*, wenn sie den Schorf auf der heilenden Wunde meinten.

Seibel unsinniges, überflüssiges Zeug; *de ganze Saak hett sik as Seibel rutstellt*. Schimpfw.: *Seibelsack* (Schwafelhans).

---

277 vgl. Beckershaus: Straßennamen S. 228 u. 329

Sektsteuer → *Türkensteuer*

Semikolon scherzh. Ausdruck für einen kleinen Rausch, Schwips; *'n lütten Semikolon hebben* (leicht betrunken sein).

Senat Seit der Verfassung von 1860 heißt der *Rat*, das oberste Verwaltungsgremium der Freien und Hansestadt Hamburg, offiziell *Senat*. Damals bestand er aus 18 Mitgliedern einschließlich der beiden Bürgermeister. Die Senatoren wurden unter Beteiligung der Bürgerschaft gewählt, amtierten aber lebenslang. Sie konnten nur durch Tod od. Rücktritt aus dem Amt scheiden. 1921 wurde der Senat zu einer Landesregierung unter parlamentarischer Kontrolle. Der Senat blieb auch in der Verfassung von 1952 sowohl die Regierung eines Bundeslandes als auch die Behörde einer Stadt. 1996 schaffte man den „Ewigen Senat" ab. Seine Amtszeit endet seitdem mit der Legislaturperiode od. dem Rücktritt des Ersten Bürgermeisters, der nun allein die Richtlinien der Politik bestimmt und die Senatoren nominiert, die von der Bürgerschaft nicht mehr gewählt, sondern nur bestätigt werden[278].

Senatsgehege Anzunehmen, das *Senatsgehege* habe etwas mit einem Käfig bei → *Hagenbeck* zu tun, wäre ebenso unhöflich wie unzutreffend. Der Begriff *Gehege* war ursprünglich nicht auf die Wild- oder Tierhaltung beschränkt, sondern bedeutete so viel wie „abgegrenzter Bereich". So einen Bereich gab es bereits in dem um

278 HWB 4/Sp. 229; Hamburg-Lexikon S. 432

1290 erbauten alten Rathaus an der Trostbrücke: ein Geviert, in dem das Gestühl der Ratsherren stand. Es galt als befriedet, was bedeutet: Niemand durfte in Waffen vor den Rat treten. 1860 änderte sich die offizielle Bezeichnung des Rates in → *Senat*. Der engere Bereich der Stadtregierung im neuen, im Jahre 1897 eingeweihten Rathaus hieß fortan *Senatsgehege*[279].

Sever[1] Käfer. Syn.: *Käver;* vgl. → *Maisever.*

Sever[2] Speichel. Verb: *severn* (sabbern, Speichel fließen lassen).

Severworm (Engerling) → *Maisever*

Sierraam (Schorf) → *Seer*

Slach Der *Slach* (Plur. *Sleeg*) hat viele Bedeutungen: Schlag, Hieb, Schlaganfall, Schicksals-, Puls-, Herz-, Donner-, Blitz-, Glocken-, Wagen-, Taubenschlag, kurze Strecke, kurzer Zeitraum, Essensportion, Spielmal, Flurstück oder ein Knoten im Tau. Ein ausgestelltes Hosenbein heißt scherzhaft „Hose mit Schlag"; *halven Slach* besagt: Eine weite Marine-Schlaghose wird über die Knobelbecher (Seestiefel) halbhoch umgekrempelt, damit sie beim Klarschiffmachen (Deckschrubben) nicht nass wird.

Slachball → *Klippball*

Slackerbuuschen (Lätzchen) → *Böten*

---

279 vgl. Tilgner: Kleines Lexikon S. 134

sladdern bedeutet 1. sich hin und her bewegen, 2. unordentlich herunterhängen, 3. nachlässig gehen, schlenkern. Ein *Sladderdarm* ist eine dünne, schlaksige Person (meist männl.), eine *Sladdermietje* eine Schlampe (nur weibl.). Der *Sladderkram* fasst die Unordnung und das Durcheinander zusammen.

Slafittchen Rockschoß, Rockzipfel; Schlafittchen. Zwar hat *Slafittchen* etwas mit den *Fittichen* (Flügeln) zu tun, weil man einen weglaufenden Menschen gerade noch an den Rockzipfeln packen kann, wie man eine flüchtende Gans an den Schwanzfedern festhält, aber übertr. bedeutet *jmdn. am Schlafittchen kriegen,* sich einen frechen Buben od. einen Bösewicht vorzuknöpfen und ihn zur Rechenschaft zu ziehen. Richey: *Daher die Redens-Art: eenen by der Slafittje kriegen, so viel bedeutet, als einen beym Flügel erwischen, das ist, beym Aermel oder beym Kleide zu packen kriegen*[280].

Slick[1] Schlick, am Gewässerboden abgelagerter zäher und glitschiger Schlamm.

Slick[2] Sprachfehler, dessentwegen der S-Laut nicht korrekt ausgesprochen werden kann; *'n Slick op de Tung hebben* (lispeln).

sliepen 1. schleifen, glätten, schärfen; *Scheer un Messer sliep!* (Ausruf). Ein *Slieper* war ein Scherenschleifer, übertr. ein →*Zigeuner,* wie man früher noch sagte, weil sich diese Volksgruppe angeblich meist durch Scheren-

280 Richey: Idioticon S. 57

schleifen ernährte. 2. Dinge schleifen lassen; *he harr woll 'n beten sliept* (sich nicht ausreichend angestrengt); *he hett sliept* (ist durchs Examen gefallen); *laat dat man sliepen!* (lass es geschehen).

Slipp [1] Zum Wasser geneigte Ablaufbahn bei Werften, auf der kleinere Schiffe od. Boote gebaut, repariert, an Land gezogen od. zu Wasser gelassen werden konnten; *de Ewer is woll op de Slipp hollen.* Ein *Slipphaken* war ein Haken mit leicht zu lösender Sicherung an der hinteren → *Reling* von Fischkuttern.

Slipp [2] 1. Rockschoß, schmal zulaufendes Ende von Kleidungsstücken, bes. beim *Slippenrock,* einem modischen Gehrock aus dem 19. Jahrhundert mit langen, bis an die Kniekehlen reichenden Schößen; *so 'n jungen Mann mit 'n Slippenrock un Lackschoh.* Raa.: *enen bi 'n Slipp to faten kriegen* (jmdn. im letzten Augenblick gerade noch zu fassen bekommen); *bi enen sien Slipp anbinnen* (jmdn. heiraten); *se schall sik sülven op den Slippen →[1] pedden* (sie soll sich um ihre eigenen Fehler kümmern). 2. Ähnlich der *Slips* (Schlips, Krawatte), der nicht in die Kniekehlen, sondern vom Halse baumelte. Raa.: *enen op 'n Slips pedden* (jmdn. beleidigen); *dat Swien 'n roden Slips ümbinnen* (das Schwein schlachten); *pedd di man nich op 'n Slips, Kravatten sünd düer!* (spiel dich nicht so auf). Vgl. → *Slafittchen.*

slippen 1. ein Schiff auf dem → *Slipp* [1] an Land ziehen. 2. fahren lassen; *ik heff de Keed slippen laten* (die Kette ist mir aus der Hand geglitten).

slippendi vull Ra.: zum Überlaufen voll.

Slipper Hausschuh od. Halbschuh ohne Schnürsenkel, in den man mühelos hineinschlüpfen kann.

Slööpbüx Eine *Slööpbüx* war eine weite, häufig nur bis zum Knie reichende Überziehhose aus hellem Leinenstoff, die zum Schutz beim Melken, Milchverkauf und Schweinefüttern über der gewöhnlichen Hose getragen wurde.

Slöpendriever bezeichnet 1. einen unordentlichen, meist nachlässig gekleideten Mann, und da auch Frauen nicht immer korrekt angezogen waren, wurde eine solche Erscheinung weiblicher Art abschätzig eine *Slöpendrieversch* genannt. Syn.: Taugenichts, *Landstrieker*, →[1] *Monarch*, *Strömer*, Vagabund, → *Sludderbüdel*, Bummler, *Driever*; Adv. *slööpsch gahn* (nachlässig gekleidet sein). 2. Ein *Slöpendriever* konnte aber auch ein Schürzenjäger sein, ein Mann, der in aufdringlicher Weise hinter den Frauen her war; *geihst du mit den Slöpendriever?*

Slu (*Schlu*) ist etwas Umhüllendes, z. B. die Schote von Hülsenfrüchten, die Nussschale, die Kartoffelschale, die Wurstpelle, die Haut od. sogar die Eierschale; *de Arfen*[281] *sünd 'n beten hart vun Slu; Kantüffeln in de Slu koken* (Pellkartoffeln) od. bezogen auf die Kreisstadt mit dem Autokennzeichen WL: *Winsen an de Luh, dor gifft dat Kantüffeln mit Slu.* Abergl.: In einem Schaltjahr *sitt de Bohnen verdreiht in de Slu.*

---

281 Erbsen

sluddern hat die Bedeutung „schlotternd gehen", davon Adj. *sludderich* (schlotterig, schlaff herunterhängend, unordentlich). Das führt zu eindrucksvollen Schimpfwörtern wie *Sludderbüdel, Sludderbücks, Sludderjaan, Sludderjoochen, Sluddermichel* (männl.) od. *Sluddergreet, Sludderminsch, Sluddermarie* (weibl.). Vgl. → *sladdern.* Nicht zu verw. mit → *sludern.*

sludern* bedeutet tratschen, schwatzen, schlecht über andere reden; *wat to sludern weer, maken de Wieber op de Straat af.* Adj. *sluderhaft* (geschwätzig), Subst. *Sluderee* od. *Sluderkram* (Klatsch, üble Nachrede). Erw.: *Sluderbüdel* (Plaudertasche), *Sluderbücks, Sludergreet, Sluderfiken, Sludertrien, Sluderwief, Sludertante, Sluderbase, Sludertasch, Sluderoolsch, Sluderkatt* (man beachte die Häufung des weiblichen Bezugs in dieser Aufstellung ...). Vgl. →[1] *klönen.* Nicht zu verw. mit →[1] *sluddern.*

Smöökever Der *Smook* ist der Rauch, Qualm od. Dunst, eine *Smöök* eine Pfeife[282], ein *Smöökever* ein qualmender Dampfer, auch als *Smöker* bekannt. Zuerst wurde die dampfgetriebene Fähre spöttisch so bezeichnet, die seit 1818 zwischen Hamburg und Harburg verkehrte.

Smuttkantüffeln (Dampfbratkartoffeln) → *Goordampers*

smuustern 1. schmunzeln, vor Freude still lächeln; *he kloppt em op de Schuller un smuustert dor heel vergnöögt bi.* Syn.: *smuustergrienen, smuusterlachen, grienen, smun-*

---

282 meist allerdings *Piep* genannt

zeln. 2. schmusen; *in 'n Düüstern is goot smuustern* (im Dunkel lässt sich gut schmusen).

snaaksch [spr.: sno:ksch] 1. merkwürdig, sonderbar; *dat kümmt em snaksch vör; wat sünd dat för snaaksche Grappen!* (sonderbare Einfälle). 2. unangenehm, schlimm; *dor kümmt wedder 'n poor snaaksche Daag* (schlimme Tage).

Snabbelkram (Leckerei) →[1] *Snoopkram*

snabbuliern 1. schnäbeln, die Schnäbel aneinanderreiben. 2. Unter „schnabulieren" versteht man übertr., genießerisch zu essen und zu trinken; *he sitt an 'n Disch un snabbuliert.* Syn.: *snaveln.*

Snapp Der *Snapp* ist der Nasenschleim od. der Rotz, das Adj. *snappich* bedeutet unsauber, verrotzt, eine *Snappnees* ist eine Rotznase, ein *Snappenlicker* ein Rotzbengel, *snapprottich* heißt vorlaut od. naseweis, und für ein Taschentuch sagten wir als Jungen immer *Rotzlappen* – im Interesse der sprachlichen Aufklärung sei uns die etwas unappetitliche Ausdrucksweise bei diesem Stichwort nachgesehen. Vgl. → *Snodder.*

Snieder Ganz korrekt ausgedrückt: Ein *Snieder* ist ein Handwerker, der Kleider näht, hd. also ein Schneider. Obwohl der Umgang mit Nadel und Faden ganz ohne Nähmaschine früher eine recht →[1] *vigeliensche* (verzwickte) Angelegenheit war, denke man nur einmal an die vielen Taschen und Knöpfe an Rock, Weste und Hose und das Säumen der unzähligen Knopflöcher per

Im Jahr 1930 hatte der Schneider endlich eine Nähmaschine.

Hand, galt ein Schneider nicht viel. Er wurde als dünner, knochiger, magerer Stubenhocker ohne Mumm verspottet, der mühsam seine Groschen →*zusammenschrapte* (zusammenkratzte) und sich das bisschen Geld vom Munde absparte. Obwohl ein Schneider bei den Brüdern Grimm einst *sieben auf einen Streich* erlegt hatte, stellte sich heraus, dass diese sieben nur gewöhnliche Stubenfliegen waren; *dor kann de Snieder op danzen* (auf einem dicken Brei); *freren as 'n Snieder* (vor Kälte zittern); *Snieder sien Knecht* (der Fingerhut); *kümmt rin, wenn 't keen Snieder is!* (Aufforderung einzutreten). Ra.: *dat treckt sik allens na 'n Lief, sä de Snieder, dor harr he de Arms in dat Bücksenlock neiht.* Spottreim: *Snieder, Snieder, wipp, wapp, wupp,/ de ganze Woch Kantüffelsupp, sünndags gifft dat ook nich veel,/ denn gifft dat wat mit 'n Bessensteel*[283].

283 HWB 4/Sp. 388 f.

Sniederpunsch (minderwertiger Punsch) → *Punsch*

Snippelbohnen in ganz kleine Stücke geschnittene grüne Schneide- od. Brechbohnen. Ich konnte als Kind nicht verstehen, warum die schönen langen Bohnen kaputt gemacht werden mussten, aber Mutter sparte auf diese Weise das Abziehen der Fäden und konnte das Gemüse in der schlechten Zeit mit einer Mehlschwitze strecken und nahrhafter machen. Wir besaßen extra eine gusseiserne Schnippelbohnen-Maschine, die mit einer Zwinge an die Tischplatte geschraubt und mit einer Handkurbel bedient wurde. Von → *snippeln*.

snippeln etwas in kleine Stücke schneiden. Vgl. → *Snippelbohnen*.

Snodder (*Schnodder*) ist etwas ganz und gar Unappetitliches, das grau bis grünlich zäh aus der Nase läuft und das wir hochspr. als „Nasenschleim“ bezeichnen; *wisch di maal den Snodder vun de Nees!* Ein artiges Kind entfernt den *Snodder* mit einem *Snodderlappen* (Taschentuch), wenn es der Einfachheit halber den Snodder aber durch die Nase hochzieht, *snoddert* es, und man schimpft es mit Recht eine *Snoddernees*. Vgl. → *snoddern*. Syn.: → *Snapp*.

snoddern bedeutet nicht nur, 1. den Nasenschleim, den → *Snodder*, mit meist unschönem Geräusch durch die Nasenlöcher hochziehen, sondern auch 2. viel und unbedacht reden; *sik wat trecht snoddern*. Wer eine so unfeine Ausdrucksweise an den Tag legt, wird als *snodderige Deern* abgetan.

Snösel Flegel, dummdreister Bengel; *as ik noch so 'n Snösel weer; wat ünnersteihst du Snösel di!* Adj. *snöselich* (vorlaut, frech, dreist). Syn.: → *Flegel.*

Snuck Schnucke, kleine, genügsame Schafart; evtl. ein Schaf, das → *snuckte* (blökte). Richey: *Snukke: kleine Art Schaaffe, die sich mit der dürren Heide behelffen, und von den grösseren Rhein- und Marschländischen unterschieden werden*[284]. Syn.: *Heidsnuck.* Vgl. → *Heidsnuckenlüüd.*

snucken schluchzen, weinen, klagend Laut geben; *he weenet, dat he snukket*[285].

Snutenhobel Scherzn. für das Orchester des ganz kleinen Mannes, die Mundharmonika. Etwas drastischer ist der Ausdruck *Muulsaag* („Maulsäge"), der darauf hindeutet, dass die produzierten Töne auf wenig Beifall trafen. Syn.: *Snuffelrutsch.*

sögen säugen, stillen, mit Muttermilch ernähren; *lehr du dien Mudder Kinner sögen!* (Zurechtweisung für vorlaute Kinder); *de söögt noch Flöh* (ein Langschläfer, der nicht aus dem Bett findet)[286]. Erw.: *Söögdeerten* (Säugetiere), *Söögkinner* (Säuglinge). Vgl. → *Söög.*

Söög (Plur. *Sögen*). 1. Sau, Mutterschwein, weibl. Schwein, das schon einmal geworfen hat. Raa.: *de Söög den Steert*

284 Richey: Idioticon S. 275
285 Richey ebd.
286 HWB 4/Sp. 415

mit Speck smeren (jmdn. beschenken, der schon alles hat); *en Söög an 'n Buuk kettelt hebben* (unverschämtes Glück im Spiel, also „Schwein" haben). Richey spielte darauf an, dass Schweinefleisch im mosaischen Glauben verpönt ist: *he kümmt dar an, as de Söge in 't Juden-Huus: er ist da schlecht willkommen*[287]. 2. Und schließlich handelt es sich bei *Söög* um ein weiteres dieser derben und ganz und gar uncharmanten Schimpfwörter,

mit denen – lange bevor Alice Schwarzer eingreifen konnte – das weibliche Geschlecht bedacht wurde: *fule Söög* (faules Weib), *ole Söög* (alte Sau). Von →*sögen.*

Sottbalken Rauch- oder Räucherbalken, ein geschwärzter Balken über der Feuerstelle. Vgl. →[1] *Sott.*

sövensinnich Wer *söven* (sieben) statt der üblichen fünf Sinne fühlt, ist verrückt od. verwirrt, auf jeden Fall aber nicht ganz bei sich; *ik bün sövensinnich, wenn ik ut 'n Bett koom* (schlaftrunken); *wat kiekst du so sövensinnich?,* fragte Mutter, wenn die Tochter vollkommen abwesend bei den Schulaufgaben saß.

Spaltenmieger 1. Die harmloseste Erklärung für diesen Ausdruck bezieht sich auf ein kleines Kind, das nachts in das Ehebett der Eltern od. Großeltern krabbelte, sich in die Matratzenspalte in der Mitte kuschelte und im Schlaf das machte, was sich bei Kindern häufig nicht vermeiden lässt (→[1] *miegen* – urinieren). Bekanntlich nannte man ein kleines Mädchen auch →[1] *Grasmieger,* denn während

287 Richey: Idioticon S. 277

die Jungs eine bestimmte Tätigkeit stehend hinter dem Baum erledigen konnten, mussten die Mädchen in die Hocke gehen, um *ins Gras zu miegen*. 2. Eine andere Erklärung für *Spaltenmieger* und noch vulgärer *Ritzenmieger* zielt auf ältere Mädchen und spielt auf den körperlichen Unterschied zwischen Mann und Frau an, worauf wir hier wirklich nicht im Detail eingehen müssen. Wenn jemand eine hässliche und unattraktive Freundin hatte, höhnte die Clique: *düssen Spaltenmieger kannst liekers in de Elv versupen.*

spatteln 1. Ein Mensch *spattelt,* wenn er mit Armen und Beinen ruckartige Bewegungen macht, wenn er um sich schlägt, wenn er zappelt. Natürlich kann auch ein Tier *spatteln; he spattelt wie so 'n Hummer; he spattelt mit Arm un Been as 'n →Maisever*[288], *der op 'n Rüüch fullen is.* 2. strampeln; ein Säugling *spattelt* in der Wiege, bis die Decke wegrutscht: *de Lütt schree un spattel sik bloot.* 3. paddeln, sich als Nichtschwimmer mühsam über Wasser halten; *he puust un spattel, kuum, dat he sik över Water hollen kunn.*

Speckdänen war in Schleswig-Holstein bis ins Hamburger Umland hinab nach den Kriegsniederlagen 1918 und 1945 das Schimpfwort für die Deutschen, die plötzlich eine dänische Gesinnung an den Tag legten. Dabei wurde unterstellt, dass der Wechsel der nationalen Vorliebe vor allem durch die Lebensmittelpakete aus Dänemark hervorgerufen worden sei.

---

288 Maikäfer

Speckdeckel Ob der Ausdruck *Speckdeckel* hamburgisch ist, sei dahingestellt, typisch hamburgisch ist er sicherlich nicht. Es handelt sich um eine Mütze od. Kappe ohne Schirm, wie sie Fischerjungen gern trugen und wie sie Rekruten beim Drill auf dem Kasernenhof tragen mussten. In deutschen Landen hatte eine solche Kopfbedeckung verschiedene Formen und Namen. In Berlin hieß sie (mit verdecktem Schirm als „Vorbau“) *Schiebermütze,* wobei an der Spree in diesem Zusammenhang unter einem *Schieber* ein ehrbarer Vorarbeiter auf dem Bau od. in der Fabrik zu verstehen war, der damals eine solche Mütze bei der Arbeit auf dem Kopf hatte. Auch der Schriftsteller Bertolt Brecht (1898–1956) trug in der Weimarer Zeit stets so einen Deckel. Heute wird er bei den jungen Leuten wieder beliebter. An dieser Stelle mischt sich meine Tochter ein und verlangt, den Namen Klaus Meine (geb. 1948) als den bekanntesten Speckdeckel-Träger der Gegenwart einzuführen. Wem dieser Herr bis jetzt unbekannt sein sollte, dem sei erklärt, dass es hier um den Sänger einer Rockgruppe namens „Scorpions“ geht.

Specke Knüppeldamm, mit Reisig od. anderem Material befestigter Weg durch sumpfiges Gelände. Der *Specksaalredder* in Duvenstedt erhielt 1947 seinen Namen also als ein von →[1] *Knicks* oder Hecken gesäumter, befestigter Weg (vgl. →[1] *Redder*) im feuchten Gelände (vgl. → *Saal*[3]).

Speckstipp (Specksoße) → *Stipp*[1]

speen speien, spucken; *dor kannst op speen* (darauf kannst du dich verlassen); *enen op den Kopp speen* (jmdn. rügen); *de See speit* (ist aufgewühlt); *Füür un Flammen speen* (wütend sein). Abergl.: Vor einem Tanzabend ließen Gastwirte eine „weise" Frau dreimal in den Saal spucken, damit viele Gäste kommen. Vor dem Wurstkochen soll man in den Kessel spucken, damit die Würste nicht platzen. Wer auf sein Geld spuckt, verdoppelt es. Ein Gerstenkorn verschwindet, wenn jemand unvermittelt auf das betroffene Auge spuckt.

Spegelschieven (Plur.). Was ist denn das? Großmutter kannte den Ausdruck noch nicht, aber warum sollte man in dem Bemühen, das Niederdeutsche lebendig zu erhalten, den Erzeugnissen moderner Technik nicht auch plattdeutsche Kunstwörter verpassen? *Spegelschieven* sind natürlich die CDs (engl. *compact discs*), und dass der Ausdruck „Spiegelscheiben" gar nicht einmal so falsch gewählt ist, sah ich im vergangenen Sommer, als mein Nachbar Dutzende von sich in der Sonne spiegelnden CD-Rohlingen in seinen Kirschbaum gehängt hatte, um die Stare von den reifen Früchten fernzuhalten.

Spickaal Ein *Spickaal* ist ein Räucheraal, was nicht bedeutet, dass der →[1] *Aal* mit Speck gespickt worden ist wie ein zäher Hasenrücken, sondern dass er über Rauch trocken und haltbar gemacht wurde. *Spickaal mit Klüten un Speck* ist ein Hamburger Gericht, eine *Spickgoos* ist eine geräucherte Gans, und ein *Spickhering* ist ein geräucherter Hering, der, weil besser als → *Bückel* (Bückling) bekannt, heute als Schimpfwort für einen vertrockneten, hoch aufgeschossenen und mit Akne und Nickelbrille ausgestatteten Jüngling gebraucht wird. Alle diese Ausdrücke kommen von mnd. *spik* (trocken) und haben nur ganz entfernt etwas mit → *spicken* (specken) zu tun.

spicken 1. trockenes Fleisch, vor allem Wild wie Rehrücken, mit einer *Spicknadel* mit Speckstreifen versehen; übertr.: *mit blauen Bohnen spicken* (auf jmdn. schießen). Syn.: *specken.* 2. großzügig füllen; *den Büdel spicken* (sich mit reichlich Geld versehen).

Spijöök (Plur. *Spijöken*) bedeutet 1. Schabernack, Spaß, Unsinn, Unfug; *he maakt jümmers sien Spijöken; veel Spijöken in 'n Kopp hebben; bloots to 'n Spijöök* (nur so zum Spaß). 2. Gespött; *enen to 'n Spijöök maken* (jmdn. zum Narren halten).

Spint (Hohlmaß) → *Scheffel*

Spitt Es handelt sich 1. um einen Spieß, um eine Stoßwaffe od. einen Säbel aus der Zeit, als noch Mann gegen Mann kämpfen musste, aber 2. und weniger martialisch um einen Bratspieß, auf den man Geflügel, Fleisch,

Würste, Schinken, Heringe und Aale aufspießen konnte, um sie zu braten od. zu räuchern. Wenn das ganze Dorf feierte, gab es auch schon mal einen ganzen (natürlich vorher geschlachteten) Ochsen am Spieß. Auf jeden Fall geht es hier um einen langen, dünnen Eisenstab, der zu Vergleichen geradezu einlädt. Ein *Spittel* ist übertr. eine dünne, schmächtige Person, ein *Spittelbeen* nicht nur ein dürres Bein wie das eines Storches, sondern auch ein Schimpfwort für den Rest des Wesens. Am bekanntesten dürfte der *Spittelfink* sein, eine Bezeichnung, bei der sogar so etwas wie Anerkennung mitschwingt für einen schmächtigen Jungen, der immerhin so flink ist wie ein →*Fink*. Ra.: *de kann ook in Fett ümkehrt warrn und blifft doch jümmers 'n Spittelfink.* Adj. →*spittelich.*

Spittelfink (schmächtiger Junge) →*Spitt*

spittelich ist ein Wesen, das als klein, schmächtig und schwächlich beschrieben werden muss; *sien Fro is so spittelich,* sagte man, wenn die arme Frau alt, abgearbeitet und krank war und im wahrsten Sinne des Wortes nur noch aus Haut und Knochen bestand. Wahrscheinlich hatte sie auch *spittelige Hoor,* also nur noch ein paar Haarsträhnen auf dem Kopf, vor denen jeder Friseur Reißaus nehmen würde. Als *so 'n spitteligen Boom* bezeichnete man einen dürren und kümmerlichen Baum, den es allen modernen Untergangsszenarien zum Trotz übrigens schon immer gegeben hat. Das Ganze bezieht sich natürlich auf den →*Spitt,* den Spieß, der dünn, lang und hart ist.

spleißen seem. Tauenden miteinander verflechten.

SPQH ist im Inneren des Rathauses und an anderen Stellen der Stadt zu lesen, eine Abkürzung, die die Hoheitsformel einer überaus selbstbewussten Freien und Hansestadt darstellt: *Senatus Populusque Hamburgensis* („Der Senat und das Volk von Hamburg"). Natürlich nimmt diese Formel ohne die geringste Scheu Bezug auf das *S.P.Q.R.* des antiken Römischen Reiches: *Senatus Populusque Romanus* („Der Senat und das Volk von Rom"). Alle Legionen, die die damalige Welt eroberten, führten sie auf ihren Standarten. Die italienische Hauptstadt benutzt sie noch heute. In Rom sind alle Schrifttafeln, Kanaldeckel, Mülleimer und öffentlichen Einrichtungen mit diesen vier Buchstaben versehen. So weit geht Hamburg glücklicherweise nicht.

Sprachgesellschaften Im 17. Jahrhundert schlossen sich viele Gelehrte und fast alle bedeutenden Dichter jener Zeit zu *Sprachgesellschaften* zusammen, um in kulturreformerischer Absicht der deutschen Sprache einen gleichberechtigten Rang neben dem – nein, nicht dem Englischen! –, sondern damals dem Französischen und den akademischen Sprachen zu verschaffen. 1617 entstand die erste Sprachgesellschaft als *Fruchtbringende Gesellschaft* in Weimar. In Hamburg stiftete *Philipp von Zesen* (geb. 8. Oktober 1619 bei Dessau, gest. 13. November 1689 in Hamburg) 1643 die *Teutschgesinnete Genossenschaft* mit 207 Mitgliedern. *Johann Rist* (geb. 8. März 1607 in Ottensen, gest. 31. August 1667 in Wedel) gründete 1658 in der Hansestadt den *Elbschwanenorden*.

Zesen erfand für zahlreiche Fremdwörter Eindeutschungen, die uns heute selbstverständlich erscheinen, z. B. *Ableitung* (für Derivation), *Abstand* (Distanz), *Angelpunkt* (Pol), *Augenblick* (Moment), *Ausflug* (Exkursion), *Besprechung* (Rezension), *Bücherei* (Bibliothek), *Emporkömmling* (Parvenü), *Entwurf* (Projekt), *Farbgebung* (Kolorit), *Gesichtskreis* (Horizont), *Glaubensbekenntnis* (Credo), *Gotteshaus* (Tempel), *Grundstein* (Fundament), *Kreislauf* (Zirkulation), *Leidenschaft* (Passion), *Letzter Wille* (Testament), *Mundart* (Dialekt), *Nachruf* (Nekrolog), *Rechtschreibung* (Orthografie), *Sinngedicht* (Epigramm), *Sterblichkeit* (Mortalität), *Verfasser* (Autor), *Vollmacht* (Plenipotenz), *Wahlspruch* (Devise), *Weltall* (Universum) od. *Zerrbild* (Karikatur). Bei der Sprachreinigung schossen die Reformer jedoch teilweise über das Ziel hinaus, wenn sie etwa versuchten, die Mumie in *Dörrleiche,* den Anatom in *Entgliederer,* das Kloster in *Jungfernzwinger,* den Botaniker in *Krautbeschreiber,* die Pistole in *Meuchelpuffer,* die Pyramide in *Spitzgebäude,* das Fenster in *Tageleuchter,* den Harem in *Weiberhof* und – allumgreifend – die Natur in *Zeugemutter* umzubenennen. Seine gelehrten, aber volksfernen Gegner unterschoben Philipp von Zesen, um ihn lächerlich zu machen, auch den bekannten *Gesichtserker* für die Nase, der gar nicht von ihm stammte.

Springderby Am 26. Juni 1920 trafen sich die Mitglieder und Gäste des erst am 29. Januar jenes Jahres gegründeten Norddeutschen Vereins zur Zucht und Prüfung des deutschen Halbblutes, um auf dem Poloplatz in Klein

Flottbek einer Springprüfung auf allerhöchstem Niveau beizuwohnen, die danach jährlich als *Deutsches Springderby* ausgerichtet wurde. Nur zehn Mal fiel das schwere Jagdspringen aus, von 1940 bis 1948 wegen des Krieges und seiner Folgen und 1972 wegen der Olympischen Sommerspiele in München, wie es hieß, in Wirklichkeit aber wegen totaler Zerstrittenheit in der Führungsriege des ausrichtenden Vereins, wie man hinter vorgehaltener Hand munkelte. Die Hindernisse hatte 1920 vor allem der Kaufmann, Gutsherr und leidenschaftliche Reiter Eduard F. Pulvermann (1882–1944) der Holsteiner Landschaft abgeschaut, denn Klein Flottbek gehörte damals noch nicht zu Hamburg, sondern zur preußischen Provinz Schleswig-Holstein. Der Große Wall mit der weißen Bretterplanke dahinter, der Holsteiner Wegesprung und die Eisenbahnschranken prägen den Charakter des Parcours. Und dann gibt es da noch das berüchtigte Hindernis Nr. 14, eine Senke mit Wassergraben und Ein- und Aussprung, in die Pulvermann kopfüber gestürzt war, als er diese Kombination 1919 in Travemünde mit seinem Pferd Tristan ausprobierte. Seither spricht man spöttisch von → *Pulvermanns Grab*. 1928 verlegte der Verein die Veranstaltung vom Poloplatz an der Jenischstraße auf das heutige Derbygelände an der Jürgensallee/Baron-Voght-Straße. Erst 1933 gelang dem späteren Oberst und deutschen Springreiterchef Harald Momm (1899–1979) auf Baccarat der erste Null-Fehler-Ritt in der Derbygeschichte. Als erste Frau siegte Irmgard von Opel (1907–1986) 1934 auf ihrem Trakehner Schimmelhengst Nanuk. Auch

Hitlers späterer Schwager Hermann Fegelein (1906–1945) trug sich 1937 mit Schorsch in schwarzer Uniform in die Siegerliste ein. Nach dem Krieg gewann der Heider Landwirt Fritz Thiedemann (1918–2000) fünf Mal das Deutsche Springderby – 1950 auf Loretto, 1951 auf Meteor, 1954 auf Diamant, 1958 auf Finale und 1959 auf Retina. Noch erfolgreicher war der Brasilianer Nelson Pessoa (geb. 1935)[289], der sieben Mal Sieger wurde, 1992, 1993 und 1994 sogar dreimal hintereinander mit demselben Pferd Vivaldi. Seit 1955 wird das Springderby in Verbindung mit dem Deutschen Dressur-Derby ausgetragen[290].

Springer, Axel →*Abendblatt*

Sprütt (Plur. *Sprütten*). Eine *Sprütt* ist eine Spritze und kommt von *sprütten* (spritzen). Genauer gesagt: Eine *Sprütt* ist ein Gerät zum Feuerlöschen, und die Angst vor einer Feuersbrunst beherrschte früher noch mehr als jetzt Leben und Vorsorge in einer eng bebauten Stadt, in der Holz das vorherrschende Baumaterial war. Beim →*Großen Brand* 1842 ging ganz Hamburg in Flammen auf. *Füür in de Elvstraat – rut de Sprütt!*, lautete ein Schreckensruf. Im übertr. Sinne bedeutet *ran an de Sprütt* die Aufforderung, tatkräftig zuzupacken, selbst wenn es nicht brennt, und *de eerst Mann an de Sprütt* ist jemand, der überall dabei sein muss und jedes Mal den Ton angeben will. Wer beim Löschen nicht aufpasst,

289 nicht zu verwechseln mit seinem Sohn *Rodrigo Pessoa* (geb. 1972), der es zum Olympiasieger und Weltmeister im Springreiten brachte

290 Jens Meyer-Odewald: Klein Flottbek: Kein Parcours für jedermann. HA 14.5.2010

kann schon einmal *sprüttennatt* (klitschnass) werden, und wer zu viel hochprozentige Flüssigkeit in sich hineinlaufen lässt, ist danach bestimmt *sprüttenduun* (stockbetrunken). Ein *Sprüttenhuus* war das Spritzenhaus, das im heutigen Amtsdeutsch „Feuerwehrgerätehaus" genannt wird, und der *Sprüttenmeester* ist der Brandmeister, anschaulicher als „Feuerwehrhauptmann" bezeichnet, der die → *Sprüttenlüüd* unter sich hat.

Hamburger Sprüttenlüüd auf Brandwache, schon von Weitem an ihren weißen Kitteln zu erkennen. Wer nicht zur Bürgerwehr wollte, musste Dienst bei der Feuerwehr tun.

Sprüttenlüüd (Sing. *Sprüttenmann*) sind die Männer an der Spritze (→ *Sprütt*), die Feuerwehrleute. Wer den Dienst als Bürgergardist nicht mitmachen wollte, musste in Hamburg *Sprüttenmann* werden – offenbar eine frühe Art des Zivildienstes für Wehrdienstverweigerer; *he harr sik bi de Sprüttenlüüd meldt.* Im 19. Jahrhundert trugen die *Sprüttenlüüd* weiße Leinenkittel und wurden deshalb *Wittkittels* od. *Witträck* genannt. Diese Bezeichnung war noch lange im Volksmund verankert; ein Notgeldschein aus dem Jahre 1921 trug die Inschrift: *treck dien witten Kittel an un do dien Pflicht as Sprüttenmann.* Ein Gericht aus grünen und weißen Bohnen hieß *Sprüttenlüüd un Grashopper*, wobei die *Sprüttenlüüd* die weißen Bohnen und die →[1] *Grashopper* (Heuschrecken, Grillen) die grünen Brechbohnen repräsentierten. Vgl. →[1] *Grashopper un witte Müüs.*

Spucksuppe (mit Kernen) → *Kreek* [2]

Stadthaus wird ein städtisches Verwaltungsgebäude genannt, dem die Straße zwischen Rödingsmarkt und Axel-Springer-Platz ihren Namen *Stadthausbrücke* (1889) verdankt. Das Gebäude wird heute von der Baubehörde genutzt, war aber lange Jahre davor das Quartier der Polizeibehörde und während der NS-Zeit als Sitz der Geheimen Staatspolizei (Gestapo) ein gefürchteter Ort der Unterdrückung, Verfolgung und Folterungen. Eine Gedenktafel am Eingang Stadthausbrücke 8 erinnert an die Opfer. Bereits das jetzt nicht mehr zum Komplex gehörende *Görtz-Palais* am Neuen Wall, 1710/11 errichtet und 1726 von der Stadt gekauft, hieß im Volksmund *Stadthaus.* Von

1820 bis 1918 lag hier die Dienstwohnung des Ratsherrn, der das Amt des Ersten Polizeiherrn innehatte. Zwischen 1914 und 1923 erweiterte die Stadt, angestoßen von Hamburgs späterem Oberbaudirektor Fritz Schumacher (1869–1947), die Anlage um den Bau Stadthausbrücke 8, der das Fleet überspannte und eine Verbindung zu den Gebäuden der Baubehörde auf der anderen Seite des Bleichenfleets herstellte [291].

Steckrübe → *Wruk*

Steekfleesch → *Schlachtfest*

Steertpitscher wurden abfällig die Lehrer aller Schularten genannt, womit gesagt werden sollte, dass die Unterrichtsvorbereitung häufig nur daraus bestand, den Rohrstock bereitzulegen. Es wäre ungerecht, den vielen fähigen und sich aufopfernden Pädagogen damals wie heute zu nahe zu treten, aber wenn wir jetzt Tag für Tag hören, was Kindern immer noch in kirchlichen Einrichtungen und elitären Internaten wie der Odenwaldschule geschehen ist, besteht kein Grund, allzu selbstgerecht auf die frühere Schulzeit zu blicken.

Steierpust → *Schnellläufer*

Stevelband (Plur. *Stevelbanden*) Schnürsenkel für *Stevels* (Stiefel).

Steven seem. 1. Verlängerung des Kiels, als gerade od. schräg nach oben zeigender Holzbalken (später aus

291 Hamburg-Lexikon S. 180 u. 457

Eisen) als Abschluss des Schiffes ausgeführt, vorn Vordersteven *(Vörsteven)* und hinten *Achtersteven* genannt. 2. Vorderteil des Schiffes. 3. übertr. für Kopf; *vör 'n Steven knallen* (eine runterhauen).

Stickel 1. Stachel od. Dorn; *Stickels un Steen.* 2. Kleiner, stachelbewehrter Fisch, den wir in unserer Gegend in Teichen, Tümpeln und Gräben finden. Die Biologen nennen ihn lat. *Gasterosteus aculeatus,* die Hochdeutschen sprechen vom Stichling und die Hamburger eben vom *Stickel.* Man kann ihn weder essen noch als Zierfisch halten, aber man kann ihn beobachten: Das Männchen baut mit Wasserpflanzen und Schleim ein Nest, färbt sich am Bauch leuchtend rot, führt einen olympiareifen Balztanz auf, lockt damit ein neugierig gewordenes Weibchen an, schubst es ins Nest und traktiert es so lange, bis es vor Schreck ablaicht. Nachdem die Eier besamt sind, wird das Weibchen brutal verjagt, und das Männchen lockt das nächste Weibchen an – und so weiter und so fort. Wie soll man so einen Kerl nennen? Macho unter Wasser? Offenbar kennt die heimische Natur Verhaltensweisen, die bei den Menschen sämtliche Feministinnen auf die Straße treiben würden. Als Kinder kannten wir vor allem eines: Wenn man einen am Strohhalm befestigten Regenwurm ins Wasser hielt, biss der Stickling sich daran fest und ließ sich mit einem Ruck aufs Trockene befördern. Ra.: *du büst as so 'n Stickel, nich to geneten*[292]. Stickels konnte man nicht essen, aber notfalls fressen – nicht die Menschen, nur die Schweine

292 genießen

natürlich. Ein Leser aus Neuenfelde berichtet, wie er als Kind einen Kescher in die →*Rönn* (Wasserrinne) gehalten hat, der im Nu voller Stickels war, die zum Laichen in die Entwässerungsgräben zogen. Für eine Fuhre gab der Bauer eine Mark, kochte die Fische aber erst im Kartoffeldämpfer ab, bevor er sie in den Trog schüttete. Auch ein Schweinemagen verträgt nicht alles. Syn.: →*Jimp, Stickler, Stickelgrindje, Stibbergrind.*

Stiem Besonders in Elbnähe nannte man den Dampf od. Qualm auch *Stiem,* was ja lautgleich mit dem engl. *steam* (Dampf) ist. Als *Stiemkasten* verspotteten die Anwohner und Fischer, die noch mit Windkraft auf der Elbe fuhren, ein frühes, stinkendes Dampfschiff (engl. *steamer*). Der heiße Dampf, der aus einem kochenden Topf od. Teekessel strömte, wurde in Hamburg →[1] *Bratten* genannt.

Stinkbüdel ist 1. ein weiteres Beispiel aus der reichen Ernte hamb. Schimpfwörter und bedeutet so viel wie „Stinkstiefel“ für einen streitsüchtigen Menschen. Vgl. →*Brummkrüsel (2).* 2. Etwas wörtlicher zu nehmen od. besser zu riechen ist die scherzh. Bezeichnung →[1] *Hein Stinkbüdel*, die in Anspielung auf die Initialen *H. St.* an den stinkenden Kohlendampfern der Reederei Hugo Stinnes für so einen schwimmenden Umweltverschmutzer stand. Vgl. →*Stinkbüdelsgang.*

Stinkbüdelsgang 1. ist der Spottn. für eine alte, enge Gasse zwischen den Hinterhofreihen der →[1] *Gängeviertel,* in der man natürlich nicht nur → *Stinkbüdels* (Streithammel) traf, in der man aber besser nicht gerade die höheren Töchter spazieren führte, nicht zuletzt des Geruchs (oder sagen wir es direkter: des Gestanks) wegen. 2. seem. der enge Gang zu den Betriebsräumen unter Deck, dem man ebenfalls die oben genannten Attribute zusprechen konnte.

Stint Der *Stint* ist ein kleiner Lachsfisch, ähnlich dem Hering, der saisonal massenhaft in der Elbe und den Nebenflüssen vorkam und jetzt, da die Wasserverschmutzung nach 1990 zurückgegangen ist, wieder vorkommt. Es handelt sich um einen Meeresfisch in den Küstengewässern Europas, der zum Laichen in die Unterläufe der großen Ströme wandert. Das geschieht Ende Februar, im März od. Anfang April, wenn das Wasser über 9 Grad Celsius warm wird. Früher wurde er in und an der Elbe in großen Mengen gefangen, in Netzen, in Reusen od. der Einfachheit halber in geflochtenen Wäschekörben, die man nur in die Gräben und → *Priele* zu halten brauchte (sodass es weniger um Fischen als um Abschöpfen ging). Der Fang konnte an die Hühner und Schweine verfüttert werden, aber der Stint diente, obwohl er recht klein ist, auch als Speisefisch – früher eher ein Armeleuteessen, heute eine regionale Spezialität. Dazu wird der Kopf entfernt, der Stint ausgenommen, gewaschen, abgetrocknet, mit wenig Salz und Pfeffer gewürzt, in Roggenmehl gewendet und in reichlich heißem Fett in großer Zahl schwimmend ausgebacken. Stinte werden in Norddeutschland serviert, bis alle Gäste satt sind – *Stint satt!*, so steht es auf den Schildern vor den traditionsbewussten Gastwirtschaften. Als Beilage dienen Bratkartoffeln, Kartoffelsalat und schlimmstenfalls sogar Apfelmus. Raa.: *flink as 'n Stint; sik →[1] högen as 'n Stint; enen söken as 'n Stint in de Aalsupp. An de Eck vun de Steenstroot steiht 'n Oolsch mit Stint, will mi vertellen, dat dat Schellfisch sünd,* schrieb →[1] *Walter Rothenburg* in seinem bekannten →[1] *Couplet* (vgl. →[1] *Steinstraße*).

Stintfang Anhöhe an der Norderelbe oberhalb der St.-Pauli-Landungsbrücken, bis 1819 Teil der Wallanlagen und der Stadtbefestigung. Heute steht dort eine Jugendherberge. Am Fuß der Anlage konnten früher reichlich → *Stinte* gefangen werden; *baven op 'n Stintfang ballerten de Kanonen un →[1] waarschauten de Lüüd,* und zwar bei Hochwassergefahr.

Stintflaag Eine → *Flaag* [1], ein kurzer Schauer in den Monaten des Stintfangs von Februar bis April, der Jahreszeit entsprechend häufig mit Hagel und Schnee; *dat is bloots so 'n lütte Stintflaag.* Vgl. → *Stint.*

Stipp [1] (*Stippels*), f., Soße, Tunke, häufig ausgelassener Speck, teilweise mit Zwiebeln (→ *Zippelstippels*). *Kantüffeln mit Stipp* sind Kartoffeln mit Soße; *Speckstipp* gibt's zu grünen Bohnen, Linsen oder zu → *Matjes.* Von *stippen* (kurz in etwas eintauchen). So nennt man auch das Eintauchen zu harter Kekse in den Kaffee. Das galt zwar als unfein, war Oma aber ausnahmsweise gestattet, sobald die Zahl ihrer Zähne entscheidend abgenommen

Die Helgoländer Allee mit Kersten-Miles-Brücke und dem Stintfang um 1900. Die Anhöhe wird beherrscht vom Gebäude der Deutschen Seewarte, das bis zu seiner Zerstörung im Zweiten Weltkrieg ein Wahrzeichen des Hamburger Hafens war. Seit 1954 steht hier eine Jugendherberge.

hatte. *Stippappeln* sind in Teig getauchte, ausgebackene Apfelscheiben, *Stippmelk* ist geronnene, saure Milch (mit Brot und Zucker gemischt) und *Stippsuur* (→ *Swattsuur*) ein Gericht aus Fleischstücken in einer Soße aus Blut und Essig. Wer's mag: *Stippsuur mit Klüten.*

Stipp[2] steht für etwas Kurzes, einen kurzen Stich od. einen kurzen Besuch, der bekanntlich als *Stippvisite (Stippvisiet)* bezeichnet wird; *ik komm mal op 'n Stipp vörbi.*

Stoffregen Sprühregen. Wetterregel: *Stoffregen bringt goot Wedder.*

Stohlwagen („Stuhlwagen") hieß ein mit Sitzen od. Bänken versehener offener Kutschwagen, mit dem eine Familie od. ein Verein einen Ausflug machen konnte od. der ein preiswertes Nahverkehrsmittel darstellte. Man könnte ihn etwas flapsig als „Omnibus ohne Dach, aber mit Pferden" bezeichnen. Der Komfort dieser häufig nur umgerüsteten Ackerwagen war mäßig, die Sicherheit fraglich, sodass heutzutage TÜV und EU sofort einschreiten würden, aber der Spaß der Beteiligten offenbar groß. Im 18. und 19. Jahrhundert waren die Verkehrsmittel eben so. Um 1890 wurde der *Stohlwagen* von der → *Brick* abgelöst. Ein von vier Kaltblütern gezogener offener Ausflugswagen für größere Gesellschaften, bei dem bis zu zwölf Fahrgäste um einen Tisch herum im Kreis saßen, wurde *Galleriewagen* od. → *Punschbool* genannt. Im Winter bei Schneewetter konnten die Räder des Wagens durch Kufen ersetzt werden.

Stormarn war im frühen Mittelalter neben Dithmarschen und Holstein einer der drei sächsischen → *Gaue* → *Nordalbingiens*. Dort wohnte der Stamm der *Sturmarii*, der „Sturmmänner". Der Gau umfasste das Gebiet der heutigen Kreise Stormarn, Pinneberg und Steinburg, Teile des späteren Kreises Segeberg sowie das Hamburger Gebiet nördlich der Elbe. Als Preußen 1867 Holstein (und noch einiges mehr) annektierte, wurde der Bereich nördlich und östlich von Hamburg bis hin nach Lübeck zum Landkreis Stormarn gemacht. Die Kreisverwaltung war zunächst im Reinbeker Schloss untergebracht, ab 1873 in Wandsbek und blieb dort auch, als Wandsbek 1901 kreisfrei wurde; sie blieb sogar in Wandsbek, als Wandsbek 1937 zu Hamburg kam, und fand erst 1943 in Bad Oldesloe Aufnahme, als sie in Wandsbek ausgebombt worden war. Seit 1949 ist Bad Oldesloe offiziell Kreisstadt. Im Zuge des →[1] *Groß-Hamburg-Gesetzes* musste Stormarn zwölf Gemeinden und mehr als die Hälfte seiner Einwohner an Hamburg abtreten – Bergstedt, Billstedt, Bramfeld, Duvenstedt, Hummelsbüttel, Lemsahl-Mellingstedt, Lohbrügge, Poppenbüttel, Rahlstedt, Sasel, Steilshoop und Wellingsbüttel. Stormarn bekam damals allerdings auch etwas von Hamburg, nämlich die Exklave mit den →[1] *Walddörfern* Großhansdorf und Schmalenbeck, in die die Hansestadt 1921 sogar eine U-Bahn gebaut hatte. Wer heute durch Großhansdorf fährt und die vielen HH-Autonummern vor den Häusern sieht, bekommt den Eindruck, dass viele Großhansdorfer sich noch immer wie entführte Hanseaten fühlen. Stormarn verlor 1970 zudem die industriestarken Gemeinden

Harksheide und Glashütte, als im Norden Hamburgs die Retortenstadt *Norderstedt* gebildet wurde. Sie gingen (mit Friedrichsgabe und Garstedt aus dem Kreis Pinneberg) an den Kreis Segeberg, der im Gegensatz zu Pinneberg das Füllhorn der Zonenrandförderung bieten konnte. Segeberg wurde damit zum Nachbarn Hamburgs. Stormarn bleibt jedoch einer der wirtschaftlich stärksten Kreise mit steigender Bevölkerungszahl im „Speckgürtel" der Hansestadt.

Störtebeker Was war er nun? Ein plattdeutscher Robin Hood, der den Reichen nahm und den Armen gab? Ein Held oder ein Halunke? Ein Abenteurer aus der Gegend um Rotenburg/Wümme und Verden, ein Verbrecher aus Wismar, ein Freibeuter, *Vitalienbruder*, → *Liekedeeler*, ein Seeräuberhauptmann, der den Kaufleuten der → *Hanse* schwer zu schaffen machte? Hieß er nicht eigentlich Johann, war ein Fehdehelfer aus Danzig und überlebte sein angebliches Hinrichtungsdatum um zwölf Jahre? Alle Versuche, sich der Person *Klaus (Claas) Störtebekers* (geb. um 1360, gest. am 20. Oktober 1401) mit den Mitteln historischer, forensischer od. gar genetischer Wissenschaft zu nähern, müssen zur Ernüchterung führen. Eines hingegen ist er gewiss: eine eng mit Hamburg verbundene Legende, an der seit Jahrhunderten gewoben wird und die wir uns nicht nehmen lassen wollen. Danach galt Störtebeker noch vor anderen Kaperkapitänen wie Godeke Michels als der berüchtigtste Seeräuber der Nord- und Ostsee. Er soll einen Vier-Liter-Humpen Bier in einem Zug heruntergestürzt haben, sodass der Name

„Störtebeker“ ndd. „Stürz den Becker“ bedeutet habe. Als die Freibeuter 1398 aus ihrem Schlupfwinkel in Visby auf Gotland vertrieben worden waren, störten sie den Englandhandel in der Nordsee so sehr, dass Hamburg eine Flotte ausrüstete und unter dem Kommando *Simon von Utrechts* (gest. 14. Oktober 1437) Jagd auf Störtebeker machte. Am 22. April 1401 begann vor Helgoland eine erbitterte Seeschlacht. Seit Siegfried kann ein eigentlich unbesiegbarer Held in der Sage bekanntlich nur durch Verrat besiegt werden, und so wird berichtet, dass Störtebeker erst überwunden werden konnte, nachdem ihm ein gekaufter Schurke heimlich flüssiges Blei in die Ruderanlage gegossen hatte, wonach das Piratenschiff manövrierunfähig war. Man brachte Störtebeker samt Gefährten auf dem Hamburger Flaggschiff „Bunte Kuh“ in die Hansestadt, verurteilte ihn zum Tode und köpfte ihn am 20. Oktober 1401 auf dem Grasbrook. Der Ehrbare Rat war anwesend, und Störtebeker rang dem Bürgermeister Kersten Miles (gest. 1420) das Versprechen ab, diejenigen seiner Kumpane zu begnadigen, an denen er noch ohne Kopf vorbeilaufen werde. An elf Männern wankte er vorbei, bevor ihm der Henker den Richtblock vor die Füße warf. Kersten Miles brach sein Versprechen, und 73 Seeräuber wurden mit dem Schwert enthauptet. Der Scharfrichter Meister Rosenfeld schaffte das in einem Zuge. Als ihn ein Ratsherr für diese Leistung lobte, meinte der Scharfrichter, er fühle sich gerade so gut in Form, dass er den anwesenden Rat ebenfalls enthaupten könnte. Diese kecke Bemerkung kostete ihn das Leben.

Die abgeschlagenen Köpfe der Seeräuber wurden zur Abschreckung an der Elbe aufgespießt, etwa dort, wo heute die Elbphilharmonie entsteht. Dabei war das Köpfen noch eine vergleichsweise humane Tötungsart. Andere Delinquenten, die nicht wie die Seeräuber Auge in Auge gekämpft hatten, starben auf dem Schafott oder durch den Strang. Beim Abwracken des Piratenschiffes fand man den einen Mast mit Gold, den zweiten mit Silber und den dritten mit Kupfer ausgegossen. Legenden über Legenden, und neue Legenden kommen hinzu. Als man 1878 bei Erdarbeiten auf dem Grasbrook einen alten Schädel ausbuddelte, sollte ausgerechnet dieser Schädel auf einer jahrhundertelang genutzten Richtstätte der von Störtebeker sein. Er kam ins Museum für Hamburgische Geschichte, wurde dort aber am 9. Januar 2010 gestohlen, sodass sich zurzeit Genaueres nicht sagen lässt.

störtebekern auf Raubzüge gehen wie → *Störtebeker.*

Erst haben die Hamburger Klaus Störtebeker den Kopf abgeschlagen, dann haben sie ihm ein Denkmal gesetzt. Die Bronzestatue von Hansjörg Wagner steht am Großen Grasbrook in der HafenCity, nicht weit entfernt von der Stelle, an der Störtebeker vor rund 610 Jahren hingerichtet worden ist.

stoven dämpfen, dünsten, in Dampf mit wenig Flüssigkeit garen. Schon Michael Richey wusste: *unterm Deckel mit kurtzer Brühe kochen*; *stoovte Kantüffeln* (zerkleinerte und mit Milch-, Petersilien- od. Buttersoße angerichtete Kartoffeln); *gestoovte Muurmannsnesen* (gedünstete Wurzeln).

Straßenzustand (hist.) → *Fuhlentwiete*

Strich kann mancherlei bedeuten, etwas ganz Harmloses, unter das wir hier schnell einen Strich machen wollen, und etwas ganz Spezielles, den *Straßenstrich* nämlich, die Prostitution. Etymologisch wird dieser *Strich* etwas mit dem Verb *(herum)streichen* zu tun haben, denn urspr. *strichen* diese Damen um die Häuser und durch die Straßen auf der Suche nach Freiern, die dafür zu zahlen bereit waren, dass das Vertikale sich gegen Entgelt in die Horizontale begab.

Strom (Landwirtschaftsvolontär) → *bräsig*

Strömer 1. Herumtreiber, Landstreicher, Vagabund; *ji verdreihten Strömers!* 2. Wie häufig, wird ein Schimpfwort, auf Kinder angewendet, zum Kosewort: *ji lütten Strömers!* 3. entlaufender, herrenloser Hund. Verb: *strömern* (herumtreiben).

Strumpfsocken in der Wendung *auf Strumpfsocken gehen* (ohne Schuhe gehen). Vgl. → *Hasensocken.*

Stube → *Stuuv;* → *Döns;* → *Pesel.*

Stummel 1. verkürztes Stück od. Ende eines länglichen Objekts, etwa ein *Kerzenstummel*. 2. Scherzn. für eine kleine Person od. Kosen. für ein kleines Kind; *mien lütten Stummel!*

Stuurkopp Spottn. für einen starrköpfigen Menschen, der zu keinem Kompromiss und zu keiner Einigung fähig ist.

Stuuv (Plur. *Stuven*) ist die Stube, ein Wohnraum, der in Bauernhäusern früher meist →*Döns* genannt wurde. Die *best Stuuv* ist die →*gute Stube* od. der →*Pesel*. Besucher forderte man scherzh. zum Eintreten auf: *man jümmers rin in de gode Stuuv!*

Sülze Während der Arbeiter- und Soldatenrat mangels Rückhalt in der Bevölkerung am 23. März 1919 die rote Flagge vom Hamburger Rathaus einholen musste, brachen am 23. Juni jenes Jahres blutige Unruhen aus, die ihre Ursache nicht bei den revolutionären Matrosen, sondern in der angeblichen Delikatess-Sülze hatten, die der Fabrikant *Jacob Heil* den hungernden Arbeitslosen, entlassenen Soldaten und Zuwanderern aus dem Umland ohne Lebensmittelmarken für drei bis fünf Mark das Pfund verkauft hatte. Als vor seiner Fabrik an der Kleinen Reichenstraße beim Entladen ein Fass zerbrach, dessen Inhalt bestialisch stank, drang die Menge in die Räume ein und sah, dass die Sülze hauptsächlich aus Kadavern von Hunden, Katzen, Ratten und Mäusen hergestellt worden war. Jacob Heil wurde gehörig verprügelt und in die Alster geworfen, von der Obrigkeit aber schnell geborgen und im Rathaus in Sicherheit gebracht. Der Volkszorn kochte über, als auch in anderen Sülzefabriken keine hygienischeren Zustände vorzufinden waren. Rathaus, → *Stadthaus* und Strafjustizgebäude wurden gestürmt, Gefangene befreit. Der ehemalige Ostafrika-General *Paul von Lettow-Vorbeck* (geb. 20. März 1870 in Saarlouis, gest. 9. März 1964 in Hamburg), der mit 10 000 Soldaten, Freikorps-Kämpfern, 30 Geschützen und gepanzerten Wagen unter den Kaiserfarben Schwarz-Weiß-Rot einzog, schlug die Unruhen nieder. Es gibt alte Hamburger, die haben seit 1919 keine Sülze mehr angerührt. Meine Mutter, sonst wahrlich nicht →[1] *krüüsch,* bekam eine grünliche Gesichtsfarbe, wenn sie nur das Wort „Sülze" hörte. Der Volksmund dichtete Schillers „Lied von der Glocke" um: ... *heute muss die Sülze werden,/ frisch, Gesellen, geht zur Hand./ [...] Nehmt nun Fleisch vom Katzenbalge,/ tut auch Ratten dann hinzu/ und dann kocht das edle Ganze/ mit den Mäusen zum Ragout ...*[293]

Suur „In Sauer" bedeutet eigentlich, Esswaren in einer Essiglauge haltbar machen. Die Redewendung *in Suur leggen*[294] bezieht sich auf Kulinarisches, z. B. auf die in Sauer eingelegten gebratenen Heringe; *in Suur liggen*[295] jedoch bezeichnet den Zustand eines Menschen, der nach einer feucht-fröhlichen Feier mit einem Kater das Bett hütet: *he liggt in Suur*, sagte die Großmutter, wenn Opa anderntags nicht zum Frühstück erschien[296]. Vgl. → *Swattsuur;* → *Wittsuur.*

293 Wiegandt: Hamburger Liederbuch, Bd. 2, S. 168
294 legen
295 liegen
296 lt. Olaf Haselhorst

Swattsuur Schwarzsauer, in einem Essigsud mit Blut gekochtes Schweine- od. Gänseklein. Dazu werden Klöße gereicht *(Swattsuur mit Klüten un Speck)*. Ra.: *in Swattsuur kann man sien Vadder un Mudder vertehren und ward dat nich wies* (und wird das nicht gewahr). Syn.: → *Stippsuur*. Vgl. → *Wittsuur.*

Swienegel 1. Ein *Swienegel* benennt vor allem ein kleines Säugetier mit Stacheln, also einen Igel. Ra.: *slapen as de Swienegel üm Wiehnachten,* denn bei einem Igel handelt es sich um einen Winterschläfer. Weithin bekannt ist *dat grote Wettlopen twüschen de Haas un de Swienegel op de lüttje Heid bi Buxtehuud* (Buxtehude). Sprichw.: *de Welt is rund, sä de Swienegel, dor rull he sik tosamen.* 2. übertr. bezeichnet *Swienegel* einen Schmutzfink, wenn wir das Äußere meinen, bzw. einen Schuft od. Lump,

„De Haas un de Swienegel op de lüttje Heid bi Buxtehuud" – als Schattenspiel aufgeführt von der Klasse 3b der Aueschule in Finkenwerder (Schuljahr 2009/10). Die Kinder, vorwiegend mit Migrationshintergrund, sprachen plattdeutsch, und man sah und hörte es: Es machte ihnen großen Spaß.

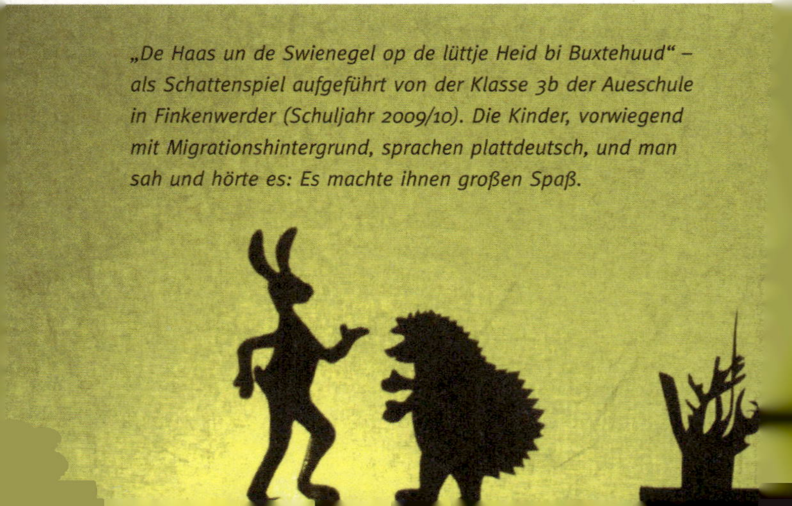

wenn wir uns auf den Charakter beziehen. Aber das hat weniger etwas mit einem Igel als mit einem Schwein *(Swien)* zu tun. Deshalb sprechen wir bei einem Kind, das sich beschmutzt hat, auch besser von einem Ferkel od. ndd. von einem *Swienfarken.*

Swiensgalopp (*Swiensdraff*). Heute werden ja Geschichten mit einem Rennschwein namens Rudi Rüssel verfilmt, aber im Allgemeinen sehen wir die Schweine doch eher träge im Dreck des Stalls liegen. Und dennoch: Als die Schweine noch zur Mast auf die Hauskoppel od. in die Eichenwälder getrieben wurden, konnten sie sich rasch entfernen, nicht so schnell wie ein Pferd, aber doch in einem ansehnlichen *Swiensgalopp* (eiliger Gang); *wi suust in 'n Swiensgalopp an 'n Diek.*

Swienskaven Schweinekoben, Verschlag im Schweinestall. Ra.: *de in 'n Swienskaven boren is, is dat Stinken wennt* (gewohnt). Die Hamburger Bürger aßen zwar gern Schweinefleisch, rochen die Borstentiere samt der Gülle aber weniger gern im lebenden Zustand. Deshalb wurde die Schweinehaltung Mitte des 16. Jahrhunderts in der Stadt verboten, sodass die Schweineställe jenseits der Stadttore und vor allem in der Vorstadt St. Georg gebaut werden mussten. Im Gebiet der heutigen Brennerstraße, die so heißt, weil dorthin nicht nur die Schweine, sondern auch die Branntweinbrenner vertrieben worden waren, entstanden viele *Swienskavens* – schließlich wurden alle Bewohner von St. Georg *Swienskavener* genannt. Dieser Scherzname hielt sich bis ins 20. Jahrhundert. Speziell wurden die

Mitglieder des dortigen Bürgermilitär-Bataillons sowie die Schützen der → *Gilde* von St. Georg so verspottet [297].

Swiensköst → *Schlachtfest*

swögen (*schwögen*). 1. schwatzen; *wat hebbt se quasselt, wat hebbt se swöögt!* 2. schwärmen; *ik bin keen vun de, de vun de olen Tiden swöögt.* Ein *Swöger* ist ein Schwärmer.

swuustern flüstern, wispern; *de dree harr 't wedder hild* [298] *mit Swuustern un Köpptosamensteken.*

T

Tallymann *Come, Mister Tallyman, tally me banana,* sang Harry Belafonte auf Jamaika, aber auch im Hamburger Hafen gab es den *Tallymann,* der heute mit den ehemaligen Lehrberufen Warenkontrolleur und → *Quartiersmann* das Berufsbild des Seegüterkontrolleurs ausmacht, der seit 2006 *Fachkraft für Hafenlogistik* heißt. Ein Tallymann prüfte im Auftrag des Reeders die Ladung an Bord auf Stückzahl, Maße, Markierung und äußerliche Beschaffenheit – zur Segelschiffzeit zünftig in Gehrock, mit → *Melone,* steifem Kragen und dem Arbeitsgerät, der fünf Fuß langen Messlatte (1,52 m). Der Name geht auf

297 HWB 4/Sp. 714
298 eilig

das englische Wort *tally* zurück, was so viel wie „Kerbholz" bedeutet: Die Anzahl der Ladungsstücke wurde in das Holz eingekerbt. Auch Wirte zählten einst ähnlich, um zu wissen, was der Zecher *auf dem Kerbholz* hatte. Diese Redewendung ging erst im Sinne von „Schulden haben", dann übertr. von „sich etwas zuschulden kommen lassen" in die Umgangssprache ein.

Telemichel Fernsehtürme gibt es in vielen Städten, aber nur in Hamburg kann so ein Bauwerk im Volksmund *Telemichel* genannt werden, weil dieser Name als Zusammensetzung aus *Television* und →[1] *Michel* natürlich auf den Turm der St.-Michaelis-Kirche anspielt. Offiziell heißt die 204 m (mit Antenne 271,5 m) hohe Sende- und Empfangsanlage an der Rentzelstraße *Heinrich-Hertz-Turm*. Die Deutsche Bundespost nahm sie am 1. November 1968 in Betrieb. In 128 m Höhe hat der schlanke Turm eine Aussichtsplattform und ein sich in einer Stunde um 360 Grad drehendes Restaurant, das zurzeit nicht bewirtschaftet wird. Im →[1] *Nachtjargon* wurde es *Karussellkaschube* genannt. Der amtliche Name geht auf den in Hamburg geborenen Physiker Heinrich Hertz (1857–1894) zurück. Nach ihm ist die internationale Einheit der Frequenz, das *Hertz (Hz)* [299], benannt.

Tick an de Wand (Marmelspiel) → *Grabbel an de Wand*

ticktacken bedeutet narren, necken, foppen, einander zerren, → *burrjacken* eigentlich „die Jacke ausklopfen", also übertr. prügeln; *Klock teihn fungen se an, sik to*

299 Anzahl der Schwingungen pro Sekunde

ticktacken, Klock ölven weer dat al burrjacken worrn. Die Mutter warnte die tobenden Kinder, die sich neckten: „Nach dem Ticktacken kommt das Burrjacken!“

tieren sich zieren; *tier di nich so!* (zier dich nicht so); *kiek maal, wat de ool dösige Köter sik tiert.*

Tommy (*Tommi*, Plur. *Tommys*). Spottname für den einfachen britischen Soldaten im Ersten und Zweiten Weltkrieg, in Hamburg vor allem für den Besatzungssoldaten nach 1945.

topass zupass, gelegen; *dat keem mi topass* (das kam mir sehr gelegen).

Törf-Ewer Ein *Törf-Ewer* ist ein →[1] *Ewer,* ein Lastensegler, der →[1] *Torf (Törf)* nach Hamburg transportiert. Die Ofenheizungen in der Stadt verbrauchten viel Holz und vor allem Torf, der nicht nur von den Torfbauern um Langenhorn und Harksheide geliefert, sondern auch mit Binnenschiffen auf der Elbe aus den Mooren im Gebiet bei Bremervörde herangeschafft wurde. Zeitweise bestimmten diese typischen langsamen, behäbigen, schwerfälligen *Törf-Ewer* das Bild auf dem Fluss und im Binnenhafen. Wenn Großmutter ihren Mann und Sohn, die *op 'n* →[1] *Swutsch* gehen wollten, zum Abschied ermahnte: *kümmt mi nich ünner 'n Törf-Ewer!,* so war das nicht wörtlich zu nehmen, sondern die witzig-skurrile Steigerung des Unter-die-Räder-Kommens. Gefahr vom Schiffsverkehr drohte den Männern wohl nicht, aber der weniger maritime denn menschliche Verkehr auf und um

St. Pauli barg doch mancherlei Gefahr, die leichtsinnige Zecher unterschätzten, sobald sie *stickeduun* (stockbetrunken) waren.

Torfkopp Über die frühere Wichtigkeit von →¹ *Torf (Törf)* als Brennmaterial in Hamburg ist bereits im 1. Band berichtet worden. Ein *Torfkopp* ist dasselbe wie ein *Dööskopp*. Das ist ein Mensch, dem man nachsagt, nicht sehr helle zu sein, also *Torf im Kopp* zu haben [300]. Vgl. →¹ *Döösbartel.*

Törk (Plur. *Törken*) Türke, Bewohner der Türkei *(Törkei).* Raa.: *du löppst, as wenn de Törken achter di weren; slapen as 'n Törk* (tief schlafen). Adj. *törkisch* (türkisch); *törkschen Weten* (Mais); *törkschen Bund* (Zierknoten aus Tauwerk). Vgl. → *Türkischer Honig;* → *Türkensteuer.*

Toseggersch Eine *Toseggersch* ist eine Souffleuse, die den Schauspielern auf der Bühne den Text zuflüstert, wenn sie nicht weiterwissen. →¹ *Henry Vahl* wusste im →¹ *Ohnsorg-Theater* häufig nicht weiter und verstand auch die Souffleuse nicht, sodass seine Mitspieler stark improvisieren mussten, um das Stück so einigermaßen zu dem Ende zu bringen, das Autor und Regisseur ihm zugedacht hatten; *de Toseggersch weer in ehrn Kassen innickt, un so seet ik böös in de Kniep* [301]. Von *toseggen* (vorsagen).

Tote Tante Was „Cuba Libre“ bedeutet, ist allgemein bekannt. Das Mixgetränk ist in Deutschland unter dem

---

300 lt. Olaf Haselhorst
301 HWB 5/Sp. 144

Namen „Rum-Cola“ eingeführt. Ursprünglich wurde, wie Nick Eggers erklärt, der Rum mit (einer – je nach Geschmack – mehr oder weniger großen Menge) Eiswasser und einem ordentlichen Schuss Zitronensaft gemischt, als es noch keine Cola gab. Es gibt aber auch eine norddeutsche Version dieses Mixgetränks. Dazu wird anstatt Cola und des Spritzers Zitrone heißer Kakao verwendet. Das nennt sich dann *Tote Tante*.

töven warten, sich gedulden; *tööv maal 'n beten!*

Tranbüdel Schimpfw. für Langweiler. *Trantrine* vgl. → *Trine*.

LESERBRIEF

Die Treppe haben

In den frühen Nachkriegsjahren war es üblich, dass die Treppenhausreinigung von den jeweiligen Etagen-Bewohnern selbst vorgenommen werden musste. Daher der folgende Dialog: „Elli, kommst mit in 'ne Stadt einkaufen?“ „Ne, Dora, geht heut nich, ich hab die Treppe!“

Hannelore Trüde-Kiss, Reinbek

Treppenstuhl nannte man den Zugang von außen zum Hochparterre eines Hauses *('n Treppenstohl buten dat Huus)*, bestehend aus einer Treppe vom Gehweg zum Podest vor der hoch gelegenen Eingangstür, häufig zum Schutz vor der Witterung überdacht. Wie ein Chronist um 1890 berichtet, waren die Treppenstühle „in Hamburg jetzt wohl alle beseitigt, weil sie das → *Trottoir* beengen", und er konnte sich nicht verkneifen, mit Blick auf die ungeliebte preußische Nachbarstadt hinzuzufügen: „... in Altona soll es noch welche geben."[302] Ein Zugang von der Straße zum Keller, also nach unten statt nach oben, hieß → *Kellerhals*.

trilliern (*tirileern*) in höchsten Tönen zwitschern, was bekanntlich vor allem die Singvögel beherrschen; *de Lark*[303] *trilliert*.

Trine (auch *Trien* od. *Trina* gerufen) ist die Kurzform von Katharina; *Appelsina, sööt as mien Trina!* Meist wird *Trine* jedoch im negativen Zusammenhang gebraucht: *Blarrtrine, Buurtrine, Funzeltrine, Slabbertrine, Sludertrine, Zippeltrine* od. allgem. *dumme Trine*. Eine *Trantrine* ist ein Kind od. eine Frau, die trödelt und nicht zurande kommt. Die Hamburger Hausfrau wurde als *Trine Franschbroot* verspottet – wobei wir an dieser Stelle ausdrücklich auf das Präteritum der Aussage hinweisen möchten, um nicht in den Verdacht zu geraten, ein heute völlig überholtes Frauenbild zu verbreiten.

Trittchen (Plur.), so schreibt ein Leser, waren in seiner Familie die Hausschuhe. Das dürfte wenig hamb. sein. 1. *Trittchen* (von *treten*) wurden im Rotwelschen und in der Soldatensprache die Stiefel genannt. 2. dimin.: Kosef. für Kinderschuhe.

---

302 HWB 5/Sp. 176
303 Lerche

trockner Hanf Der Begriff *trockner Hanf* rief früher nicht gleich das Rauschgiftdezernat auf den Plan, sondern bezeichnete in der Umgangssprache etwas, das nicht die erforderliche Frische hatte bzw. verdorben od. vertrocknet war. Großmutter zum →[1] *Schlachter:* „Das soll Schweinenacken sein? Das ist doch *trockner Hanf!*"

Trottoir ist natürlich ein frz. Wort – man möchte beinahe sagen: französischer geht es nicht! Und trotzdem benutzten nicht nur gebildete Leute, sondern auch Frau Pumeier und Tante Dibbermeier[304] diesen Begriff in Hamburg und anderswo wie selbstverständlich in der täglichen Umgangssprache, bis im Ersten Weltkrieg im Zuge der Kriegspropaganda gegen den „Erbfeind" Frankreich aus einem *Trottoir* der Bürgersteig od. Gehweg wurde (und auch viele andere →*Gallizismen* daran glauben mussten).

Tunke ist die mehr od. weniger gelungene regionale Eindeutschung der frz. *Sauce* od., wie man im Deutschen schreibt, der Soße. Von *tunken* (eintauchen).

Tunte (Plur. *Tunten*). 1. Spottn. für eine ungeschickte, träge, dickliche Frau od. Tante. Verb *tunteln* (trödeln) bzw. *tunten* (dummes Zeug reden). Adj. *tuntich* (unbeholfen, langsam, dumm). Syn.: *Tunzel* (begriffsstutzige Frau). 2. Heute versteht man unter dieser Bezeichnung bekanntlich etwas ganz anderes, wobei eine *Tunte* sich

304 Frau Pumeier ist die fiktive Mutter der fiktiven Klein Erna, und Tante Dibbermeier ist eine Figur von →*Arnold Risch.*

zwar als Frau fühlen mag, aber eigentlich gar keine Frau ist. Derartige Feinheiten unterschieden die alten Hamburger in der Umgangssprache allerdings nicht. Vgl. → *Tussi.*

Tunzel (dümmliche Frau) → *Tunte*

Türkensteuer (*Törkenstüür*). Die *Reichstürkenhilfe* war im 16. und 17. Jahrhundert nicht etwa eine Hilfe für die Türken, sondern im Gegenteil eine Abgabe zur Finanzierung der Kriege gegen die Türken, die nach dem Fall Konstantinopels (Byzanz; heute Istanbul) im Jahre 1453 militärisch und expansiv das christliche Abendbland bedrohten. Die Kaiser (Friedrich III., Karl V.) hatten zur Abwehr der Türkengefahr die Reichsstände des Heiligen Römischen Reichs um Geld und Truppen gebeten. Deshalb wurde von der Bevölkerung eine *Türkensteuer* erhoben, die auch *Gemeiner Pfennig* od. *Reichspfennig* hieß. Obwohl die Gefahr, von den Türken überrannt zu werden, 1683 nach der Schlacht am *Kahlen Berge* vor Wien fürs Erste gebannt war, wurde die Steuer nicht etwa abgeschafft, sondern danach vielerorts zur kommunalen Abgabe umgewidmet, so auch in Hamburg als *Törkenstüür.* Jetzt kassierte nicht mehr der Kaiser, sondern der Rat. Es gibt kaum ein Beispiel aus Vergangenheit und Gegenwart, dass eine einmal erhobene Abgabe abgeschafft worden wäre, selbst wenn ihr ursprünglicher Zweck weggefallen war. Das bekannteste Beispiel ist die *Sektsteuer* aus dem Jahre 1902, die der Finanzierung der kaiserlichen Kriegsflotte dienen sollte, die dem Bund als Schaumweinsteuer heute aber immer noch rund 450 Millionen Euro im Jahr einbringt, obwohl seitdem schon mehrere deutsche Kriegsflotten versenkt od. verschrottet worden sind. Der Hamburger *Rath* ließ im *Bürgereid* schwören: *Ick will ock myn Jährlickes →Schott*[305], *imglicken Törckenstüer ... getrüw- und unwiegerlick, by myner Wetenschop*[306], *entrichten und bethalen. Also my Gott helpe und syn Hilliges Wort!* Vgl. →[1] S. 17.

LESERBRIEF

Türkischer Honig

Eine lebhafte Erinnerung für Schüler der Vorkriegszeit ist der Mann mit dem *Türkischen Honig*. Der pflegte sich kurz vor Unterrichtsende vor der Schule mit seinem Lastendreirad aufzustellen, und für fünf Pfennig bekamen wir auf kleinem Butterbrotpapier etwas von dieser süßen Köstlichkeit: Von einem rot-weiß gestreiften, zuckerigen Block spachtelte er in spechtartiger Geschwindigkeit ab, was von dieser trocken-klebrigen Masse fürs jeweilige Geld reichte; ... ein harmloses Genussmittel, verglichen mit dem, was heute vor Schulen angeboten wird!

Carl Groth, Neumühlen

Tussi Den Familiennamen können Frauen ja bei der Heirat wechseln, aber mit dem Vornamen müssen sie ihr Leben lang auskommen. Man fragt sich manchmal, was die Eltern sich bei der Auswahl gedacht haben. Wer seine Tochter Thusnelda nennt, muss schon etwas beschränkt

---

305 Grund- und Vermögenssteuer

306 nach bestem Wissen und Gewissen

sein, und so etwas soll sich ja vererben. Deshalb bezeichnet *Tussi* (aus Thusnelda) ein begriffsstutziges Mädchen od. eine nicht ganz so ernst zu nehmende Freundin, die man besser nicht seinen Eltern vorstellen sollte. Der Begriff scheint in Hamburg eingewandert, aber nicht in Hamburg entstanden zu sein. Hier sprach man eher von einer → *Tunte*.

Tüte In die Tüte kam früher so allerlei, aber wenn etwas *nich in de Tüüt kamen* sollte, so kam das nicht infrage.

Tütendreiher Sicher, ein →[1] *Krämer,* also ein Lebensmittel- od. „Kolonialwarenhändler", konnte aus einem rechtekkigen Stück Packpapier schnell eine spitze Tüte drehen, die, wenn er sie oben mit geschickten Kniffen verschloss, sogar Schüttgut wie Salz, Mehl od. Zucker hielt. Aber deshalb muss man den ehrbaren Kleinkaufmann ja nicht gleich als *Tütendreiher* verspotten. Überhaupt, der Krämer wurde mit einer ganzen Reihe unschöner Spottnamen überzogen wie *Boltjekaker* (Bonbonkocher), → *Heringsbenniger,* → *Korinthenkacker,* →[1] *Krintenpuler,* → *Krauter,* →[1] *Pennschieter* od. → *Plummhöker* (Pflaumenhändler). Einen Krämer gab es seinerzeit fast in jeder Straße, und Tante Emma musste jeden Tag dorthin, denn eingekauft wurde jeweils nur der Tagesbedarf. Meistens ließ man anschreiben, und Frau Pumeier mag deshalb zu dem aufgeführten Schimpfvokabular gegriffen haben, weil der Kaufmann ihr vor den Augen der Nachbarinnen die „Anschreibkladde" mit der aufgelaufenen Summe gezeigt hatte. Nichts war schöner im → *Nachtjackenviertel,* als sich über das Missgeschick anderer Leute das Maul zu zerreißen.

tutten Wenn die Blütenblätter verwelken und abfallen, *tötteln* die Blumen; *tötteln* entstand wahrscheinlich familiär aus *tutten* (vorbeischütten); *dat tutt so bito* (da fällt so viel daneben).

twei entzwei; kaputt, zerrissen, zerbrochen, verletzt; *Ei is 'n Ei, wenn 't fallt, is 't twei; nu is de Pott twei* (nun ist unsere Freundschaft beendet). Auch als Präfix z. B. in *tweigahn* (zerbrechen), *tweikleien* (zerkratzen), *tweikloppen* (zerschlagen), *tweipedden* (zertreten) od. *tweisnieden* (zerschneiden).

Twist 1. reißfestes Garn aus mehreren zusammengedrehten Baumwollfäden; von engl. *to twist* (drehen, verrenken). 2. Putzwolle, lose zusammengeknüllte Baumwollfasern. 3. kleine Rolle Kautabak; *se kaut al op den letzten Twist*[307].

Twistbüdel[1] ist seem. ein anderer Name für den strapazierfähigen Seesack aus Segeltuch, in dem die Matrosen ihr Gepäck auf großer Fahrt transportierten; zu → *Twist (1)*.

Twistbüdel[2] Als *Twistbüdel* wurde seem. der Maschinist verspottet, der dauernd an seinen öligen Maschinen herumputzen musste; *en grotet Muul, en Buddel Ööl, 'ne Handvull Twist un fardich is de Maschinist!* Zu → Twist (2).

twüschen Präp. zwischen zwei Punkten; → *mank*.

---

307 HWB 5/Sp. 237

Wir schreiben das Jahr 1958, und dieser alte Kaufmann, der vor der Tür auf Kundschaft wartet, nennt sein Geschäft im Valentinskamp noch „Kolonialwarenladen“.

U-Bahn → *Hochbahn*

LESERBRIEF

Über die Brücken

Sehr geehrte Redaktion, ein waschechter Harburger, der in die Hamburger Innenstadt will, fährt schlicht *über die Brücken!* Das habe ich als ehemaliger Sanierungsbeauftragter für die Harburger Innenstadt so immer wieder gehört. Im Übrigen fahren die Harburger und Harburgerinnen vor allem dann über die Brücken, wenn sie dem Harburger Gesellschaftstratsch entgehen wollen – meist gelingt das auch! Mit freundlichem Gruß *Wolfgang Lüders*

überkriegen verhauen, besiegen, stärker sein.

utbückeln (weglaufen) → *bückeln*

utbüxen abhauen, weglaufen, Fersengeld geben.

utwringen → *wringen*

Uul* (Plur. *Ulen*) Eule. Der Nachtvogel, der unter Umständen weise, aber keinesfalls schön aussah, war Gegenstand vieler Redensarten, häufig in Verbindung und im Gegensatz zur Krähe *(Kreih)* gebraucht: *bi Ulen un Kreihen* (einsame Gegend, ganz weit draußen); *Ulen un Kreihen schrieven* (unleserlich schreiben); *Minsch, Uul un Kreih, dat is dreierlei* (was sich für den einen schickt, schickt sich nicht für jeden anderen); *dor hett* *'n Uul seten* (etwas hat nicht so geklappt, wie man es sich erhofft hat; übertr. aus „missglückter Vogelfang"), in Blankenese mit dem Zusatz: ... *un dor hett 'n Kreih scheten; utsehn as 'n Uul* (abscheulich aussehen); *en Uul fangen* (aus dem Wind laufen); *wat den enen sien Uul, is den annern sien Nachtigall* (was der eine nicht mag, kann für den anderen höchst erstrebenswert sein). Wenn die Nachbarin beim Wäscheaufhängen im Hof laut, aber schrecklich falsch den neuesten Gassenhauer od. solo den Jägerchor aus dem „Freischütz" schmetterte, meinte Opa nachsichtig: *en Uul is keen Nachtigall.* Abergl.: Die Eule gilt als Unglücksbringer; *wenn de Uul schreet, dat bedüüd en Doden.* Sie hatte, nicht ganz im Sinne des heutigen Tierschutzgedankens, auch abschreckende Wirkung: Eine mit ausgebreiteten Flügeln ans Scheunentor genagelte Eule sollte vor Blitzschlag und Feuer bewahren. Vgl. →[1] *Handeule* (Handfeger); →[1] *Udel* (Nachtwächter, Polizist).

V

Vatermörder Keine Angst, Vater wird nicht ermordet, Vater wird nur gequält, und zwar von der Mode. Vom Biedermeier[308] bis zur Kaiserzeit gehörte es zur korrekten Herrenkleidung, einen hohen, steifen Kragen zu tragen, der am Hals drückte und schnürte und deshalb die scherzh.

---

308 die Zeit zwischen Wiener Kongress 1815 und Märzrevolution 1848, in der man angeblich ein behagliches, ruhiges und friedvolles bürgerliches Leben pflegen konnte

Bezeichnung *Vatermörder* nahelegte. Wir kennen das von alten Gruppenfotos, auf denen das Familienoberhaupt so steif dasteht wie die dicke Pappe, auf die das Bild geklebt worden ist. Vater hätte sich gern etwas lockerer präsentiert, aber der steife Kragen hielt ihn wie eine Zwangsjacke in gerader Haltung. Der Kragen wurde auf das kragenlose Hemd geknöpft, und da ein Kragen für mehrere Hemden passte, nannten die Franzosen ihn *parasite* (Schmarotzer, Mitesser). Das klingt ähnlich wie frz. *parricide,* was nun tatsächlich mit „Vatermörder" übersetzt werden muss. Solche nachträglichen Worterklärungen sind allerdings schon deshalb wenig glaubhaft, weil sie detaillierte Fremdsprachenkenntnisse voraussetzen. Waren die Ecken des Kragens umgeklappt, was den Kehlkopf ein wenig entlastete, so hieß er *Kläppchenkragen.*

verballerst Nu iss doch nicht alles *verballerst* auf!, schimpfte Mutter, wenn ich zulangte, obwohl ich bereits hohl kaute; *för Ballast* (über das Notwendige hinaus, im Übermaß). Der (od. hamb. auch die) *Ballast* ist wie im Hochdeutschen eine wertlose Schiffsladung zum Gewichtsausgleich (tote Fracht); *dat Schipp geiht in Ballast* (ohne Fracht); *de hett 'n beten Ballast op de Tung* (der ist betrunken und lallt).

verbiestern bedeutet verwirren od. sich verirren. Man kann sich bei der Lösung einer Aufgabe, die man nicht zu Ende bringt, *verbiestern,* sich aber auch verlaufen, sich z. B. im Wald *verbiestern.* Wenn ein *Biest* (Tier), eine Kuh oder ein Schaf, sich von der Herde absonderte und nicht zurückfand, hatte es sich *verbiestert*. Der Ausdruck gelangte über das Niederländische in die Hochsprache, was zum Erstaunen der Münchner im Mai 2010 deutlich wurde, als der grantige holländische Bayern-Trainer Louis van Gaal nach dem Gewinn des Doubles fröhlich bekannte, er sei ein *Feier-Biest*. Als er sogar Lederhosen anzog, wurde klar, dass er damit nicht die Bedeutung „Ekel", sondern so etwas Ähnliches wie ein „Feiertier" gemeint hatte. Von lat. *bestia* (wildes Tier).

Verbrecherkeller Vor dem Ersten Weltkrieg gab es in Hamburg und →[1] *Altona* manche Kneipe für *lege Lüüd* (schlechte Leute), in die man nicht gerade die höheren Töchter od. Tante Frieda aus Pinneberg ausgeführt hätte. Dort verkehrten Gesetzesbrecher, Gauner, Unterweltgestalten od. Mitläufer, die mit diesem Milieu kokettierten. Bekannt war der „Verbrecherkeller" an der Ecke Niedernstraße/Depenau (Altstadt).

verhackstücken heißt, etwas bis ins Kleinste durchsprechen, abhandeln, verrichten, erledigen; *dor is jümmers wat to verhackstücken* (es gibt immer etwas zu tun); *ik kann gor nich allens vertellen, wat in 't Amt verhackstückt ward; jedeen ut de ganzen Bekanntschaft ward verhackstückt* („durchgehechelt"). Urspr. bedeutete *verhackstücken* „einen Schuh mit einem neuen Hacken flicken". Michael Richey erklärt: *verhackstükken: mit neuem Hinter-Leder versehen*[309].

309 Richey: Idioticon S. 85

verholen seem. ein Schiff im Hafen zu einem anderen Liegeplatz schleppen od. ins → *Dock verholen*.

verjagen *sich verjagen* ist hamburgisch für sich erschrecken; *he hett sik so verjaagt, dat he utneiht is* (er hat sich so erschrocken, dass er abgehauen ist)[310].

verjuuchheien (verjubeln) → *juuchheien*

vermurksen (falsch machen) vgl. → *Murks*

verschütten Wer verschüttgeht, ist im urspr. Sinne verhaftet worden, und wer verhaftet worden ist, ist im übertr. Sinne verloren gegangen od. spurlos verschwunden. Der Ausdruck kam über den rotw. *Verschütt*[311] für Haft in die Umgangssprache und ins Hamburgische: jmdn. verhaften, einsperren; *en Schutzmann verschütt em; laat di nich verschütten, de Udel kommt!; verschütt gahn* (eingesperrt werden); *wi hebbt enen sworen Jung erwischt un verschütt gahn laten.*

vier Buchstaben → *Popo*

Vierlande (*Veerlann*) heißt das Marschgebiet im Südosten Hamburgs zwischen Elbe und Bille und umfasst die vier alten Kirchspiele Altengamme, Neuengamme, Curslack und Kirchwerder[312]. Sie gehörten zum Amt Bergedorf und wurden von 1420 bis 1867 → *beiderstädtisch* regiert, ab 1868 von Hamburg allein. Seit dem 17. Jh. versorgten die

---

310 lt. Olaf Haselhorst
311 Wolf: Wörterbuch des Rotwelschen S. 338
312 vor 1946 *Kirchwärder* geschrieben

dortigen Bewohner die Stadt Hamburg mit Obst, Gemüse und Blumen, die auf →[1] *Ewern* über die Dove- und die Gose-Elbe zu den Märkten transportiert wurden. Wenn eine →[1] *Gröönhökersch* in Vierländer Tracht ihre Produkte anbot, wussten die Hamburger, dass sie gute und frische Ware bekamen; *de Froonslüüd, de dor vun Veerlann jümmers Waar uthökern deen.* Loblied auf die Vierlande: *Veerlann is dat Gemüseland,/ dor is dat wunnerschöön,/ dor wasst de →Kassberen*[313] *an de Plank,/ de Eerdberen op de Bööm.* Reim beim Abzählen von Kohlköpfen auf dem Gemüsemarkt: *elf un twölf un elf un twölf,/ Veerlann liggt an de dove Elv.* Maiglöckchen kann man nicht essen, aber die Hamburger liebten sie so sehr, dass in den Vierlanden zwischen 1870 und 1890 geradezu eine *Maiblumenkultur* entstand, um den Bedarf der Städter decken zu können[314].

Vitalienbrüder (Freibeuter) →*Liekedeeler*

Vorsetzen Straßenname in der Neustadt, der von *vörsetten* (vorsetzen) kommt. Das bezog sich auf die Uferbefestigung aus hölzernen Spundwänden und Eichenpfählen. Wenn sie verrottet waren, wurden sie nicht ausgetauscht, sondern man setzte einfach eine neue Reihe davor.

313 Kirschen

314 HWB 5/Sp. 415; Hamburg-Lexikon S. 506 ff.

Ein schier undurchschaubarer Mastenwald: Dicht an dicht liegen die Segelschiffe 1886 beim Vorsetzen im Hamburger Hafen.

waracken (schuften) → *maracken*[315]

LESERBRIEF

Waschfrau mit Ruffel

Lieber Peter Schmachthagen, *Waschfrau* fand ich im ersten Band noch nicht. Alle 14 Tage kam bei meinen Großeltern die Waschfrau. Da wurde am Tage vorher sämtliche schmutzige Wäsche eingeweicht und für den nächsten Tag Bohnen- oder Erbsensuppe gekocht, die dann nur noch aufgewärmt werden musste. Morgens heizte man den großen, in der Waschküche eingebauten *Waschkessel* mit Holz und Kohle an. Die Waschfrau kochte dann die Wäsche und *ruffelte* sie in einer großen Zinkwanne auf der → *Ruffel* sauber. Die Ruffel (auch Waschbrett genannt) habe ich noch heute neben meinem Schlagzeug im Party-Keller stehen und benutze sie noch manchmal, wenn ich mit Freunden Musik mache.

Liebe Grüße, *Ewald Bergeest*

Wasserkran Der Wasser- od. Zapfhahn wurde teilweise auch *Kraan* [spr.: kro:n] genannt, wohl nach südd. Vorbild.

Wetenschop Wissenschaft, Wissen, Kenntnis, Kunstgriff; *bi mien Wetenschop* (nach bestem Wissen); *dat is man de*

315 Mehring 5/Sp. 526 (Wechsel von w→m im Anlaut)

Wetenschop halver (nur zum Ausprobieren); *jedeen Ding hett sien Wetenschop, sä de ool Fro, dor puust se dat Licht mit 'n Oors ut.*

Wiege → *Bett od. Wiege?*

Winkelafkaat (Winkeladvokat) → *Afkaat*

Winser Baum (*Winserboom*). Der *Winser Baum,* abgeleitet vom alten Winser Tor, bildete seit dem Mittelalter die schwimmende Hafensperre (vgl. → *Baum*) am nördlichen Mündungsarm der Bille zum Schutz des Binnenhafens, später *Oberbaum* als Gegenstück zum *Niederbaum* am → *Baumwall* genannt.

Wispel (Hohlmaß) → *Scheffel*

witteln weißen, mit weißer Farbe streichen; *ik wittel de Köök* (ich streiche die Küche). Der große, breite Pinsel zum Weißen der Wände war der *Wittelquast.* Syn.: *wittschern.*

Wittkittels (Feuerwehrmänner) → *Sprüttenlüüd*

Wittsuur Weißsauer, in einem Essigsud gekochtes Schweine- od. Gänseklein, bei dessen Zubereitung im Gegensatz zum Schwarzsauer (→ *Swattsuur*) kein Blut verwendet wird. *Wittsuur mit Klüten* gehörte in vielen Familien als Festessen zu Weihnachten, Neujahr, Ostern und Pfingsten [316].

Wolf, Gebrüder → Biografie S. 406 f.

316 HBW 5/Sp. 829 f.

Gebrüder Wolf

SNUTEN, POTEN UN EN TÜDELBAND

1895 taten sich drei gesangsbegabte Söhne des jüdischen Schlachtergesellen Isaac Joseph Isaac aus der Neustadt zum „Wolf-Trio“ zusammen und unterhielten ihr Publikum unter großem Beifall mit→ *Couplets*, Parodien, Plaudereien und szenischen Possen. Um von vornherein antisemitischen Anfeindungen zu entgehen, wählten sie den Künstlernamen „Wolf“, den sie 1924 auch amtlich als Familiennamen annahmen. Ludwig Wolf (1867–1955), Leopold Wolf (1869–

1926) und James Wolf (1870–1943) wurden schnell populär. 1906 schied James aus, um Zeitungshändler zu werden. Aus dem Trio wurde das „Wolf-Duo". Den ganz großen Durchbruch erlebten sie 1911/12 unter dem Namen „Gebrüder Wolf" als waschechte Waterkant-Typen in Hafenarbeiterkluft. Sie bauten ihr plattdeutsches Repertoire kräftig aus. Ihre →[1] *Snuten un Poten* wurden zum Gassenhauer, und Hamburgs heimliche Nationalhymne, der *Jung mit 'n → Tüdelband,* geht auf Ludwig Wolfs Couplet „Een echt Hamborger Jung" zurück.

1926 starb Leopold Wolf. An seine Stelle trat sein zweitältester Sohn James Iwan Wolf (1893–1981), der fortan mit seinem Onkel Ludwig auf der Bühne stand. Im „Dritten Reich" waren sie immer größeren Einschränkungen unterworfen und bekamen 1939 Auftrittsverbot. James Iwan Wolf emigrierte nach Shanghai und später nach New York. Sein Onkel James wurde nach Theresienstadt deportiert und von den Nationalsozialisten im KZ ermordet. Ludwig überlebte und starb 1955 in Hamburg [317].

In ihrer Heimatstadt gerieten die Gebrüder Wolf nach 1945 nahezu in Vergessenheit, während ihre Lieder weiter in aller Munde waren. Am 5. Juni 2008 wurde auf St. Pauli der *Gebrüder-Wolf-Platz* eingeweiht. Zum Gedenken an das NS-Opfer James Wolf verlegte man vor der Bismarckstraße 11 (Eimsbüttel) einen Stolperstein.

---

317 vgl. Wiegandt: Hamburger Liederbuch, Bd. 2, S. 59 u. Huckeriede/Müller: An de Eck steiht 'n Jung mit 'n Tüdelband

wracken heißt nicht nur 1. zerlegen, abreißen *(afwracken)*, sondern hatte früher auch die Bedeutung 2. verwerfen, ausmerzen, für untauglich erklären, minderwertige Ware aussortieren. Das kam bei der amtlichen *Bierprobe* zum Tragen, bei der die Biere verschiedener Brauer bewertet und aufgelistet wurden. Wer ganz schlecht abschnitt, der wurde *gewrackt*, d. h., man schlug seinen Bierfässern mit der Axt den Boden ein (übrigens eine interessante Empfehlung an die Stiftung Warentest). Richey: *E. E. Rath will ock, dat alle Provere guet Beer uthproven, un dat quade wraken*[318] (1529).

wriggen ist die Tätigkeit, ein Boot nicht zu rudern, sondern durch das Hin- und Herdrehen des → *Riemens* (Ruders) hinten nach Art einer Schiffschraube fortzubewegen.

wringen 1. zusammendrehen, „umeinander drehen". Richey: *uthwringen: ein nasses Zeug hart zusammen drehen, damit das Wasser herauslauffe*[319]. 2. ringen; *de Hannen wringen* (die Hände ringen).

Wrist (Plur. *Wristen*). 1. Spann, oberer Teil des Fußes. 2. Handgelenk; *dat Melken, dat hüllt op de Wristen.*

Wroost, Wilfried → Biografie S. 409

318 Der Ehrbare Rat hat verfügt, dass die amtlich bestellten Prüfer das Bier sorgfältig verkosten und das schlechte *wracken* (aussortieren). Nach Richey: Idioticon S. 346

319 Richey: Idioticon S. 347

WILFRIED WROOST

war zeitlebens (13. September 1889 bis 14. August 1959) nicht nur ein Hamburger, sondern auch ein Plattdeutscher. Er bezog den Stoff und die Figuren seiner Volksstücke aus dem Milieu seiner Heimatstadt.

Das →[1] *Ohnsorg-Theater* verdankt ihm als Autor viele Höhepunkte, so zum Beispiel *De Kortenleggersch* oder die Aufführung *Mien Mann, de fohrt to See* mit Werner Riepel, Christa Wehling, Edgar Bessen, Herma Koehn, →*Heidi Kabel,* Hilde Sicks, Otto Lüthje und →[1] *Henry Vahl.* Unvergesslich die Szene, als sich Heidi Kabel und Hilde Sicks um den Nachlass des vermeintlich in der Nordsee ertrunkenen Wirts prügelten, der aber in Wirklichkeit in →*Santa Fu* eine Strafe wegen Zollvergehens absaß.

Als Erzähler veröffentlichte Wilfried Wroost unter anderem *Vadder Soodmann* (1919), *Lot mi an Land. Een Hupen Döntjes von de Hamburger Waterkant* (1925) od. *Minschen bi 'n Michel* (1954). Ihm zu Ehren wurde in Wilstorf 1950 die Liliencronstraße[320] in *Wroostweg* umbenannt.

320 Es gab nach den Hamburger Eingemeindungen 1937 auch eine Liliencronstraße in Rahlstedt. Da der Dichter Detlev Freiherr von Liliencron (1844–1909) in Rahlstedt begraben liegt, blieb der Straßenname dort erhalten.

Wruk (Plur. *Wruken*). Kennen Sie *Wruken?* Nein? In Hamburg muss man den Begriff auch nicht kennen, denn in Hamburg heißen diese Gewächse nach wie vor Steckrüben. Allerdings bestanden die aus dem Osten vertriebenen Mitbürger darauf, auch an der Alster die Bezeichnung benutzen zu dürfen, die in ihrer pommerschen und ostpreußischen Heimat üblich war: *Wruken* für Kohlrüben[321]. Ob nun Wruken od. Steckrüben – die eigentlich als Viehfutter angebauten Rüben hielten uns, häufig nachts vom benachbarten Feld „besorgt", nach dem Kriege am Leben. Täglich Steckrüben in Wasser, an Sonntagen vielleicht noch ein paar Kartoffeln dazu – ich mag dem lieben Gott gegenüber undankbar sein, aber selbst mit Schmalz, Schweinebacke und Nackenkasseler rühre ich heute kein Steckrübengericht mehr an.

wuppen bewältigen können; *de Jung kunn em nich mehr wuppen.*

wurachen (sich abrackern) → *maracken*

wuschig ist ein Begriff, der aus Mecklenburg eingewandert ist und der nervös, verwirrt od. sexuell erregt bedeutet[322]. Die heutige Jugend benutzt dafür das Wort *geil*, und das in einer Häufigkeit und Frequenz, dass wir Älteren im Stillen sagen: Denn sie wissen nicht, was sie reden.

---

321 Herrmann-Winter: Wörterbuch S. 395

322 Herrmann-Winter: Wörterbuch S. 396

Z

Zeeg (Ziege) → *Zick*

Zesen, Philipp von (1619–1689, deutscher Dichter) → *Sprachgesellschaften*

Zick (*Zeeg;* Plur. *Zicken*) Ziege. 1. weibl. Haustier als Milchgeber; *he harr dree Zicken un een Buck*[323] *in 'n Stall.* 2. Schimpfw. für Mädchen und Frauen; *he treckt mit de Zick to 'n Buck,* sagte man in Finkenwerder, wenn der Mann seiner Frau auf dem Deich vorausging. Zungenbrecher: *Smitt sien Zick, de schitt witt, witt schitt Smitt sien Zick* (Vierlande)[324]. Eine *Zimtzicke* ist schlicht eine dumme Ziege, weil der Zimt nicht nur für ein Gewürz, sondern auch für etwas Dummes und Wertloses steht.

Ziehwagen Ein *Ziehwagen* war ein Wagen mit Deichsel, der von Hand gezogen wurde. Er war in der Regel kleiner als und nicht so stabil wie ein →[1] *Blockwagen,* soll aber bis zu einem Zentner getragen haben. Ich kannte ihn als Kinderspielzeug. Unter ein vergilbtes Foto in einem Familienalbum hatte meine ältere Schwester mit weißem Stift geschrieben: „Peter mit seinem Ziehwagen". Es zeigt mich als Dreijährigen, der einen großen Gummiball in einem kleinen Holzwagen transportieren will, der nicht höher war als die Buchsbaumeinfassung daneben.

---

323 (Ziegen-)Bock
324 HWB 5/Sp. 888

Zigeuner Die Großeltern und selbst Mutter und Vater benutzten noch die Bezeichnung *Zigeuner* ohne weitergehende böse Absicht und nicht Rom od. Sinto, wie es die Pol. Corr. jetzt vorschreibt; *to 'n Zigeuner gahn* (sich wahrsagen lassen); *bruun as 'n Zigeuner* (sonnengebräunt).

Zimtzicke (dumme Ziege) → *Zick*

Zippel [1] 1. Zipfel, spitz zulaufendes Stück; *'n Zippel vun dat Dischdoog.* 2. Und dann ist *Zippel* eine der unzähligen Umschreibungen für den Penis; *klei di an 'n Zippel!* Eine spitz zulaufende Wollmütze nennt man *Zippelmütz.*

Zippel [2] ist 1. die Zwiebel, aber wie unzählige andere hamburgische Ausdrücke wird *Zippel* auch als Schimpfw. für 2. eine weibl. Person benutzt; *düsse verdreihte Zippel. Zippelhökersch* heißt die Zwiebelverkäuferin.

Zippelstippels ausgelassener Speck mit Zwiebeln, Speckstippe. Vgl. → *Stipp* [1].

Zuckersnuut Kosen. für die Liebste; *söte Zuckersnuut.*

Zunft Vereinigung von Gewerbetreibenden und bes. Handwerkern eines bestimmten Handwerkzweigs, in Hamburg → *Amt* genannt. Übrigens galten auch die Kinder der außerhalb der Stadtmauern und am Deich wohnenden Nicht-Hamburger als *nicht zünftich* in den Augen der städtischen Jugend.

Zunzel 1. Tauende. 2. Haarsträhne; *de Zunzeln bummeln ehr üm den Kopp.*

ANHANG

Abkürzungen und Fachbegriffe

→ = Verweis
→[1] = Verweis auf den 1. Band
[1 2] = Homonyme, gleich lautende, aber semantisch od. grammatikalisch unterschiedliche Wörter
[1 2] = Fußnoten
( ) = Erklärung, Ergänzung od. Konvertierung
[ ] = Aussprachehinweis
´ = Akut (nächste Silbe betont)
* = Ergänzung zum 1. Band

a. = auch
Abergl. = Aberglaube
abgel. = abgeleitet
Abk. = Abkürzung
abf. = abfällig
abw. = abwertend
Adj. (Adjektiv) = Eigenschaftswort
Adv. (Adverb) = Umstandswort
afrz. = altfranzösisch
ags. = angelsächsisch
ahd. = althochdeutsch
Akk. (Akkusativ) = 4. Fall
Akronym = Kurzwort aus Anfangsbuchstaben
allg. = allgemein
Amtsspr. = Amtssprache
Anm. = Anmerkung
Art. (Artikel) = Geschlechtswort
Ausr. = Ausruf

berlin. = berlinisch
Berufsbez. = Berufsbezeichnung
bes. = besonders
bildl. = bildlich
Botan. (Botanik) = Pflanzenkunde

Dat. (Dativ) = 3. Fall
Diphth. (Diphthong) = Doppelvokal
dt. = deutsch
dimin. (diminutiv) = verkleinernd

ebd. = ebenda
ehem. = ehemals
Eigenn. = Eigenname
eigtl. = eigentlich
engl. = englisch
entl. = entlehnt
Erw. = Erweiterung
etc. (et cetera) = und so weiter
etw. = etwas
evtl. = eventuell
euph. (euphemistisch) = schönfärberisch

f. (feminin) = weiblich
Familienn. = Familienname
Finkw. = Finkenwerder
Firmenn. = Firmenname
formelh. = formelhaft
frz. = französisch

gebr. = gebräuchlich
gehob. = gehobene Sprache
Gen. (Genitiv) = 2. Fall
Ggs. = Gegensatz

h. = hier
HA = Hamburger Abendblatt
Hamb. = Hamburg(er)
hamb. = hamburgisch
hd. = hochdeutsch
hist. = historisch
hochspr. = hochsprachlich
Hom. (Homonym) = gleichlautendes Wort

Imp. (Imperativ) = Befehlsform
Inf. (Infinitiv) = Grundform des Verbs
Interj. (Interjektion) = Ausruf
ital. = italienisch

Jh. = Jahrhundert
jmd., jmdm., jmdn., jmds. = jemand, jemandem, jemanden, jemandes
Jugendspr. = Jugendsprache

Kinderspr. = Kindersprache
Kom. (Kompositum) = Zusammensetzung
Komp. (Komperativ) = Steigerungsform
Konj. (Konjunktion) = Bindewort
Kons. (Konsonant) = Mitlaut

Kontam. (Kontamination) = Wortkreuzung
Kontr. (Kontraktion) = Vokalzusammenziehung
Kosef. = Koseform
Kurzf. = Kurzform

landsch. = landschaftlich
lat. = lateinisch
lautm. = lautmalerisch
Lautvar. = Lautvariante

m. (maskulin) = männlich
MA. = Mittelalter
männl. = männlich
mdal. = mundartlich
Med. = Medizin
mhd. = mittelhochdeutsch
mnd. = mittelniederdeutsch
Miss. = Missingsch
mitteld. = mitteldeutsch

n. (Neutrum) = sächlich
ndd. = niederdeutsch (plattdeutsch)
ndl. = niederländisch
Nom. (Nominativ) = 1. Fall
nordd. = norddeutsch
norw. = norwegisch

o. ä. = oder ähnlich
o. Ä. = oder Ähnliches
od. = oder
Ortsn. = Ortsname
ostd. = ostdeutsch
österr. = österreichisch
ostpreuß. = ostpreußisch

Part. (Partizip) = Mittelwort
Personalpronomen = persönliche Fürwort
Plur. (Plural) = Mehrzahl
Pol. Corr. (Political Correctness) = erzwungene, scheinbar korrekte Eigenbezeichnungen
Präp. (Präposition) = Verhältniswort
Präs. (Präsens) = Gegenwart
Prät. (Präteritum) = Vergangenheitsform
Pron. (Pronomen) = Fürwort
Pseud. (Pseudonym) = Deckname

Ra., Raa. = Redensart(en)
Redew. = Redewendung
rotw. (rotwelsch) = Gaunersprache

scherzh. = scherzhaft
Scherzn. = Scherzname
Schimpfw. = Schimpfwort
Schülerspr. = Schülersprache
seem. (seemännisch) = Seemannssprache
selt. = seltener gebraucht
Siglen = festgelegte Abkürzungszeichen
Sing. (Singular) = Einzahl
slaw. = slawisch
sog. = sogenannt
spr. = sprich
Sprichw. = Sprichwort
Straßenn. = Straßenname
Subst. (Substantiv) = Hauptwort
südd. = süddeutsch
Suffix = Nachsilbe
Superl. (Superlativ) = höchste Steigerungsform
svw. = so viel wie
Syn. (Synonym) = sinnverwandtes Wort

tschech. = tschechisch

u. = und
u. ä. = und ähnlich
u. Ä. = und Ähnliche
u. a. = und andere
u. U. = unter Umständen
übertr. = übertragen
ugs. = umgangssprachlich
urspr. = ursprünglich

Var. = Variante
veralt. = veraltet
Verb = Zeitwort
verst. = verstärkend
verw. = verwechseln
vgl. = vergleiche
Vok. (Vokal) = Selbstlaut
Vorn. = Vorname
vulg. = vulgär

wörtl. = wörtlich

Literaturhinweise

Stark erweitert gegenüber dem 1. Band

→[1] *Die Verweise auf den 1. Band beziehen sich auf:*

Schmachthagen, Peter: Sprechen Sie Hamburgisch? Band 1: Allerlei Begriffe aus der Zeit, als Großmutter 'n lütt Deern weer. 3. Aufl. Hamburg: Axel Springer/Hamburger Abendblatt 2010.

Als der Großvater die Großmutter nahm. Ein Liederbuch für altmodische Leute. Hrsg. von Gustav Wustmann. 3. Aufl. Leipzig: Grunow 1895.

Bahnsen, Uwe u. Kerstin von Stürmer: Die Stadt, die sterben sollte. Hamburg im Bombenkrieg, Juli 1943. Hamburg: Convent 2003.

Bahnsen, Uwe u. Kerstin von Stürmer: Die Stadt, die leben wollte. Hamburg und die Stunde Null. Hamburg: Convent 2004.

Bahnsen, Uwe u. Kerstin von Stürmer: Die Stadt, die auferstand. Hamburgs Wiederaufbau 1948–1960. Hamburg: Convent 2005.

Bargstedt, Stefan: Platt! Wo und wie Plattdeutsch ist. 2. Aufl. Bremen: Schünemann 2009.

Bartels, Daniel: Der Grillenscheucher. 1. Teil (12. Aufl.) und 2. Teil (9. Aufl.) in einem Band. Hamburg: Verlags-Anstalt und Druckerei Actien-Gesellschaft o. J. [1877].

Beckershaus, Horst: Die Hamburger Straßennamen. Woher sie kommen und was sie bedeuten. 4. Aufl. Hamburg: Die Hanse 2000.

Beckershaus, Horst: Die Namen der Hamburger Märkte und Plätze. Woher sie kommen und was sie bedeuten. Hamburg: Die Hanse 2004.

Beckershaus, Horst: Die Namen der Hamburger Stadtteile. Woher sie kommen und was sie bedeuten. Hamburg: Kabel 1988.

Beckershaus, Horst: Hamburger Brücken. Hamburg: Convent 2007.

Bencke, Otto: Hamburgische Geschichten und Sagen. Hamburg: Perthes-Besser & Mauke 1854 [Faksimile BiblioBazaar].

Bergeest, Ewald: ... längst verjährt. Meine Memoiren. Norderstedt: Books on Demand 2008.

Bock von Wülfingen, Constantin u. Herbert Frahm [Hrsg.]: Stormarn. Der Lebensraum zwischen Hamburg und Lübeck. Hamburg: Hartung 1938.

Bohn, Robert: Geschichte Schleswig-Holsteins. München: C. H. Beck 2006.

Borcherdt, Albert: Das lustige alte Hamburg. Scherze, Sitten und Gebräuche unserer Väter. Erste Hälfte. 4. Aufl. Hamburg: Dörling 1891.

Borcherdt, Albert: Das lustige alte Hamburg. Scherze, Sitten und Gebräuche unserer Väter. Zweite Hälfte. Hamburg: Dörling 1891.

Börnsen, Thorsten: Hamburg op Platt. Mit 'n Snack dör de Stadt. Heide: Boyens 2008.

Braun, Harry u. Klaus Rahn: Der Hamburger Hafen. Eine Zeitreise in Bildern. Hrsg. von Dorothée Engel. Erfurt: Sutton 2008.

Claudius, Hermann: Mank Muern. Hamburg: Verlag der Fehrs-Gilde 1971.

Cyriacks, Hartmut u. Peter Nissen: 2000 Wörter Plattdüütsch. 8. Aufl. Hamburg: Quickborn-Verl. 2008.

Cyriacks, Hartmut u. Peter Nissen: Sprachführer Plattdüütsch. Ein Lehr- und Lernbuch. 8. Aufl. Hamburg: Quickborn-Verl. 2007.

Cyriacks, Hartmut u. Peter Nissen: Sprichwörter Plattdüütsch und ihre Bedeutungen. 8. Aufl. Hamburg: Quickborn-Verl. 2007.

Deppisch, Walter: 99 Wörter Hamburgisch. Hamburg: Asmus 1972.

Draeger, Heinz-Joachim: Von Koggen und Kaufleuten. Eine Hansestadt im Mittelalter. 4. Aufl. Hamburg: Convent 2007.

Duden Band 7: Etymologie. Herkunftswörterbuch der deutschen Sprache. 2. Aufl. Mannheim: Dudenverlag/Bibliographisches Institut 1997.

Duden Band 11: Redewendungen und sprichwörtliche Redensarten. Wörterbuch der deutschen Idiomatik. Mannheim: Dudenverlag/Bibliographisches Institut 1998.

Duden: Deutsches Universalwörterbuch. 6. Aufl. Mannheim: Dudenverlag/Bibliographisches Institut 2007.

Eckardt, Emanuel: Hamburg. Eine Liebeserklärung. Hamburg: Ellert & Richter 2010.

Faszination Deutschland: Hamburg. München: Kunth 2007.

Fock, Gorch[325] [d. i. Johann Wilhelm Kinau]: Sämtliche Werke in fünf Bänden. Hrsg. von Jakob Kinau. Hamburg: M. Glogau jr. 1937.

Frakstein, Silke: Wo oolt büst Du, Frau Wastein? Quickborn: MoinMoin-Verl. 2004.

Freiwald, Eckhard: Hamburg – meine Heimatstadt. Altstadt und Neustadt. 2. Aufl. Hamburg: Toro 2004.

Fründt, Hermann u. Hans-Jürgen: Plattdüütsch – das echte Norddeutsch. Kauderwelsch Bd. 120. 3. Aufl. Bielefeld: Rump 2001.

Goltz, Reinhard u. Peter Nissen: Plattdeutsch für Zugereiste. Heide: Boyens 1987 (Taschenbuch 2006).

Goltz, Reinhard: Moin Moin. Plattdeutsche Wort-Geschichten. 2. Aufl. Hamburg: Quickborn-Verl. 2007.

Goltz, Reinhard: Von Blubberbüxen, Landhaien und Troonbüdels. Das Schimpfwörterbuch für Hamburger. Leer: Schuster 1995.

Gorch Fock → Fock, Gorch

Goscinny, René un Albert Uderzo bring das ersse Asterixbuch auf Hamburgisch unner die Leute: Hammonia-City (Asterix auf Hamburgisch). Mit Alsterwasser getauf von Hartmut Cyriacks, Reinhard Goltz un Peter Nissen. 5. Aufl. Köln: Ehepa 2007.

---

325 Die alphabetische Einordnung des Pseudonyms Gorch Fock, das der Finkenwerder Schriftsteller Johann Wilhelm Kinau (1880–1916) neben den Autorennamen Jakob Holst und Giorgio Focco benutzte, schwankt. Einerseits bezog sich Kinau auf den ndd. Vornamen „Gorch" und den Nachnamen „Fock", den Mädchennamen seiner Großmutter, was auf den Buchstaben F verweist, andererseits ist er als Namensgeber mehrerer Schiffe (darunter aktuell des Segelschulschiffs „Gorch Fock" der Bundesmarine), des Gorch-Fock-Walls in der Neustadt sowie der Eimsbütteler Gorch-Fock-Straße unter G zu finden.

Gottwaldt, Alfred B.: Lübeck-Büchener Eisenbahn. Privatbahn als Wegbereiter neuer Verkehrstechniken. Düsseldorf: Alba 1975.

Graßmann, Antjekathrin [Hrsg.]: Lübeck-Lexikon. Die Hansestadt von A bis Z. Lübeck: Schmidt-Römhild 2006.

Greß, Gerhard: Verkehrsknoten Hamburg. Freiburg: EK-Verl. 2001.

Gretzschel, Matthias: Kleine Hamburger Stadtgeschichte. Regensburg: Pustet 2008.

Gretzschel, Matthias: St. Michaelis. Der Hamburger Michel. Fotos von Michael Zapf. Hamburg: Axel Springer 1996.

Grobecker, Kurt u. Kerstin v. Stürmer: Hamburg skandalös. Chronik der Peinlichkeiten. Hamburg: Convent 2000.

Grobecker, Kurt: „Manchmal war es sogar komisch…" Episoden aus Hamburgs schwersten Jahren 1941 bis 1948. Hamburg: Convent 2004.

Grobecker, Kurt: Denkwürdigkeiten aus Hamburgs Geschichte. Band 3. Hamburg: Kabel 1997.

Groth, Klaus: Quickborn. Neu herausgegeben von Ulf Bichel. Heide: Boyens 2004.

Günther, Claus: Limericks Plattdüütsch. 160 humoristische Gedichte aus und über Norddeutschland. Hamburg: Quickborn-Verl. 2005.

Gutmann, Hermann: Hamburger Geschichte(n) oder: Was uns die Bibel verschweigt. Bremen: Temmen 2005.

Hamburg lebenswert: Die schönsten Seiten aller 104 Stadtteile. Hrsg. von Berndt Röttger, Hinnerk Blombach u. Miriam Opresnik. Hamburg: Axel Springer/Hamburger Abendblatt 2007.

Hamburg von Altona bis Zollenspieker. Das Haspa-Handbuch für alle Stadtteile der Hansestadt. Redaktionsltg. Daniel Tilgner. Hamburg: Hoffmann u. Campe 2002.

Hamburger Hochbahn AG [Hrsg.]: Stationen Hamburger Architektur. Die Hochbahn setzt Zeichen. Seit 100 Jahren. Hamburg: HHA 2008.

Hamburger Hochbahn AG [Hrsg.]: Von null auf hundert in nur sechs Jahren. 1906 bis 1912: Wir bauen Hamburgs erste U-Bahn. Hamburg: Völker 2007.

Hamburger Küche: Regionale Küche mit Tradition. Köln: Komet o. J.

Hamburgisches Koch-Buch oder vollständige Anweisung zum Kochen für angehende Köche, Köchinnen und Haushälterinnen, besonders aber für Hausfrauen in Hamburg und Niedersachsen, verfaßt von einigen Hamburgischen Hausfrauen. Achte, vermehrte und verbesserte Auflage. Hamburg u. Lüneburg: Herold u. Wahlstad 1830. [Faksimile Olms 1988]

Hamburgisches Wörterbuch. Auf Grund der Vorarbeiten von Christoph Walther und Agathe Lasch hrsg. von Beate Hennig u. Jürgen Meier. Bearb. von Beate Hennig, Jürgen Meier u. Jürgen Ruge. 5 Bde. mit Nachträgen. Neumünster: Wachholtz 2006. (Vorab 30 Lieferungen mit Nachträgen. Neumünster: Wachholtz 1956 ff.) [HWB]

Hamburg-Lexikon. Hrsg. von Franklin Kopitzsch u. Daniel Tilgner. Hamburg: Zeise 1998, 3. aktual. Aufl.: Hamburg: Ellert & Richter 2005.

Hanke, Christian: Hamburgs Straßennamen erzählen Geschichte. Hamburg: Schubert 1997.

Hans ut Hamm vertellt [d. i. Hans Reimer Steffen]. Vergneugte Hamborger Döntjes. Hamburg: Broschek 1934.

Harte, Günter u. Johanna Harte: Hochdeutsch – Plattdeutsches Wörterbuch. 3. Aufl. Leer: Schuster 1997.

Harte, Günter: Lebendiges Platt. Hamburg: Quickborn-Verl. 1977.

Heins, Carl: Mit 'm Zisslaweng. Hamburg: Matari 1964.

Hennig, Beate u. Jürgen Meier: Kleines Hamburgisches Wörterbuch. 2. Aufl. Neumünster: Wachholtz 2006.

Herrmann-Winter, Renate: Plattdeutsch-hochdeutsches Wörterbuch für den mecklenburgisch-vorpommerschen Sprachraum. 5. Aufl. Rostock: Hinstorff 2003.

Hoffmann, Egbert A.: Grundstein für die Zukunft. 7. Oktober 1989 Grundsteinlegung zum Neubau des Axel-Springer-Verlagshauses. Hamburg: Axel Springer 1989.

Hoffmann, Gerd [Hrsg.]: Hamburg in frühen Luftaufnahmen 1921 bis 1932. Freie und Hansestadt Hamburg. Landesbetrieb Geoinformation und Vermessung. Erfurt: Sutton 2008.

Huckeriede, Jens u. Angela Müller: An de Eck steiht 'n Jung mit 'n Tüdelband. Gebrüder Wolf – Hamburger Gesangshumoristen und Revuestars 1895 bis 1953. 2. Aufl. Hamburg: Kunstwerk e. V. 2003.

Irlenkäuser, Olaf u. Stephan Samtleben: Hamburg. 69 Dichter und ihre Stadt. Hamburg: Hoffmann und Campe 2006.

Irlenkäuser, Olaf: Hamburg. Geschichte & Geschichten. Berlin: Culturcon 2009.

Jacobs, Ulla u. Heidrun Schaaf: Die besten Rezepte aus Hamburg und Schleswig-Holstein. München: Mosaik o. J.

Jenssen, Martin u. Khosrow Nosratian: Spektakuläre Hamburger Kriminalfälle. Von Liebe, Mord und rauschenden Partys. Gudenberg-Gleichen: Wartberg 1996.

Kemper, Hella u. Kerstin Schmidtfrerick u. Eva-Christiane Wetterer: Hummelbuch. Hamburg-Brevier. 2. Aufl. Hamburg: Murmann 2007.

Kinau, Johann Wilhelm → *Pseud.* Gorch Fock

Kinau, Rudolf: Dat groote Rudl Kinau Book. 41 Geschichten un Stremels ut al sien Beuker. Hamburg: Quickborn-Verl. 1986.

Kinau, Rudolf: För jeeden wat! Hamburg: Quickborn-Verl. 1958.

Kleinelümern, Ute u. Hanno Ballhausen: Alles über Hamburg. Erstaunliches & Kurioses. Köln: Komet o. J.

Kluge, Friedrich: Etymologisches Wörterbuch der deutschen Sprache. 23. Aufl. Berlin: de Gruyter 1999.

König, Werner: dtv-Atlas Deutsche Sprache. 16. Aufl. München: Deutscher Taschenbuch Verlag 2007.

Kopal, Gustav: Mattler sin Hahnrieder. Dannenberg und Döhntjes von St. Pauli. Hamburg: Dörling 1911.

Kopitzsch, Franklin u. Dirk Brietzke [Hrsg.]: Hamburgische Biografie: Personenlexikon. Band 1: Hamburg: Christians 2001. Band 2: Hamburg: Christians 2003. Band 3: Göttingen: Wallstein 2006. Band 4: Göttingen: Wallstein 2008.

Krämer, Walter u. Wolfgang Sauer: Lexikon der populären Sprachirrtümer. Frankfurt a. M.: Eichborn 2001.

Krieger, Martin: Geschichte Hamburgs. München: C. H. Beck 2006.

Kruse, Peter: L'Arronge. Der Hamburger Salon. Hamburg: Murmann 2008.

Küpper, Heinz: Pons-Wörterbuch der deutschen Umgangssprache. 1. Aufl., 4. Nachdr. Stuttgart: Klett 1990.

Lammers, Wulf: Die Plattdeutsche Sprache. Ursprung, Entwicklung, Verwandte, Prognose. 2. Aufl. Neumünster: Wachholtz 1998.

Leip, Hans: Jan Himp und die kleine Brise. Hamburg: Wegner 1949.

Lindow, Wolfgang u. Dieter Möhn, Hermann Niebaum, Dieter Stellmacher, Hans Taubken, Jan Wirrer: Niederdeutsche Grammatik. Leer: Schuster 1998.

Lindow, Wolfgang: Plattdeutsch – Hochdeutsches Wörterbuch. 5. Aufl. Leer: Schuster 1998.

Lübben, August: Mittelniederdeutsches Handwörterbuch. Nach dem Tode des Verfassers vollendet von Christoph Walther. Faksimile der Ausgabe Leipzig 1888: Darmstadt: Wissenschaftliche Buchgesellschaft 1965.

Lüden, Walter: Hamburg vor 50 Jahren. Hamburg: Convent 2005.

Mackensen, Lutz: Etymologisches Wörterbuch. Stuttgart: Reclam 1966.

Martens, Peter [Hrsg.]: Plattdeutsches Hamburg-Buch. Mit Holzschnitten und Zeichnungen von Paul Helms. Edition Fehrs-Gilde. Neumünster: Wachholtz 1989.

Meiners, Gerold: Plattdüütsch in sess Weken. Een Lees- un Lehrbook för Anfänger un Kunnige. Oldenburg: Isensee 1997.

Mensing, Otto [Hrsg.]: Schleswig-Holsteinisches Wörterbuch (Volksausgabe). 5. Bde. Neumünster: Wachholtz 1927–1935. Unveränderter Neudruck: 5. Bde. Neumünster: Wachholtz 1973.

Meyer-Odewald, Jens: Das Hotel Vier Jahreszeiten. Ein Stück Hamburg – Geschichte und Geschichten. Tinnum/Sylt: Eiland 2009.

Meyer-Odewald, Jens: In Hamburg sagt man Tschüss. Erinnerungen an Heidi Kabel. Hamburg: Axel Springer/Hamburger Abendblatt 2010.

Mischke, Joachim: Hamburg Musik! Hamburg: Hoffmann und Campe 2008.

Möller, Vera: Klein Erna. Eins, zwei, drei … und vier in Tüte. Klein Erna. Ganz dumme Hamburger Geschichten. Nacherzählt und gezeichnet von Vera Möller. Band 1–4. Hamburg: Christians 1950–1959.

Möller, Vera: Klein Erna. Hamburger Geschichten. 2. Aufl. Hamburg: Die Hanse/EVA 2007.

Niegot, Gundula: Hamburg. Rundgänge durch die Geschichte. Erfurt: Sutton 2005.

Nissen, Johann Peter: Kleines Hamburg-Abc. Husum: Husum Druck u. Verl. 2006.

Oppens, Edith: Hamburg zu Kaisers Zeiten. Hamburg: Hoffmann u. Campe 1976.

Oppens, Edith: Der Mandrill. Hamburgs zwanziger Jahre. Hamburg: Seehafen-Verl. 1969.

Oppens, Edith: Meine lieben Hamburger. Hamburg: Christians 1973.

Pabel, Reinhold: Alte Hamburger Straßennamen. Bremen: Temmen 2001.

Paschen, Joachim: Hamburg vor dem Kriege. Bilder vom Alltag 1933–1940. Hrsg. Landesmedienzentrum Hamburg. Bremen: Temmen o. J.

Pasdzior, Michael: Der Hamburger Hafen. Hamburg: Edition Maritim 2008.

Paulun, Dirks: Hömmazuh. Studien in Hamburger Hochdeutsch. Hamburg: Köhler 1951.

Paulun, Dirks: Is doch gediegen. Ein heiterer Streifzug durch das Dickicht des Hamburger Hochdeutsch. Hamburg: Broschek 1973.

Paulun, Dirks: Missingsch. Studien in Hamburger Hochdeutsch. Hamburg: Köhler o. J.

Paulun, Dirks: Platt auf deutsch. Herkunft und Bedeutung plattdeutscher Wörter. München: Bruckmann 1974.

Puvogel, Friedrich: Wandsbek zwischen Stormarn, Preußen und Hamburg. Eine Chronik von 1850 bis 1900. Berkenthin: Schwanenverlag 2001.

Richey, Michael: Idioticon Hamburgense oder Wörter-Buch, Zur Erklärung der eigenen, in und um Hamburg gebräuchlichen, Nieder-Sächsischen Mund-Art. Jetzo vielfältig vermehret, und mit Anmerckungen und Zusätzen Zweener berühmten Männer, nebst einem Vierfachen Anhange angefertiget [d. i. 2. Aufl.]. Hamburg: König 1755. [Faksimile]

Risch, Arnold: Auf Helgoland ist alles anders. Hamburg: Köhler 1959.

Risch, Arnold: Dat lustige Arnold Risch-Book. Hamburg: Köhler & Krüger 1928.

Risch, Arnold: Onkel Max is' tot… Die besten Texte Hoch, Platt und Missingsch. Hrsg. von Gerd Spiekermann. Hamburg: Quickborn-Verl. 2001.

Risch, Arnold: Und das freut ein' denn ja auch! 16.–20. Tsd. Hamburg: Köhler 1929.

Rieß, Curt: Das gab's nur einmal. o. O. [Hamburg]: Sternbücher 1956.

Röding, Johann Hinrich: Allgemeines Wörterbuch der Marine. 4. Band [Tafelband]. Hamburg: Nemnich u. Leipzig: Böhme 1798. Nachwort zur Reprintausgabe von Lothar Eich, Leipzig 1986. Leipzig: Zentralantiquariat der DDR 1987.

Römmer, Dirk: Schiet ok! Hamburg: Quickborn-Verl. 2009.

Roth, Hansjörg: Barthel und sein Most. Rotwelsch für Anfänger. Frauenfeld (CH): Huber 2007.

Sass: der neue SASS. Plattdeutsches Wörterbuch. Mit den Sass'schen Schreibregeln. Bearb. von Heinrich Kahl u. Heinrich Thies. Edition Fehrs-Gilde. 5. Aufl. Neumünster: Wachholtz 2009.

Schleswig-Holstein-Lexikon. Hrsg. von Klaus-Joachim Lorenzen-Schmidt u. Ortwin Pelc. Neumünster: Wachholtz 2000.

Schloz, Harald [u. a.]: Es begann 1676. Hamburg, Geschichte, Katastrophen, Feuerbrünste, Hamburger Feuerkasse. Hamburg: L-u.-H-Verl. 2001.

Schmidt, Wilhelm: Geschichte der deutschen Sprache. 10. verbesserte und erweiterte Auflage unter der Leitung von Helmut Langner und Norbert Richard Wolf. Stuttgart: Hirzel 2007.

Schütz, Wolfgang [Hrsg.]: Op de Muur, op de Luur. Kleine plattdeutsche Gedichte, Lieder und Abzählverse. Neumünster: Wachholtz 2006.

Sieg, Wolfgang: Blutfleck auffe Häkeldecke. Kaputte Geschichten ausse heile Welt. 7. Aufl. Hamburg: Quickborn-Verl. 1980.

Siewert, Klaus: Die Kedelkloppersprook. Geheimsprache aus dem Hamburger Hafen. 2. Aufl. Hamburg: GSV Geheimsprachenverlag 2009.

Siewert, Klaus: Hamburgs „Nachtjargon". Die Sprache auf dem Kiez in St. Pauli. 2. Aufl. Hamburg: GSV Geheimsprachenverlag 2009.

Sonntag, Christian: Medienkarrieren. Biografische Studien über Hamburger Nachkriegsjournalisten 1946–1949. München: Meidenbauer 2006.

Spiekermann, Gerd: 100 Jahre Ohnsorg-Theater. Hamburg: Die Hanse 2002.

Spiekermann, Gerd: Kattenschiet! 4. Aufl. Hamburg: Quickborn-Verl. 2005.

Sprechen Sie Platt? Für Norddeutsche und solche, die es noch werden wollen. Wien: Tosa/Ueberreuter 2006.

Staisch, Erich: Hauptbahnhof Hamburg. Geschichte der Eisenbahn in Norddeutschland. 2. Aufl. Hamburg: Hoffmann und Campe 1981.

Steffen, Hans Reimer → *Pseud. Hans ut Hamm*

Strunz, Claus [Hrsg.]: 100 Dinge in Hamburg, die Sie als echter Hamburger erlebt haben müssen. Hamburg: Axel Springer/Hamburger Abendblatt 2009.

Suhr, Christoffer: Der Ausruf in Hamburg vorgestellt in Ein hundert und Zwanzig Colorirten Blättern gezeichnet radiert und geäzt von Professor Suhr. mit Erklärungen begleitet [Pastor K. J. H. Hübbe, Allermöhe]. Hamburg 1808 [Faksimile 1979 nach einer Vorlage aus der Staats- und Universitätsbibliothek Hamburg]

Tilgner, Daniel: Kleines Lexikon Hamburger Begriffe. 6. Aufl. Hamburg: Ellert & Richter 2004.

Unbehauen, Peter: Dass ihr euch ja nich' schietig macht! 111 Lieder und Spiele von Hamburger Straßen und Höfen. Hamburg: Dölling u. Galitz 2000.

Verg, Erik: Das Abenteuer, das Hamburg heißt. Der weite Weg zur Weltstadt. Hamburg: Ellert & Richter 1990.

Verg, Erik: Vierzig Jahre Hamburger Abendblatt. Eine Stadt und ihre Zeitung. Hamburg: Axel Springer 1988.

Vertell doch mal! Hartpuckern. 25 plattdeutsche Geschichten. Hrsg. vom NDR Landesfunkhaus Schleswig-Holstein in Zusammenarbeit mit dem Ohnsorg-Theater. Neumünster: Wachholtz 2010.

Voss, Anne: Spezialitäten aus Schleswig-Holstein und Hamburg. Innsbruck-Rum: Fleischmann & Mair 1996.

Wegner, Matthias: Hans Albers. Hamburger Köpfe. Hrsg. von der ZEIT-Stiftung. 2. Aufl. Hamburg: Ellert & Richter 2005.

Wiegandt, Jochen [Hrsg.]: An de Eck steiht 'n Jung mit 'n Tüdelband. Hamburger Liederbuch. Band 1: Noten und Lieder. Band 2: Lexikon. 5. Aufl. Hamburg: Dölling u. Galitz 2007.

Wiegandt, Jochen [Hrsg.]: Dor bin ick to Hus. Liederbuch Schleswig-Holstein. Bad 1: Lieder. Band 2: Lexikon. 2. Aufl. Hamburg: Dölling u. Galitz 2007.

Wietzorek, Paul: Das historische Hamburg. Petersberg: Imhof 2008.

Winkelmann, Joachim: Eduard F. Pulvermann 1882–1944. Geschichte eines Hamburger Kaufmanns und Reiters. Hamburg u. München: Poesel Press 2007.

Wolf, Siegmund A.: Deutsche Gaunersprache. Wörterbuch des Rotwelschen. Hamburg: Buske 1993.

Ziemann, Johanna Maria [Hrsg.]: Kinderlieder aus Norddeutschland. Freiburg: Belchen 2001.

Zum Vergleich:

Elfers, Achim: Kleines (ost)westfälisches Wörterbuch. 8. Aufl. Borchen: Möllmann 2010.

Schierer, Alfred u. Thomas Zauner: Sprechen Sie Österreichisch? Ein Sprachführer für Einheimische und Zugereiste. Wien: Ueberreuter 2002.

Bildverzeichnis

akg-images: 290, 304, 353; Archiv Zeitungsgruppe Hamburg: Umschlagseite 2, 95, 253, 366; Johannes Arlt: Umschlagseite 4, 382; dpa: 36, 82; Bertold Fabricius: 406; fotolia: 264; Silke Frakstein: 57; Sabine Groenewold Verlag: 332; Hagenbeck: 152/153; Frank Hasse: 8; istockphoto: Rücktitel, 186, 246, 267, 301, 325; Ute Martens: 318; Mauritius: 41; plainpicture: Titelfoto; Schwarzkopf: 223; Unternehmensarchiv Axel Springer: 24, 129; Erich Staisch: 125; Thomas & Thomas: 190; Ullstein: 4, 6, 21, 49, 52, 75, 84/85, 103, 113, 135, 169, 173, 177, 194/195, 207, 210, 228, 245, 271, 278, 342, 395; Stephan Wallocha: 33, 70, 378; Wikipedia: 65, 79, 90/91, 146, 163, 237, 250, 283, 308, 316, 373, 402/403; Winckelmann: 65.

SPRECHEN SIE HAMBURGISCH? BAND 1

Zum vorliegenden 2. Band „Sprechen Sie Hamburgisch?" gibt es natürlich auch einen 1. Band, auf den Sie nicht verzichten sollten, falls Sie ihn noch nicht besitzen. Er ist eine Fundgrube für alle, die die Hansestadt an der Elbe erleben und vor allem verstehen wollen.

Wecken Sie Erinnerungen an die Kindheit – oder lernen Sie die Sprache, die Eltern und Großeltern gesprochen haben. Das Lexikon präsentiert über 800 Begriffe, Personen und Hamburgensien, die mit einem Augenzwinkern erklärt werden.

Klookschieters
un Meckerbüdels
buten blieben
Hamburger Abendblatt edition
SPRECHEN SIE
ALLERLEI BEGRIFFE AUS DER ZEIT,
HAMBURGISCH?
ALS GROSSMUTTER 'N LÜTT DEERN WEER

HEIDI KABEL – DER ERINNERUNGSBILDBAND

Jens Meyer-Odewald, Chefreporter des Hamburger Abendblatts, schildert in diesem Erinnerungsbildband viele Episoden aus dem Leben Heidi Kabels, die uns am 15. Juni 2010 verlassen hat. Zahlreiche Hamburger Prominente und Weggefährten haben zur Feder gegriffen, um sich mit einem persönlichen Gruß von der großen Volksschauspielerin zu verabschieden.

Ein Blick hinter die Kulissen dieser einmaligen Karriere bietet überraschende Erkenntnisse, köstliche Details und jede Menge Döntjes – passend zu dieser wunderbaren Frau, die in ganz Deutschland unvergessen bleiben wird.

Jens Meyer-Odewald
In Hamburg
Erinnerungen an Heidi Kabel
sagt man Tschüss
Hamburger Abendblatt
edition

Impressum

HERAUSGEBER: Hamburger Abendblatt
AUTOR: Peter Schmachthagen

SERIEN-REDAKTION: Ina-Maria Nießler
PROJEKTVERANTWORTUNG: Jan H. Groß (Leitung), Olaf Schulz
LEKTORAT: Gabriele Schönig
GESTALTUNG: formlabor, Hamburg
TITELABBILDUNG: plainpicture
BILDREDAKTION: Stephan Wallocha
GESAMTHERSTELLUNG: Print- und Medienproduktion HH,
Printed in Germany

1. Auflage 2010

KONTAKT HAMBURGISCH-REDAKTION:
briefe@abendblatt.de (Betreff: Hamburgisch)

www.abendblatt.de

ISBN 978-3-939716-31-0